여러분의 합격을 응원하는
해커스공무원의 특별 혜택

FREE 공무원 상법 **동영상강의**

해커스공무원(gosi.Hackers.com) 접속 후 로그인 ▶ 상단의 [무료강좌] 클릭 ▶
좌측의 [교재 무료특강] 클릭

 해커스공무원 온라인 단과강의 **20% 할인쿠폰**

2BCBDFABF6AC9FXQ

해커스공무원(gosi.Hackers.com) 접속 후 로그인 ▶ 상단의 [나의 강의실] 클릭 ▶
좌측의 [쿠폰등록] 클릭 ▶ 위 쿠폰번호 입력 후 이용

* 쿠폰 이용 기한: 2023년 12월 31일까지(등록 후 7일간 사용 가능)
* 쿠폰 이용 관련 문의: 1588-4055

해커스법원직 무제한 수강상품(패스) **5만원 할인쿠폰**

223DECC9E2A7D632

해커스공무원(gosi.Hackers.com) 접속 후 로그인 ▶ 상단의 [나의 강의실] 클릭 ▶
좌측의 [쿠폰등록] 클릭 ▶ 위 쿠폰번호 입력 후 이용

* 쿠폰 이용 기한: 2023년 12월 31일까지(등록 후 7일간 사용 가능)

 ## 무료 모바일 자동 채점 + 성적 분석 서비스

교재 내 수록되어 있는 문제의 채점 및 성적 분석 서비스를 제공합니다.

* 세부적인 내용은 해커스공무원(gosi.Hackers.com)에서 확인 가능합니다.

바로 이용하기 ▶

해커스법원직

공태용
상법의 맥

실전동형모의고사

머리말

본서는 2022년 법원직 등기직렬 시험을 준비하는 수험생들을 위하여 준비하였습니다.

수험생들이 실전과 동일한 방식으로 문제를 풀어볼 수 있도록 문제 부분과 해설 부분을 나누어 구성하였습니다.

문제 풀이와 해설 학습을 통해 수험생들이 그동안 공부한 내용을 종합적으로 점검하고 부족한 부분을 확인하여, 상법 전반에 대한 실력을 완성할 수 있도록 하였습니다.

수험생들이 본서를 통하여 실전과 동일한 시간 동안 문제를 풀어본 다음 해설 학습을 통해 핵심 쟁점을 정리한다면 상법에 대한 실전능력을 높임과 동시에 자신의 부족한 부분을 보완할 수 있을 것으로 확신합니다.

이를 위해 실전과 동일한 형식으로 총 5회에 걸쳐 문제를 출제하고, 각 문제에 대한 해설을 기재하였습니다.

각 회별 문제는 법원직 상법의 시험범위 전체를 대상으로 하였습니다. 동시에 각 회별로 중복 출제되는 지문이 없도록 함으로써 본서를 통하여 상법의 중요 쟁점 전반을 확인할 수 있도록 하였습니다.

출제된 지문은 법원직 상법 출제빈도가 높은 핵심 정지문을 모두 포함하는 것은 물론, 출제되지 않은 지문 중에서도 출제 가능성이 높은 지문은 함께 수록하여 실전 대응력을 높였습니다.

아울러 문제 해설 부분에 문제와 관련된 쟁점을 요약, 정리하여 수록함으로써 상법의 중요 쟁점을 한 번에 정리할 수 있도록 하였습니다.

아무쪼록 본서가 법원직 등기직렬 시험을 준비하는 수험생들에게 조금이나마 도움이 되길 소망합니다.

2022년 4월
공태용

차례

문제

정답 및 해설

2022 해커스법원직 **공태용 상법의 맥**
실전동형모의고사

문제

01~05회

01회 실전동형모의고사

【문 1】상인에 관한 다음 설명 중 가장 옳지 않은 것은? (다툼이 있는 경우에는 판례에 의함)

① 점포 기타 유사한 설비에 의하여 상인적 방법으로 영업을 하는 자는 상행위를 하지 아니하더라도 상인으로 본다.

② 회사는 상행위를 하지 아니하더라도 상인으로 본다.

③ 변호사는 유상의 위임계약 등을 통하여 사실상 영리를 목적으로 그 직무를 행하는 경향이 있으므로 상법 제5조 제1항의 의제상인에 해당한다.

④ 영업의 목적인 상행위를 개시하기 전에 영업을 위한 준비행위를 하는 자연인은 영업으로 상행위를 할 의사를 실현하는 것이므로 준비행위를 한 때 상인자격을 취득한다.

【문 2】상법상 지배인에 관한 다음 설명 중 가장 옳은 것은?

① 지배인은 상인 또는 다른 지배인에 의해 선임된다.

② 지배인의 행위가 영업에 관한 것으로서 대리권한 범위 내의 행위라 하더라도 영업주 본인의 이익이나 의사에 반하여 자기 또는 제3자의 이익을 도모할 목적으로 그 권한을 행사한 경우에 그 상대방이 지배인의 진의를 알았거나 알 수 있었을 때에는 민법 제107조 제1항 단서의 유추해석상 그 지배인의 행위에 대하여 영업주 본인은 아무런 책임을 지지 않는다.

③ 지배인은 영업주에 갈음하여 재판상의 행위를 제외하고 그 영업에 관한 재판 외의 모든 행위를 할 수 있다.

④ 지배인의 어떤 행위가 영업주의 영업에 관한 것인가의 여부는 지배인의 행위의 주관적 의사와 그 객관적 성질을 종합하여 판단하여야 한다.

【문 3】상호에 관한 다음 설명 중 가장 옳지 않은 것은?

① 회사가 수 개의 독립된 영업을 하는 경우, 각 영업별로 다른 상호를 사용할 수 없다.

② 회사가 아니면 상호에 회사임을 표시하는 문자를 사용하지 못한다. 회사의 영업을 양수한 경우에도 그러하다.

③ 상호는 영업을 폐지하거나 영업과 함께 하는 경우에 한하여 이를 양도할 수 있고, 상호의 양도는 등기하지 아니하면 선의의 제3자에게 대항하지 못한다.

④ 누구든지 부정한 목적으로 타인의 영업으로 오인할 수 있는 상호를 사용하지 못한다. 이를 위반하여 상호를 사용하는 자가 있다면 이로 인해 손해를 받을 염려가 있는 자 또는 상호를 등기한 자는 그 폐지를 청구할 수 있다.

【문 4】상호등기에 관한 다음 설명 중 가장 옳지 않은 것은?

① 타인이 등기한 상호는 동일한 특별시·광역시·시·군에서 동종영업의 상호로 등기하지 못한다.

② 동일한 특별시·광역시·시·군에서 동종영업으로 타인이 등기한 상호를 사용하는 자는 부정한 목적으로 사용하는 것으로 추정한다.

③ 동일한 특별시·광역시·시 또는 군 내에서는 동일한 영업을 위하여 타인이 등기한 상호 또는 확연히 구별할 수 없는 상호가 등기된 경우 선등기자가 후등기자를 상대로 그와 같은 등기의 말소를 소로써 청구할 수 있다고 볼 수 없다.

④ 타인이 가등기한 상호는 동일한 특별시·광역시·시·군에서 동종영업의 상호로 등기하지 못한다.

【문 5】영업양수인의 책임에 관한 다음 설명 중 가장 옳은 것은?

① 영업양수인이 양도인의 상호를 계속 사용하는 경우 양도인의 영업으로 인한 제3자의 채권에 대하여 양수인도 변제할 책임을 지는 경우 양도인 또한 양수인과 함께 변제책임을 진다.

② 영업양수인이 상법 제42조 제1항 규정에 따라 책임지는 제3자의 채권은 영업양도 당시 채무의 변제기가 도래할 필요까지는 없다고 하더라도 그 당시까지 발생한 것이어야 하나, 영업양도 당시로 보아 가까운 장래에 발생될 것이 확실한 채권은 그에 해당한다.

③ 상호속용양수인이 변제책임을 지는 양도인의 제3자에 대한 채무는 양도인의 영업으로 인한 채무로서 양도인이 영업양도 당시의 상호를 사용하는 동안 발생한 채무에 한한다.

④ 상호속용양수인이 변제할 책임을 부담하는 채무는 거래상 채무에 제한되므로 거래와 관련된 불법행위로 인한 손해배상채무는 포함되지 아니한다.

【문 6】 다음 중 가장 옳지 않은 것은?

① 상행위의 대리인이 본인을 위한 것임을 표시하지 아니하더라도 그 행위는 본인에 대하여 효력이 있다.

② 상행위의 위임을 받은 자는 위임의 본지에 반하지 아니한 범위 내에서 위임을 받지 아니한 행위를 할 수 있다.

③ 상행위의 위임에 의한 대리권은 본인의 사망으로 소멸한다.

④ 상대방이 본인을 위한 것임을 알지 못한 경우 대리인에게도 이행을 청구할 수 있다.

【문 7】 상사시효에 관한 다음 설명 중 가장 옳지 않은 것은?

① 상사시효가 적용되는 채권은 직접 상행위로 인하여 생긴 채권뿐만 아니라 상행위로 인하여 생긴 채무의 불이행에 기하여 성립한 손해배상채권도 포함한다. 다만, 상행위인 계약의 해제로 인한 원상회복청구권에는 상사시효가 적용되지 않는다.

② 주식회사인 부동산 매수인이 의료법인인 매도인과의 부동산 매매계약의 이행으로서 그 매매대금을 매도인에게 지급하였으나, 매도인 법인을 대표하여 위 매매계약을 체결한 대표자의 선임에 관한 이사회결의가 부존재하는 것으로 확정됨에 따라 위 매매계약이 무효로 되었음을 이유로 민법의 규정에 따라 매도인에게 이미 지급하였던 매매대금 상당액의 반환을 구하는 부당이득반환청구의 경우, 위 부동이득반환청구권에는 민법 제162조 제1항에 따라 10년의 소멸시효가 적용된다.

③ 당사자 쌍방에 대하여 모두 상행위가 되는 행위로 인한 채권뿐만 아니라 당사자 일방에 대하여만 상행위에 해당하는 행위로 인한 채권도 상법 제64조 소정의 5년의 소멸시효기간이 적용되는 상사채권에 해당하는 것이고, 그 상행위에는 상법 제46조 각 호에 해당하는 기본적 상행위뿐만 아니라, 상인이 영업을 위하여 하는 보조적 상행위도 포함된다.

④ 교통사고 피해자가 가해차량이 가입한 책임보험의 보험자로부터 사고로 인한 보험금을 수령하였음에도 자동차손해배상보장사업을 위탁받은 보험사업자로부터 또다시 피해보상금을 수령한 것을 원인으로 한 위 보험사업자의 피해자에 대한 부당이득반환청구권에 관하여는 상법 제64조가 적용되지 않고, 그 소멸시효기간은 민법 제162조 제1항에 따라 10년이라고 봄이 상당하다.

【문 8】 상사유치권에 관한 다음 설명 중 가장 옳지 않은 것은?

① 상사유치권의 대상이 되는 '물건'에는 부동산도 포함된다.

② 보통 상사유치권은 민사유치권과 달리 피담보채권이 '목적물에 관하여' 생긴 것일 필요는 없지만 상사유치권의 대상이 되는 물건은 '채무자 소유'일 것으로 제한되어 있다.

③ 채무자 소유의 부동산에 이미 선행저당권이 설정되어 있는 상태에서 상사유치권이 성립한 경우, 상사유치권자는 선행저당권자, 선행저당권에 기한 임의경매절차에서 부동산을 취득한 매수인에게 상사유치권으로 대항할 수 있다.

④ 당사자는 상사유치권을 특약으로 배제할 수 있다.

【문 9】 다음 설명 중 가장 옳지 않은 것은?

① 위탁자가 지정한 가액보다 염가로 매도하거나 고가로 매수한 경우에도 위탁매매인이 그 차액을 부담한 때에는 그 매매는 위탁자에 대하여 효력이 있다.

② 위탁자가 지정한 가액보다 고가로 매도하거나 염가로 매수한 경우에는 그 차액은 다른 약정이 없으면 위탁매매인의 이익으로 한다.

③ 위탁매매인은 위탁자를 위한 매매에 관하여 상대방이 채무를 이행하지 아니하는 경우에는 위탁자에 대하여 이를 이행할 책임이 있다. 그러나 다른 약정이나 관습이 있으면 그러하지 아니하다.

④ 위탁매매인이 매수의 위탁을 받은 경우에 위탁자가 매수한 물건의 수령을 거부하거나 이를 수령할 수 없는 경우 위탁매매인은 그 물건을 공탁하거나 상당한 기간을 정하여 최고한 후 경매할 수 있다.

【문 10】 금융리스에 관한 다음 설명 중 가장 옳은 것은?

① 금융리스물건수령증을 발급한 경우에는 금융리스계약 당사자 사이에 적합한 금융리스물건이 수령된 것으로 간주한다.

② 금융리스업자가 리스물건에 대하여 하자담보책임을 지지 않는다는 특약은 이용자에게 불리한 불공정조항에 해당하여 무효이다.

③ 금융리스업자는 특별한 사정이 없는 한, 적합한 금융리스물건을 수령할 수 있도록 협력할 의무와 별도로 독자적인 금융리스물건 인도의무 또는 검사·확인의무를 부담한다.

④ 금융리스이용자는 중대한 사정변경으로 인하여 금융리스물건을 계속 사용할 수 없는 경우에는 3개월 전에 예고하고 금융리스계약을 해지할 수 있다.

【문 11】 상법상 자본금 총액이 10억 원 미만인 주식회사(소규모회사)에 관한 설명 중 가장 옳지 않은 것은?

① 소규모회사의 경우에는 감사를 선임하지 아니할 수 있으므로, 감사를 선임하지 아니한 경우에 이사와 회사 사이의 소가 제기된 경우에는 회사, 이사 또는 이해관계인은 법원에 회사를 대표할 자를 선임하여 줄 것을 신청하여야 한다.

② 이사를 2명으로 정한 소규모회사에는 이사회가 없으므로 정관에 특별한 규정이 없는 한 중요한 자산의 처분 및 양도, 대규모 재산의 차입, 지배인의 선임 또는 해임과 지점의 설치·이전 또는 폐지 등 회사의 업무집행과 주주총회의 소집은 이사 2명의 합의로 결정한다.

③ 소규모회사에서 주주총회를 소집하는 경우에는 주주총회일의 10일 전에 각 주주에게 서면으로 통지를 발송하거나 각 주주의 동의를 받아 전자문서로 통지를 발송할 수 있다.

④ 소규모회사를 발기설립하는 경우에는 납입금 보관증명서를 은행이나 그 밖의 금융기관의 잔고증명서로 대체할 수 있다.

【문 12】 청산에 관한 다음 설명 중 가장 옳지 않은 것은?

① 주식회사가 해산한 때에는 합병·분할·분할합병 또는 파산의 경우 외에는 이사가 청산인이 된다. 다만, 정관에 다른 정함이 있거나 주주총회에서 타인을 선임한 때에는 그러하지 아니하다.

② 청산인은 취임한 날로부터 2월 내에 회사채권자에 대하여 일정한 기간 내에 그 채권을 신고할 것과 그 기간 내에 신고하지 아니하면 청산에서 제외될 뜻을 2회 이상 공고로써 최고하여야 한다. 그러나 그 기간은 3월 이상이어야 한다.

③ 청산인의 직무는 현존사무의 종결, 채권의 추심과 채무의 변제, 재산의 환가처분, 잔여재산의 분배이다.

④ 청산인이 그 업무를 집행함에 현저하게 부적임하거나 중대한 임무에 위반한 행위가 있는 때에는 발행주식의 총수의 100분의 3 이상에 해당하는 주식을 가진 주주는 법원에 그 청산인의 해임을 청구할 수 있다.

【문 13】 다음의 설명 중 가장 옳지 않은 것은?

① 가장납입의 형태로 주금을 납입하였던 주식인수인이 그 후 회사로부터 지정된 납입일까지 주금 상당액을 납입할 것을 요구받고도 그 납입일까지 회사가 청구한 주금 상당액을 납입하지 아니한 채 그로부터 상당 기간이 지난 뒤 비로소 회사의 주주임을 주장하는 경우 그러한 행위는 신의성실의 원칙에 반한다.

② 타인의 승낙을 얻어 그 명의로 주식을 인수한 자는 그 타인과 연대하여 주금액을 납입할 책임이 있다.

③ 주식을 인수함에 있어 타인의 승낙을 얻어 그 명의로 출자하여 주식대금을 납입하고, 실제 출자자를 주식인수인으로 하기로 한 사실을 주식인수계약의 상대방인 회사 등이 알고 이를 승낙한 경우 실제 출자자가 주식인수인이 된다.

④ 가장납입에 있어서 회사는 주금납입의 절차가 완료된 후에 주주에 대하여 체당 납입한 주금의 상환을 청구할 수 있다.

【문 14】 주식회사의 '자본의 감소'에 관한 상법 규정의 내용으로 잘못된 것은?

① 자본감소는 주식의 액면가를 감액하거나 발행주식수를 감소시키는 방법으로 할 수 있는데 전자의 경우에는 정관변경이 필요하나 후자의 경우에는 필요없다.

② 법원이 감자무효의 소를 재량 기각하기 위해서는 원칙적으로 그 소제기 전이나 그 심리 중에 원인이 된 하자가 보완되어야 한다고 할 수 있지만, 하자가 추후 보완될 수 없는 성질의 것으로서 자본감소 결의의 효력에는 아무런 영향을 미치지 않는 것인 경우 등에는 그 하자가 보완되지 않았더라도 법원은 그 청구를 기각할 수 있다.

③ 자본감소의 절차나 내용에 하자가 있을 경우 주주·이사·감사·청산인·파산관재인 또는 자본감소를 승인하지 아니한 채권자에 한하여 자본감소로 인한 변경등기가 있는 날로부터 6개월 내에 감자무효의 소를 제기할 수 있다.

④ 결손의 보전을 위한 자본금감소의 경우에도 채권자보호절차가 요구된다.

【문 15】 주식양도에 관한 다음 설명 중 가장 옳지 않은 것은?

① 주식의 양도에 정관상 이사회 승인이 요구됨에도 불구하고 이사회 승인을 얻지 아니한 경우, 주식을 취득하지 못한 양수인이 회사에 대하여 주식매수청구를 하더라도 이는 아무런 효력이 없으나 사후적으로 양수인이 주식 취득 요건을 갖추게 되면 이는 하자가 치유된 것으로 볼 수 있다.

② 주식의 양도에 관하여 이사회의 승인을 얻어야 하는 경우에 주식을 취득한 자는 회사에 대하여 그 주식의 종류와 수를 기재한 서면으로 그 취득의 승인을 청구할 수 있고, 이 경우 주주의 지위는 주식을 취득한 자가 회사로부터 주식의 매매대금을 지급받은 때에 이전된다.

③ 주주들 사이에서 회사의 설립일로부터 5년 동안 주식의 전부 또는 일부를 다른 당사자 또는 제3자에게 매각·양도할 수 없다는 내용의 약정을 한 경우, 그 약정은 주주의 투하자본회수의 가능성을 전면적으로 부정하는 것으로서 무효이다.

④ 주식의 양도에 관하여 이사회의 승인을 얻어야 하는 경우에 주식을 양도하고자 하는 주주가 양도의 상대방을 지정할 것을 청구하여 상대방이 지정된 경우, 주식에 대한 매매가격은 주주와 지정된 상대방 간의 협의로 결정한다.

【문 16】 주주총회의 소집에 관한 설명으로 가장 옳지 않은 것은?

① 주주총회 소집통지서에는 회의의 목적사항을 기재하여야 한다.

② 주식회사에서 총 주식을 한 사람이 소유하고 있는 1인 회사의 경우에는 그 주주가 유일한 주주로서 주주총회에 출석하면 전원총회로서 성립하고 그 주주의 의사대로 결의될 것임이 명백하므로 따로 총회소집절차가 필요없다.

③ 총회는 정관에 다른 정함이 없으면 본점 소재지 또는 이에 인접한 지에 소집하여야 한다.

④ 법원이 상법 제366조 제2항에 따라 총회의 소집을 구하는 소수주주에게 회의의 목적사항을 정하여 이를 허가하면서 총회의 소집기간을 구체적으로 정하지 않은 경우 총회소집허가결정일로부터 상당한 기간이 경과하도록 총회가 소집되지 않더라도, 법원의 취소 결정이 없는 한 소집허가결정에 따른 소집권한은 특별한 사정이 없는 한 소멸하지 아니한다.

【문 17】 주주총회결의의 효력을 다투는 소송에 관한 설명 중 옳지 않은 것은?

① 정당한 소집권자에 의하여 소집된 주주총회의 결의라면, 설령 주주총회의 소집에 이사회의 결의가 없었고 그 소집통지가 서면에 의하지 아니한 구두 소집통지로서 법정 소집기간을 준수하지 아니하였으며 극히 일부의 주주에 대하여는 소집통지를 빠뜨렸다 하더라도, 그와 같은 주주총회 소집절차상의 하자는 주주총회결의의 단순한 취소사유에 불과하다.

② 주주총회결의 취소소송의 계속 중 그 회사의 이사나 감사가 아닌 원고가 주주로서의 지위를 상실하면 원고는 그 취소를 구할 당사자적격을 상실한다.

③ 가처분에 의하여 직무집행이 정지된 이사를 선임한 주주총회결의 취소 등의 본안소송에서 가처분 채권자가 승소하여 판결이 확정된 경우, 그 가처분 결정은 직무집행정지 기간의 정함이 없는 경우에도 본안 승소판결의 확정과 동시에 효력을 상실하게 된다.

④ 이사가 그 지위에 기하여 주주총회결의 취소의 소를 제기하였다가 소송 계속 중에 사망하였거나 사실심 변론종결 후에 사망하였다면 그 소송은 이사의 사망으로 중단된다.

【문 18】 주식회사의 이사선임시 집중투표에 대한 다음 설명 중 옳지 않은 것은?

① 2인 이상의 이사의 선임을 목적으로 하는 총회의 소집이 있는 때에는 의결권 없는 주식을 포함한 발행주식 총수의 100분의 3 이상에 해당하는 주식을 가진 주주는 정관에서 달리 정하는 경우를 제외하고는 회사에 대하여 집중투표의 방법으로 이사를 선임할 것을 청구할 수 있다.

② 집중투표의 청구가 있는 경우에 이사의 선임결의에 관하여 각 주주는 1주마다 선임할 이사의 수와 동일한 수의 의결권을 가지며 그 의결권은 이사 후보자 1인 또는 수인에게 집중하여 투표하는 방법으로 행사하여야 한다.

③ 집중투표의 방법으로 이사를 선임하는 경우에는 투표의 최다수를 얻은 자부터 순차적으로 이사에 선임되는 것으로 한다.

④ 이사의 선임을 집중투표의 방법으로 하는 경우에도 회사의 정관에 규정한 의사정족수는 충족되어야 한다.

【문 19】 대표이사 등에 관한 다음 설명 중 가장 옳지 않은 것은?

① 회사가 공동대표이사에게 단순한 대표이사라는 명칭을 사용하여 법률행위를 하는 것을 용인 내지 방임한 경우 상법 제395조에 의한 표현책임을 진다.

② 공동대표이사의 1인이 그 대표권 행사를 다른 공동대표이사에게 일반적, 포괄적으로 위임하는 것은 허용되지 아니한다.

③ 주식회사의 대표이사가 그 대표권의 범위 내에서 한 행위는 설사 대표이사가 회사의 영리목적과 관계없이 자기 또는 제3자의 이익을 도모할 목적으로 그 권한을 남용한 것이라 할지라도 일단 회사의 행위로서 유효하고, 다만 그 행위의 상대방이 대표이사의 진의를 알았거나 알 수 있었을 때에는 회사에 대하여 무효가 된다.

④ 주식회사의 대표이사가 이사회의 결의를 거쳐야 할 대외적 거래행위에 관하여 이를 거치지 아니한 경우에는 그 거래 상대방이 그와 같은 이사회결의가 없었음을 알았거나 알 수 있었던 경우 회사는 그 거래행위의 무효를 주장할 수 있다.

【문 20】 주식회사의 이사 등에 관한 다음 설명 중 가장 옳지 않은 것은?

① 이사는 이사회의 승인이 없으면 자기 또는 제3자의 계산으로 회사의 영업부류에 속한 거래를 하거나 동종영업을 목적으로 하는 다른 회사의 무한책임사원이나 이사가 되지 못한다.

② 이사회가 어떤 안건에 관하여 충분한 정보를 수집·분석하고 정당한 절차를 거쳐 의사를 결정하였다면, 이사회의 결의에 참여한 이사들이 이사로서 선량한 관리자의 주의의무 또는 충실의무를 위반하였다고 할 수 없다.

③ 이사가 법령을 위반하여 그 임무를 수행함으로써 회사에 대하여 손해배상책임이 문제되는 경우, 경영판단의 원칙은 원칙적으로 적용되지 않는다.

④ 이사가 이사회의 승인이 없이 회사와 동종영업을 목적으로 하는 회사를 설립하고 그 회사의 이사 겸 대표이사가 되어 영업준비작업을 하고, 그 영업활동을 개시하기 전에 그 회사의 이사 및 대표이사직을 사임하였다면 이사의 경업금지의무 위반에 해당하지 않는다.

【문 21】 다음 상법상 주식회사의 주주에 관한 설명 중 가장 옳지 않은 것은?

① 발행주식의 총수의 100분의 10 이상에 해당하는 주식을 가진 주주는 상법이 정한 일정한 사유가 있는 경우에 회사의 해산을 법원에 청구할 수 있다.

② 발행주식의 총수의 100분의 1 이상에 해당하는 주식을 가진 주주는 회사에 대하여 이사의 책임을 추궁할 소의 제기를 청구할 수 있다.

③ 발행주식의 총수의 100분의 3 이상에 해당하는 주식을 가진 주주는 이유를 붙인 서면으로 회계의 장부와 서류의 열람 또는 등사를 청구할 수 있다.

④ 의결권 없는 주식을 제외한 발행주식의 총수의 100분의 3 이상에 해당하는 주식을 가진 주주는 회의의 목적사항과 소집의 이유를 적은 서면 또는 전자문서를 이사회에 제출하여 임시총회의 소집을 청구할 수 있다.

【문 22】 주식회사의 감사에 관한 다음 설명 중 가장 옳지 않은 것은?

① 감사는 회의의 목적사항과 소집의 이유를 기재한 서면을 필요하면 이사(소집권자가 있는 경우에는 소집권자)에게 제출하여 이사회 소집을 청구할 수 있다.

② 감사는 언제든지 이사에 대하여 영업에 관한 보고를 요구하거나 회사의 업무와 재산 상태를 조사할 수 있다.

③ 모회사의 감사는 자회사에 대하여 언제든지 업무와 재산 상태를 조사할 수 있다.

④ 감사가 회사 또는 자회사의 이사 또는 지배인 기타의 사용인에 선임되거나 반대로 회사 또는 자회사의 이사 또는 지배인 기타의 사용인이 회사의 감사에 선임된 경우에는 피선임자가 새로이 선임된 지위에 취임할 것을 승낙한 때에는 종전의 직을 사임하는 의사를 표시한 것으로 해석해야 한다.

【문 23】 비상장주식회사의 신주발행 및 신주인수권에 관한 설명 중 옳지 않은 것은?

① 회사가 신주를 발행함에 있어 경영상 목적을 달성하기 위하여 필요한 범위 안에서 정관이 정한 사유가 없는데도, 회사의 경영권 분쟁이 현실화된 상황에서 경영진의 경영권이나 지배권 방어라는 목적을 달성하기 위하여 제3자에게 신주를 배정하는 것은 주주의 신주인수권을 침해하는 것이다.

② 신주의 인수인이 납입기일에 납입 또는 현물출자의 이행을 하지 아니한 때에는 그 권리를 잃고, 이 경우 신주의 인수인은 회사에 대하여 손해를 배상할 책임이 없다.

③ 회사가 정관이나 이사회 결의로 주주의 신주인수권 양도에 관한 사항을 결정하지 아니하였더라도 회사가 그와 같은 양도를 승낙한 경우 그 구체적 신주인수권의 양도는 회사에 대하여도 효력이 있다.

④ 현물출자자에게 발행하는 신주에 대하여는 일반주주의 신주인수권이 미치지 않는다.

【문 24】 주식회사의 전환사채발행에 관한 설명 중 옳지 않은 것은?

① 회사가 전환사채를 주주 외의 자에게 발행하는 경우 정관에 그 발행할 수 있는 전환사채의 액, 전환의 조건, 전환으로 인하여 발행할 주식의 내용과 전환을 청구할 수 있는 기간에 관하여 규정이 있어야 할 뿐만 아니라 이에 대한 주주총회의 특별결의에 의한 승인이 있어야 한다.

② 회사의 주주가 전환사채발행의 유지를 청구하는 경우 전환사채 발행의 효력이 생기기 전인 전환사채의 납입기일까지 하여야 한다.

③ 전환사채 관련 규정에서 신주발행무효의 소의 출소기간에 관한 제429조의 준용 여부에 대해서는 아무런 규정을 두고 있지 않더라도, 전환사채발행부존재 확인의 소에 있어서도 상법 제429조가 유추적용된다고 볼 수 없다.

④ 회사의 주주가 전환사채를 취득한 경우 주주는 그 전환사채에 질권을 설정할 수 있고 만일 주주가 그 전환으로 인하여 주식을 받는다면 질권자는 그 주식에 대하여 질권을 행사할 수 있다.

【문 25】 주식회사의 합병에 관한 다음 설명 중 가장 옳지 않은 것은?

① 합병할 회사의 일방이 합병 후 존속하는 경우에 합병으로 인하여 소멸하는 회사의 총주주의 동의가 있거나 그 회사의 발행주식 총수의 100분의 90 이상을 합병 후 존속하는 회사가 소유하고 있는 때에는 합병으로 인하여 소멸하는 회사의 주주총회의 승인은 이를 이사회의 승인으로 갈음할 수 있다.

② 합병 후 존속하는 회사가 합병으로 인하여 발행하는 신주 및 이전하는 자기주식의 총수가 그 회사의 발행주식 총수의 100분의 10을 초과하지 아니하는 경우에는 그 존속하는 회사의 주주총회의 승인은 이를 이사회의 승인으로 갈음할 수 있다.

③ 회사의 합병에 있어서 합병등기에 의하여 합병의 효력이 발생한 후에는 합병무효의 소를 제기하는 외에 합병결의 무효확인 청구만을 독립된 소로서 구할 수 없다.

④ 간이합병(상법 제527조의2)의 경우에는 합병반대주주의 주식매수청구권이 인정되지 않지만, 소규모합병(상법 제527조의3)의 경우에는 합병반대주주의 주식매수청구권이 인정된다.

02회 실전동형모의고사

【문 1】상인과 상행위에 관한 다음 설명 중 가장 옳지 않은 것은? (다툼이 있는 경우에는 판례에 의함)

① 상관습법은 상법과 민법에 규정이 없는 때에만 적용된다.

② 소상인이란 자본금 1,000만 원에 미달하는 회사가 아닌 자로서 상법상 지배인·상호·상업장부 및 상업등기에 관한 규정이 적용되지 않는다.

③ 어떠한 자가 자기 명의로 상행위를 함으로써 상인자격을 취득하고자 준비행위를 하는 것이 아니라 다른 상인의 영업을 위한 준비행위를 하는 것에 불과하다면, 그 행위는 행위를 한 자의 보조적 상행위가 될 수 없다.

④ 상인은 자기 명의로 상행위를 하는 자를 의미하므로, 행정관청에 대한 인·허가 명의나 국세청에 신고한 사업자등록상의 명의와 실제 영업상의 주체가 다를 경우 후자가 상인이 된다.

【문 2】상업사용인에 관한 다음 설명 중 가장 옳지 않은 것은? (다툼이 있는 경우 판례에 의함)

① 수인의 지배인이 선임된 경우 특별한 사정이 없는 한 수인의 지배인은 각자 독립하여 대리권을 행사할 수 있다.

② 공동지배인은 공동으로만 대리권을 행사할 수 있으므로 공동지배인 중 1인에 대하여 한 의사표시는 영업주에 대하여 효력이 없다.

③ 지배인은 변호사가 아닌 경우에도 영업주를 위하여 그 영업에 관한 소송행위를 대리할 수 있다.

④ 지배인이 영업주가 정한 대리권에 관한 제한 규정에 위반하여 한 행위에 대하여는 제3자가 위 대리권의 제한 사실을 알고 있었던 경우뿐만 아니라 알지 못한 데에 중대한 과실이 있는 경우에도 영업주는 그러한 사유를 들어 상대방에게 대항할 수 있다.

【문 3】상호의 가등기에 관한 다음 설명 중 가장 옳지 않은 것은?

① 주식회사를 설립하고자 할 때에는 본점의 소재지를 관할하는 등기소에 상호의 가등기를 신청할 수 있다.

② 회사는 상호와 목적을 변경하고자 할 때에는 본점의 소재지를 관할하는 등기소에 상호의 가등기를 신청할 수 있다.

③ 회사는 본점을 이전하고자 할 때에 이전할 곳을 관할하는 등기소에 상호의 가등기를 신청할 수 있다.

④ 유한책임회사를 설립하고자 할 때에는 본점의 소재지를 관할하는 등기소에 상호의 가등기를 신청할 수 없다.

【문 4】상업등기에 관한 다음 설명 중 가장 옳지 않은 것은?

① 이사선임의 주주총회결의에 대한 취소판결이 확정되어 그 선임 결의가 취소되는 주주총회결의에 의하여 이사로 선임된 대표이사가 마친 이사 선임 등기는 상법 제39조의 부실등기에 해당되지 아니한다.

② 부실등기의 효력을 규정한 상법 제39조는 등기신청권자 아닌 제3자의 문서위조 등의 방법으로 이루어진 부실등기에 있어서는 등기신청권자에게 그 부실등기의 경료 및 존속에 있어서 그 정도가 어떠하건 과실이 있다는 사유만 가지고는 회사가 선의의 제3자에게 대항할 수 없음을 규정한 취지가 아니다.

③ 등기신청권자가 스스로 등기를 하지 아니하였다 하더라도 그의 책임 있는 사유로 등기가 이루어지는 데에 관여하거나 부실등기의 존재를 알고 있음에도 이를 시정하지 않고 방치하는 등 등기신청권자의 고의·과실로 부실등기를 한 것과 동일시할 수 있는 특별한 사정이 있는 경우에는, 등기신청권자에 대하여 상법 제39조에 의한 부실등기 책임을 물을 수 있다.

④ A회사의 감사 丙이 도용한 직인을 사용하여 A회사의 대표이사 甲이 퇴임한 것으로 등기하고, 乙이 A회사의 새로운 대표이사로 선임된 것처럼 등기한 후 A회사의 대표이사로 등기되어 있던 乙로부터 부동산을 매수한 丁이 A회사를 상대로 위 부동산의 소유권이전을 구하는 소송을 제기한 경우, A회사는 상법 제39조의 부실등기 책임을 부담하지 않는다.

【문 5】영업양도에 관한 다음 설명 중 가장 옳지 않은 것은? (다툼이 있는 경우 판례에 의함)

① 근로자가 영업양도일 이전에 정당한 이유 없이 해고된 경우 영업양수인으로서는 양도인으로부터 정당한 이유 없이 해고된 근로자와의 근로관계를 원칙적으로 승계한다고 보아야 한다.

② 양도인이 동종영업을 하지 아니할 것을 약정한 때에는 동일한 특별시·광역시·시·군과 인접 특별시·광역시·시·군에 한하여 20년을 초과하지 아니한 범위 내에서 그 효력이 있다.

③ 영업임대차의 경우 상호속용 영업양수인의 책임에 관한 상법 제42조 제1항이 유추적용되지 아니한다.

④ 상인이 영업을 출자하여 주식회사를 설립하고, 그 주식회사가 출자한 상인의 상호를 계속 사용하더라도 이는 영업양도에 해당하지 않으므로 그 주식회사는 출자한 상인의 영업으로 인한 제3자의 채권에 대하여 변제할 책임이 없다.

【문 6】 다음 설명 중 가장 옳지 않은 것은?

① 영업자금을 차입함에 있어 행위자의 주관적 의사가 영업을 위한 준비행위였고, 상대방도 행위자의 설명 등에 의하여 영업을 위한 준비행위라는 점을 인식하였다면, 이러한 영업자금의 차입행위에 대해서도 상행위에 관한 상법규정이 적용된다.

② 상행위의 개시 전에 영업을 위한 준비행위를 하는 자는 준비행위를 한 때 상인자격을 취득하고, 개업준비행위는 최초의 보조적 상행위가 된다.

③ 음식점업을 영위하는 상인이 부동산중개업을 영위하는 상인에게 금원을 대여한 행위는 영업을 위하여 하는 것으로 추정되나, 금전대여행위가 고율의 이자소득을 얻기 위해 행해진 것임이 입증되는 경우는 그러하지 아니한다.

④ 상인이 영업과 상관없이 개인자격에서 돈을 투자하는 행위는 상인의 보조적 상행위로 볼 수 없다.

【문 7】 유질계약의 유효요건에 관한 다음 설명 중 가장 옳지 않은 것은?

① 모든 상사질권설정계약이 당연히 유질계약에 해당한다고 할 수는 없는 것이고, 상사질권설정계약에 있어서 유질계약의 성립을 인정하기 위하여서는 그에 관하여 별도의 명시적 또는 묵시적인 약정이 성립되어야 한다.

② 일방적 상행위로 인한 채권을 담보하기 위한 질권에 대하여는 유질계약이 허용되지 않는다.

③ 유질계약에 있어 질권자와 질권설정자 모두 상인일 것을 요건으로 하고 있지 않다.

④ 상사질권에서 민사질권과 달리 유질계약이 허용되는 것은 상인의 금융편의를 제공할 필요가 있는 한편, 채무자를 보호하기 위한 후견적 역할을 할 필요가 크지 않기 때문이다.

【문 8】 민법 채권편에 대한 상법상 특칙에 관한 다음 설명 중 가장 옳지 않은 것은?

① 상법상 대화자 간의 청약은 상대방이 즉시 승낙하지 아니한 때에는 그 효력을 상실한다.

② 상시거래관계에 있는 자로부터 그 영업부류에 속한 계약의 청약을 받은 상인은 신속히 승낙의 여부를 통지하여야 하며, 이를 게을리 한 때에는 승낙한 것으로 본다.

③ 상인이 그 영업에 관하여 상인이 아닌 자에게 금전을 대여한 경우에 이자의 약정이 없더라도 법정이자를 청구할 수 있다.

④ 상인의 불법행위로 인한 손해배상채무에는 상법 제54조의 상사법정이율인 연 6%가 적용된다.

【문 9】 상법상 상호계산에 관한 다음 설명 중 가장 옳은 것은?

① 어음 기타의 상업증권으로 인한 채권채무를 상호계산에 계입한 경우에 그 증권채무자가 변제하지 않더라도 당사자가 그 채무의 항목을 상호계산에서 제거할 수는 없다.

② 불법행위채권은 상호계산의 대상에서 제외되나, 제3자로부터 양수한 채권 및 금전채권이 아닌 특정물의 인도를 목적으로 하는 채권은 상호계산의 대상에 해당한다.

③ 채권자는 상계로 인한 잔액에 대하여 계산서 승인일 이후의 법정이자를 청구할 수 있다.

④ 각 당사자는 계약의 존속기간을 정한 경우에도 언제든지 상호계산을 해지할 수 있다.

【문 10】 상법상 대리상에 관한 다음 설명 중 가장 옳지 않은 것은?

① 대리상은 계약이 종료한 후에도 계약과 관련하여 알게 된 본인의 영업상 비밀을 준수해야 한다.

② 대리상은 계약의 종료가 대리상의 책임 있는 사유로 인한 경우를 제외하고, 대리상의 활동으로 인한 이익이 대리상 계약 종료 후에도 계속되는 경우 본인에 대해 상당한 보상을 청구할 수 있다.

③ 대리상이 보상청구권에 따라 청구할 수 있는 보상금액은 계약의 종료 전 5년간의 평균연보수액을 초과할 수 없고, 그 청구권은 계약이 종료한 날로부터 6월 내에 행사하면 된다.

④ 대리상은 거래의 대리 또는 중개로 인한 채권이 변제기에 있는 때에는 그 변제를 받을 때까지 본인 소유의 물건 또는 유가증권을 유치할 수 있다.

【문 11】 다음의 설명 중 가장 옳지 않은 것은?

① 회사가 부담할 설립비용과 발기인이 받은 보수액은 정관에 기재함으로써 효력이 발생하는 변태설립사항이다.

② 회사설립 후 현물출자가 이루어진 경우, 현물출자 약정은 재산인수에 해당하므로 정관에 기재되지 아니하는 한 무효이다. 이러한 현물출자가 상법 제375조가 규정하는 사후설립에 해당하고 이에 대하여 주주총회의 특별결의에 의한 추인이 있는 경우 회사는 현물출자로 인한 부동산의 소유권을 취득한다.

③ 현물출자를 하는 발기인은 납입기일에 지체없이 출자 목적인 재산을 인도하고 등기, 등록 기타 권리의 설정, 이전이 필요한 경우, 서류를 완비하여 교부하여야 한다.

④ 주주총회 의결권 관련 특권, 우선적 이익배당, 납입의무 면제, 이사나 감사 지위의 약속 등은 발기인의 특별이익으로 발기인에게 부여될 수 있다.

【문 12】 다음 중 주식회사 설립시 발기인의 책임에 관한 설명으로 가장 옳지 않은 것은?

① 발기인이 악의 또는 과실로 인하여 그 임무를 해태한 때에는 그 발기인은 제3자에 대하여도 연대하여 손해를 배상할 책임이 있다.

② 가장납입의 경우 발기인은 납입담보책임을 지지 아니한다.

③ 대표이사가 발기인에 대한 책임 추궁을 게을리 하는 경우 대표소송에 의하여 발기인의 책임을 물을 수 있다.

④ 가장납입의 경우, 발기인은 회사에 대하여 연대하여 손해를 배상할 책임을 부담한다.

【문 13】 상법상 주식회사 설립의 무효에 관한 다음 설명 중 가장 옳지 않은 것은?

① 설립무효의 소가 그 심리 중에 원인이 된 하자가 보완되고 회사의 현황과 제반사정을 참작하여 설립을 무효로 하는 것이 부적당하다고 인정한 때에는 법원은 그 청구를 기각할 수 있다.

② 합명회사의 경우 설립무효판결 또는 설립취소판결은 제3자에 대하여도 효력이 있다. 그러나 판결확정 전에 생긴 회사와 사원 및 제3자간의 권리의무에 영향을 미치지 아니한다.

③ 원고 패소 판결이 확정되더라도 다른 주주·이사 또는 감사는 다시 설립무효의 소를 제기할 수 있다.

④ 설립무효의 소를 제기한 자가 패소한 경우 악의 또는 과실이 있는 경우 회사에 대하여 손해배상책임을 진다.

【문 14】 다음 중 상법상 주식회사의 주식에 관한 설명 중 가장 옳지 않은 것은?

① 주식이 수인의 공유에 속하는 때에는 공유자는 주주의 권리를 행사할 자 1인을 정하여야 한다.

② 회사는 이익이나 이자의 배당 또는 잔여재산의 분배에 관하여 내용이 다른 수종의 주식을 발행할 수 있다.

③ 회사가 수종의 주식을 발행하는 경우에는 정관으로 주주는 인수한 주식을 다른 종류의 주식으로 전환을 청구할 수 있음을 정할 수 있다.

④ 의결권 없는 주식을 가진 주주에 대해서도 주주총회의 소집통지는 하여야 한다.

【문 15】 주주명부에 관한 다음 설명 중 가장 옳지 않은 것은?

① 주식이 양도된 후 주식회사의 주주명부상 양수인 명의로 명의개서가 이미 이루어졌다면, 그 후 그 주식양도약정이 해제되거나 취소되었다 하더라도 주주명부상의 주주명의를 원래의 양도인 명의로 복구하지 않는 한 양수인은 주식회사에 대한 관계에 있어서는 주주총회에서 의결권을 행사하기 위하여 주주로서 대항할 수 없다.

② 주주권의 귀속이 다투어지는 경우에도 회사는 주주명부에 주주로 기재된 자를 상대로 주주가 아니라는 확인의 소를 제기할 수 없다.

③ 주주명부 기재 또는 명의개서청구가 부당하게 지연되거나 거절된 경우, 주주명부에 기재를 마치지 않은 주주는 회사에 대해 주주권을 행사할 수 있다.

④ 주주명부의 주주 명의가 신탁된 것이고 명의차용인으로서 실질상의 주주가 따로 있음을 주장하려면 명의신탁관계를 주장하는 측에서 명의차용사실을 입증하여야 한다.

【문 16】 다음 설명 중 가장 옳은 것은?

① 주주제안권은 소수주주를 보호하기 위해 규정된 권리이므로, 설령 그 내용이 정관에 위반된다 하더라도 이사는 이를 주주총회의 목적사항으로 하여야 한다.

② 의결권 없는 주식을 제외한 발행주식 총수의 100분의 3 이상에 해당하는 주식을 가진 주주는 주주제안권을 행사할 수 있다.

③ 소수주주가 총회소집 청구를 하였으나, 이사회가 총회소집절차를 밟지 않은 경우, 청구한 주주는 법원의 허가를 받아 총회를 소집할 수 있고, 이 경우 주주총회의 의장은 대표이사가 된다.

④ 주주총회의 의장은 정관에서 정함이 없는 때에는 대표이사가 된다.

【문 17】 상법상 주식회사의 대표이사 또는 이사 선임에 관한 다음 설명 중 가장 옳지 않은 것은?

① 이사는 3명 이상이어야 한다. 다만, 자본금 총액이 10억 원 미만인 회사는 1명 또는 2명으로 할 수 있다.

② 이사는 주주총회에서 선임하여야 하므로, 이사 선임에 대한 권한을 제3자에게 위임하거나 주주총회의 권한을 제한할 수 없다.

③ 정관에 다른 정함이 없으면 대표이사는 이사회의 결의로 선정한다.

④ 주주총회에서 이사로 선임된 자는 회사와 별도의 위임계약을 체결함으로써 이사의 지위를 취득한다.

【문 18】 상법상 주식회사 이사의 직무집행정지가처분에 관한 다음 설명 중 가장 옳은 것은?

① 이사선임결의의 무효나 취소 또는 이사해임의 소가 제기된 경우에는 법원은 당사자의 신청에 의하여 가처분으로써 이사의 직무집행을 정지할 수 있고, 직무대행자를 선임할 수 있는데, 급박한 사정이 있는 때에는 본안소송의 제기 전에도 그 처분을 할 수 있다.

② 이사직무집행정지가처분에 있어서 피신청인이 될 수 있는 자는 그 성질상 당해 회사이고, 이사에게는 피신청인의 적격이 없다.

③ 대표이사의 직무집행정지 및 직무대행자선임의 가처분이 이루어진 후에 대표이사가 해임되고 새로운 대표이사가 적법하게 선임되면 직무대행자의 권한은 소멸하고 새로이 선임된 대표이사는 대표이사로서의 권한을 가진다.

④ 법원의 가처분에 의해 선임된 이사의 직무대행자는 가처분 명령에 다른 정함이 있는 경우에도 회사의 상무에 속하지 아니한 행위를 하지 못한다.

【문 19】 이사의 보수에 관한 다음 설명 중 가장 옳지 않은 것은?

① 상법 제388조가 정하는 '이사의 보수'에는 월급·상여금 등 명칭을 불문하고 이사의 직무수행에 대한 보상으로 지급되는 대가가 모두 포함되고, 퇴직금 또는 퇴직위로금도 그 재직 중의 직무수행에 대한 대가로 지급되는 급여로서 상법 제388조의 '이사의 보수'에 해당한다.

② 이사의 보수는 정관에 그 액을 정하지 아니한 때에는 주주총회의 결의로 정한다고 규정한 상법 제388조는 이사가 자신의 보수와 관련하여 개인적 이익을 도모하는 폐해를 방지하여 회사와 주주 및 회사채권자의 이익을 보호하기 위한 강행규정이므로, 정관 등에서 이사의 보수에 관하여 주주총회의 결의로 정한다고 규정되어 있는 경우 그 금액·지급방법·지급시기 등에 관한 주주총회의 결의가 있었음을 인정할 증거가 없는 한 이사의 보수청구권을 행사할 수 없다.

③ 주주총회의 결의 없이 이사에게 지급된 특별성과급의 일부가 주주총회에서 정한 이사의 보수한도액 내에 있는 경우 그 부분을 초과하는 특별성과급의 지급은 이사의 보수로 인정될 수 없다.

④ 이사의 퇴직금은 상법 제388조에 규정된 보수에 포함되고, 퇴직금을 미리 정산하여 지급받는 형식을 취하는 퇴직금 중간정산금도 퇴직금과 성격이 동일하다.

【문 20】 이사회에 관한 다음 설명 중 가장 옳지 않은 것은?

① 주식회사의 중요한 자산의 처분이나 대규모 재산의 차입 행위뿐만 아니라 이사회가 일반적·구체적으로 대표이사에게 위임하지 않은 업무로서 일상 업무에 속하지 아니한 중요한 업무에 대해서는 이사회의 결의를 거쳐야 한다.

② 이사 甲이 이사회에 출석하여 결의에 기권하였다고 의사록에 기재된 경우에 甲은 「상법」 제399조(회사에 대한 책임) 제3항에 따라 이사회 결의에 찬성한 것으로 추정할 수 없다.

③ 주식회사의 회생절차개시신청은 대표이사의 업무권한인 일상 업무에 속하므로 이사회 결의를 요하지 아니한다.

④ 이사회를 소집함에는 회일을 정하고 그 1주간 전에 각 이사 및 감사에 대하여 통지를 발송하여야 하고, 그 기간은 정관으로 단축할 수 있다.

【문 21】 주식회사 주주 등의 회계장부열람·등사청구 등에 관한 다음 설명 중 가장 옳지 않은 것은?

① 회사는 발행주식의 총수의 100분의 3 이상에 해당하는 주식을 가진 주주가 이유를 붙인 서면으로 회계의 장부와 서류의 열람 또는 등사를 청구하는 경우 그 청구가 부당함을 증명하지 아니하면 이를 거부하지 못한다.

② 발행주식 총수의 100분의 3 이상에 해당하는 주식을 가진 주주가 상법 제466조 제1항에 따라 이유를 붙인 서면으로 회계의 장부와 서류의 열람 또는 등사를 재판상 청구하는 경우에는 소송이 계속되는 동안 위 주식 보유요건을 구비하여야 하는 것은 아니다.

③ 주식매수청구권을 행사한 주주도 회사로부터 주식의 매매대금을 지급받지 아니하고 있는 동안에는 주주로서의 지위를 여전히 가지고 있으므로 특별한 사정이 없는 한 주주로서의 권리를 행사하기 위하여 필요한 경우에는 회계장부열람·등사권을 가진다.

④ 발행주식의 총수의 100분의 3 이상에 해당하는 주식을 가진 주주가 회사에 지나치게 불리한 시기를 택하여 회사의 회계의 장부와 서류의 열람 또는 등사 청구권을 행사하는 경우에는 정당한 목적을 결하여 부당한 것이라고 보아야 한다.

【문 22】 비상장 주식회사의 감사에 관한 설명 중 옳지 않은 것은?

① 감사의 지위가 주주총회의 선임결의와 별도로 대표이사와 사이에 임용계약이 체결되어야만 비로소 인정된다고 보는 것은 감사의 선임을 주주총회의 전속적 권한으로 규정하여 주주들의 단체적 의사결정 사항으로 정한 상법의 취지에 배치된다.

② 감사는 회사 및 자회사의 이사 또는 지배인 기타의 사용인의 직무를 겸하지 못한다.

③ 감사의 임기는 취임 후 3년 내의 최종의 결산기에 관한 정기총회의 종결시까지로 한다. 다만 정관으로 이를 연장하거나 단축할 수 있다.

④ 피고 회사의 이사인 원고가 피고 회사에 대하여 소를 제기하면서 대표이사를 대표자로 표시한 소장을 제출하고, 법원도 피고 회사의 대표이사에게 소장 부본을 송달하여 피고 회사의 대표이사로부터 위임받은 변호사들에 의하여 소송이 수행되었다면, 피고회사를 대표할 권한이 대표이사에게 없다고 하더라도 법원에서 피고 회사의 대표이사에게 소장 부본을 송달하였고, 피고 회사의 대표이사로부터 위임받은 변호사들에 의하여 소송이 진행되었다면 해당 소송행위는 무효이다.

【문 23】 회사의 사채에 관한 다음 설명 중 가장 옳은 것은?

① 전환으로 신주식을 발행하는 경우에는 전환사채의 발행가액총액을 전환으로 발행되는 신주식의 발행가액총액으로 한다.

② 사채의 상환청구권은 5년간 행사하지 아니하면 소멸시효가 완성한다.

③ 정관의 규정이 없음에도 불구하고, 이사회는 대표이사에게 사채의 금액 및 종류를 정하여 1년을 초과하지 아니하는 기간 내에 사채를 발행할 것을 위임할 수 있다.

④ 사채의 모집이 완료한 때에는 이사는 지체 없이 인수인에 대하여 각 사채의 전액을 납입시켜야 하고, 분할납입은 허용되지 않는다.

【문 24】 주식회사의 회계에 관한 다음 설명 중 가장 옳지 않은 것은?

① 회사는 자본준비금을 재원으로 하여 이익배당을 할 수 없으나, 이익준비금을 재원으로 하여 이익배당을 할 수 있다.

② 회사는 그 자본금의 2분의 1이 될 때까지 매 결산기 이익 배당액의 10분의 1 이상을 이익준비금으로 적립하여야 한다. 다만, 주식배당의 경우에는 그러하지 아니하다.

③ 정관으로 주주총회에서 결의하기로 정한 경우가 아니면 회사는 이사회의 결의에 의하여 법정준비금의 전부 또는 일부를 자본에 전입할 수 있다.

④ 회사는 적립된 자본준비금 및 이익준비금의 총액이 자본금의 1.5배를 초과하는 경우에 주주총회의 결의에 따라 그 초과한 금액 범위에서 자본준비금과 이익준비금을 감액할 수 있다.

【문 25】 다음은 주식회사의 분할 등에 관한 설명 중 옳지 않은 것은?

① 회사의 주주가 분할신주를 취득한다면, 이를 인적 분할이라 한다.

② 상법 제344조의3(의결권의 배제·제한에 관한 종류주식) 제1항에 따라 의결권이 배제되는 주주가 있다면, 그 주주는 회사의 분할결의 주주총회 결의에 관하여 의결권을 행사할 수 없다.

③ 회사의 분할로 인하여 분할에 관련되는 회사의 주주의 부담이 가중되는 경우에는 위 주주총회의 승인 외에 그 주주 전원의 동의가 있어야 한다.

④ 단순분할의 경우에는 회사분할에 반대하는 주주의 주식매수청구권이 인정되지 않는다.

03회 실전동형모의고사

【문 1】 상인에 관한 설명 중 가장 옳지 않은 것은? (다툼이 있는 경우에는 판례에 의함)

① 당연상인은 '자기의 명의로' 상행위를 하는 자를 말하고, '자기의 계산으로' 할 것은 그 요건이 아니다.

② 공법인의 상행위에 대하여는 법령에 다른 규정이 없는 경우에 한하여 상법을 적용한다.

③ 상인의 행위는 영업을 위하여 하는 것으로 추정되므로, 상인이 한 어떤 행위를 보조적 상행위가 아니라고 주장하는 자가 증명책임을 진다.

④ 회사는 상법에 의해 상인으로 의제되므로 회사의 기관인 대표이사 이사 역시 상인이 된다.

【문 2】 상법상 상업사용인에 관한 설명 중 가장 옳지 않은 것은? (다툼이 있는 경우 통설·판례에 의함)

① 부분적 포괄대리권을 가진 사용인에 해당하기 위해서는 그 업무 내용에 영업주를 대리하여 법률행위를 하는 것이 당연히 포함되어 있어야 한다.

② 부분적 포괄대리권을 가진 상업사용인이 특정된 영업이나 특정된 사항에 속하지 아니하는 행위를 한 경우 영업주가 책임을 지기 위하여 반드시 민법상의 표현대리의 법리에 의하여 그 상업사용인과 거래한 상대방이 그 상업사용인에게 그 권한이 있다고 믿을 만한 정당한 이유가 있어야 한다.

③ 물건을 판매하는 점포의 사용인의 경우 상대방이 악의인 경우에도 점포 내에서 물건을 판매하는 외관이 존재하는 경우 그 판매에 관한 모든 권한이 있는 것으로 본다.

④ 부분적 포괄대리권을 가진 사용인에게는 표현지배인에 관한 상법 제14조의 규정이 유추적용되지 않는다.

【문 3】 상법상 명의대여자의 책임에 관한 다음 설명 중 가장 옳지 않은 것은? (다툼이 있는 경우 판례에 의함)

① 건설업 면허를 대여한 자는 건설업 면허를 대여받은 자가 그 면허를 사용하여 하도급거래를 한 경우 면허를 대여한 자를 영업의 주체로 오인한 하수급인에 대하여 명의대여자책임을 질 수 있다.

② 제3자가 자기의 상호 아래 대리점이란 명칭을 붙여 사용하는 것을 허락하거나 묵인한 경우 명의대여자로서 책임을 질 수 있다.

③ 명의대여자 책임은 명의차용인과 그 상대방의 거래행위에 의하여 생긴 채무에 관하여 명의대여자를 진실한 상대방으로 오인하고 그 신용·명의 등을 신뢰한 제3자를 보호하기 위한 것이므로 불법행위의 경우에는 명의대여자 책임이 적용되지 않는다.

④ 상법 제24조의 명의대여자의 책임 규정은 명의대여자가 상인이 아니거나 명의차용자의 영업이 상행위가 아닌 경우에도 적용된다.

【문 4】 상법상 상업등기에 관한 다음 설명 중 가장 옳은 것은? (다툼이 있으면 판례에 의함)

① 고의 또는 과실로 인하여 사실과 상위한 사항을 등기한 자는 그 상위를 선의의 제3자에게 대항하지 못한다.

② 합자회사의 사원지분등기가 불실등기인 경우라도 공신력이 인정되므로 그 불실등기를 믿고 합자회사 사원의 지분을 양수한 이상 그 지분의 양수는 유효하다.

③ 등기신청인이 법인인 경우 그 대표자를 기준으로 고의를 판단하여야 하는바, 합명회사인 경우 대표사원을 기준으로 판단해야 하지만, 만일 대표사원이 유고로 따로 업무를 집행하는 사원이 있다면 그 사원을 기준으로 판단해야 한다.

④ 법인등기부에 이사 또는 감사로 등재되어 있다는 이유로 정당한 절차에 의하여 선임된 적법한 이사 또는 감사로 추정된다고는 할 수 없다.

【문 5】상법상 영업양도에 관한 다음 설명 중 가장 옳지 않은 것은?

① 양수인이 양도인의 상호를 속용하는 영업양도의 경우 양도인의 영업으로 인한 제3자의 채권에 대하여 양도인과 양수인은 연대채무관계에서 변제책임을 부담하며, 영업양도 후 2년이 경과하면 양도인의 변제책임은 소멸한다.

② 상호속용양수인의 규정은 양수인이 영업양도를 받은 후 지체 없이 양도인의 채무에 대한 책임이 없음을 등기한 때에는 적용하지 아니한다. 양도인 또는 양수인이 지체 없이 제3자에 대하여 그 뜻을 통지한 경우에 그 통지를 받은 제3자에 대하여도 같다.

③ 영업양도로 채무가 당연히 승계되는 것이 아니므로 영업양도인이 양도 전에 갖고 있던 영업상의 채무에 대해 제3자가 보증을 한 경우, 양도인의 피보증인으로서의 지위는 양수인에게 이전되지 않고, 따라서 보증인이 양도인의 채무를 대신 변제하더라도 양수인에게 구상권을 행사할 수 없다.

④ 영업양수인이 상호를 계속 사용하는 경우에 양도인의 영업으로 인한 채권에 대하여 채무자가 선의이며 중대한 과실 없이 양수인에게 변제한 때에는 그 효력이 있다.

【문 6】상법상 유치권에 관한 다음 설명 중 가장 옳지 않은 것은?

① 상인간의 상행위로 인한 채권이 변제기에 있는 때 채권자는 변제를 받을 때까지 그 채무자를 위하여 점유하는 물건 또는 유가증권을 유치할 수 있다.

② 대리상은 거래의 대리 또는 중개로 인한 채권이 변제기에 있는 때에는 그 변제를 받을 때까지 본인을 위하여 점유하는 물건 또는 유가증권을 유치할 수 있다.

③ 운송주선인은 운송물에 관하여 받을 보수, 운임, 기타 위탁자를 위한 체당금이나 선대금에 관하여서만 그 운송물을 유치할 수 있다.

④ 위탁매매인은 거래의 위탁매매로 인한 채권이 변제기에 있는 때에는 그 변제를 받을 때까지 본인을 위하여 점유하는 물건 또는 유가증권을 유치할 수 있다.

【문 7】상법상 매매에 관한 다음 설명 중 가장 옳지 않은 것은?

① 상법 제69조 제1항은 민법상 매도인의 담보책임에 대한 특칙으로서, 채무불이행에 해당하는 이른바 불완전이행으로 인한 손해배상책임을 묻는 청구에는 적용되지 않는다.

② 매매의 목적물에 상인에게 통상 요구되는 객관적인 주의의무를 다하여도 즉시 발견할 수 없는 하자가 있는 경우, 매수인은 6월 내에 그 하자를 발견하여 지체 없이 이를 통지하지 아니하면 매수인은 과실의 유무를 불문하고 매도인에게 하자담보책임을 물을 수 없다.

③ 상법 제69조의 하자담보책임을 묻기 위한 전제요건, 즉 매수인이 목적물을 수령한 때에 지체 없이 그 목적물을 검사하여 즉시 매도인에게 그 하자를 통지한 사실, 만약 매매의 목적물에 즉시 발견할 수 없는 하자가 있는 경우에는 6월 내에 이를 발견하여 즉시 통지한 사실 등에 관한 입증책임은 매수인에게 있다.

④ 상사매매에 관한 상법 제69조는, 민법의 매매에 관한 규정이 민법 제567조에 의하여 매매 이외의 유상계약에 준용되는 것과 마찬가지로 상인간의 수량을 지정한 건물의 임대차계약에 준용된다.

【문 8】상법상 익명조합에 관한 다음 설명 중 가장 옳지 않은 것은?

① 익명조합원이 출자한 금전 기타의 재산은 영업자의 재산으로 본다.

② 익명조합원의 출자가 손실로 인하여 감소된 때에는 그 손실을 전보한 후가 아니면 이익배당을 청구하지 못한다.

③ 익명조합원이 자기의 성명을 영업자의 상호 중에 사용하게 하거나 자기의 상호를 영업자의 상호로 사용할 것을 허락한 때에는 그 사용 전후의 채무에 대하여 영업자와 연대하여 변제할 책임이 있다.

④ 영업자의 사망이나 익명조합원의 파산은 익명조합계약의 종료사유에 해당한다.

【문 9】위탁매매에 관한 다음 설명 중 가장 옳지 않은 것은?

① 위탁매매란 자기의 명의로 타인의 계산에 의하여 물품을 매수 또는 매도하고 보수를 받는 것으로서 명의와 계산의 분리를 본질로 한다. 그리고 어떠한 계약이 일반의 매매계약인지 위탁매매계약인지는 계약의 명칭 또는 형식적인 문언을 떠나 그 실질을 중시하여 판단하여야 한다. 이는 자기 명의로써, 그러나 타인의 계산으로 매매 아닌 행위를 영업으로 하는 이른바 준위탁매매에 있어서도 마찬가지이다.

② 위탁매매인이 위탁자로부터 물건 또는 유가증권을 받은 후 파산한 경우에는 위탁자는 위 물건 또는 유가증권을 환취할 권리가 있다.

③ 위탁자의 위탁상품 공급으로 인한 위탁매매인에 대한 이득상환청구권이나 이행담보책임 이행청구권은 민법 제163조 제6호 소정의 '상인이 판매한 상품의 대가'를 유추하여 3년의 단기소멸시효의 대상이다.

④ 위탁매매인이 거래소의 시세가 있는 물건 또는 유가증권의 매매를 위탁받은 경우에는 직접 그 매도인이나 매수인이 될 수 있다. 이 경우의 매매대가는 위탁매매인이 매매의 통지를 발송할 때의 거래소의 시세에 따른다.

【문 10】상법상 창고업에 관한 설명 중 가장 옳지 않은 것은?

① 당사자가 임치기간을 정하지 아니한 때에는 창고업자는 임치물을 받은 날로부터 6월을 경과한 후에는 언제든지 이를 반환할 수 있으나, 그 경우 2주간 전에 예고하여야 한다.

② 창고업자는 자기 또는 사용인이 임치물의 보관에 관하여 주의를 해태하지 아니하였음을 증명하지 아니하면 임치물의 멸실 또는 훼손에 대하여 손해를 배상할 책임을 면하지 못한다.

③ 임치물의 멸실 또는 훼손으로 인하여 생긴 창고업자의 책임은 그 물건을 출고한 날로부터 1년이 경과하면 소멸시효가 완성하고, 임치물이 전부 멸실한 경우에는 그 물건이 전부 멸실한 날로부터 1년이 경과하면 소멸시효가 완성한다.

④ 임치인 또는 창고증권소지인은 영업시간 내에 언제든지 창고업자에 대하여 임치물의 검사 또는 견품의 적취를 요구하거나 그 보존에 필요한 처분을 할 수 있다.

【문 11】회사의 법인성에 대한 설명으로 가장 잘못된 것은?

① 기존회사의 채무를 면탈할 목적으로 신설된 회사의 법인격이 부인되더라도 기존회사에 대한 판결의 기판력과 집행력이 신설회사에까지 미치는 것은 아니다.

② 기존회사가 채무를 면탈할 목적으로 기업의 형태·내용이 실질적으로 동일한 신설회사를 설립하였다면, 신설회사의 설립은 기존회사의 채무면탈이라는 위법한 목적달성을 위하여 회사제도를 남용한 것이므로, 기존회사의 채권자는 위 두 회사 어느 쪽에 대하여도 채무의 이행을 청구할 수 있다.

③ 기존회사가 채무를 면탈할 목적으로 기업의 형태와 내용이 실질적으로 동일한 기존의 다른 회사를 이용한 경우에는 법인격 부인론의 적용을 부정한다.

④ 법인격 남용을 인정하려면 적어도 회사의 법인격이 배후자에 대한 법률적용을 회피하기 위한 수단으로 이용되거나, 채무면탈, 계약상 채무의 회피, 탈법행위 등 위법한 목적달성을 위하여 회사제도를 남용하는 등의 주관적 의도 또는 목적이 인정되어야 한다.

【문 12】회사의 계속에 관한 다음 설명 중 가장 옳지 않은 것은?

① 법원의 해산명령에 의해 해산한 경우, 회사의 계속은 인정되지 않는다.

② 합자회사가 존속기간 만료로 해산한 경우 일부 사원이 회사계속에 동의하였다면 나머지 사원들의 동의 여부가 불분명하더라도 회사계속의 효과는 발생한다.

③ 주식회사가 해산간주에 의하여 해산한 경우 언제든지 주주총회 특별결의로 회사를 계속할 수 있다.

④ 합자회사가 존립기간의 만료로 해산한 경우에도, 사원의 전부 또는 일부의 동의로 회사를 계속할 수 있다.

【문 13】상법상 주식회사의 주식과 자본금에 관한 다음 설명 중 가장 옳지 않은 것은?

① 회사의 자본금은 액면주식을 무액면주식으로 전환하거나 무액면주식을 액면주식으로 전환함으로써 변경할 수 없다.

② 회사는 정관으로 액면주식과 무액면주식을 선택할 수 있지만, 양자를 모두 발행하는 것은 허용되지 않는다.

③ 회사가 무액면주식을 발행하는 경우, 회사의 자본금은 주식 발행가액의 2분의 1 이상의 금액으로서 이사회에서 자본금으로 계상하기로 한 금액의 총액으로 한다.

④ 액면주식 1주의 금액은 100원 이상으로 균일하여야 한다. 다만, 정관으로 종류주식을 발행하는 경우 그러하지 아니하다.

【문 14】 주식의 소각·병합·분할에 관한 설명 중 옳은 것은?

① 회사가 보유하는 자기주식을 소각하는 경우 자본금감소에 관한 규정에 따라서만 소각하여야 한다.

② 주식분할의 경우 구주권을 회사에 제출할 수 없는 자가 있는 때에는 회사는 그 자의 청구에 의하여 3개월 이상의 기간을 정하고 이해관계인에게 그 주권에 대한 이의가 있으면 그 기간 내에 제출할 뜻을 공고하고 그 기간이 경과한 후에 신주권을 청구자에게 교부할 수 있다.

③ 주식의 소각, 병합, 분할 또는 전환이 있는 경우, 종전의 주주가 받을 금전이나 주식에 대하여 종전의 주식을 목적으로 한 질권을 행사할 수 없다.

④ 주식소각의 효력은 주주가 주권을 회사에 제출한 때에 생기지만, 채권자의 이의절차가 종료하지 아니한 때에는 그 종료한 때에 효력이 생긴다.

【문 15】 상법상 '자기주식의 취득'에 관한 설명으로 가장 옳지 않은 것은?

① 상법 등에서 명시적으로 자기주식의 취득을 허용하고 있거나 회사가 무상이나 타인의 계산으로 자기주식을 취득하는 등의 예외적인 경우를 제외하고는 회사가 상법상 자기주식 취득 규제 규정에 위반하여 자기주식을 취득하는 것은 당연히 무효이다.

② 다른 회사의 영업의 전부 또는 일부의 양수로 인한 경우에는 회사가 이익배당가능금액을 초과하여 자기주식취득이 허용된다.

③ 회사는 발행주식 총수의 20분의 1을 초과하여 자기의 주식을 질권의 목적으로 받지 못한다. 다만 회사의 권리를 실행함에 있어 그 목적을 달성하기 위하여 필요한 경우에는 그 한도를 초과하여 질권의 목적으로 할 수 있다.

④ 회사가 제3자의 명의로 주식을 취득하더라도 그 주식의 취득 대금이 회사로부터 출연된 것이고, 주식의 보유에 따른 손익이 회사에 귀속되면 이는 자기주식의 취득에 해당한다.

【문 16】 상법상 주주총회에서 주주의 의결권 행사에 관한 다음 설명 중 가장 옳지 않은 것은?

① 주주가 2 이상의 의결권을 가지고 있는 때에는 이를 통일하지 아니하고 행사할 수 있다. 이 경우 주주총회일의 3일 전에 회사에 대하여 서면 또는 전자문서로 그 뜻과 이유를 통지하여야 하고, 회사는 주주의 의결권의 불통일행사를 거부할 수 없다.

② 주주는 대리인으로 하여금 그 의결권을 행사하게 할 수 있고, 이 경우 대리인은 대리권을 증명하는 서면을 총회에 제출하여야 하며, 이때 대리권을 증명하는 서면은 원본이어야 하고, 특별한 사정이 없는 한 사본은 그 서면에 해당하지 않는다.

③ 의결권의 대리행사를 위해 회사가 요구하는 위임장과 함께 인감증명서, 참석장 등을 지참하지 아니하였다 하더라도 주주 또는 대리인이 다른 방법으로 위임장의 진정성 내지 위임의 사실을 증명할 수 있다면 회사는 그 대리권을 부정할 수 없다.

④ 대리인의 자격을 주주로 한정하는 정관규정이 있더라도 주주인 국가, 지방공공단체 또는 주식회사 소속의 공무원, 직원 또는 피용자 등이 그 주주를 위한 대리인으로서 의결권을 대리행사 하는 것은 유효하다.

【문 17】 주주총회에 관한 설명 중 가장 옳지 않은 것은?

① 상법은 주식회사가 영업의 전부 또는 중요한 일부의 양도행위를 할 때에는 주주총회의 특별결의를 얻도록 하고 있으므로, 회사의 주주 중 84%의 지분을 가진 주주들이 이 사건 양도계약에 동의하였더라도 회사는 양도계약의 무효를 주장할 수 있다.

② 주주총회의 특별결의가 있어야 하는 영업의 양도에는 단순한 영업용 재산의 양도뿐 아니라 영업용 재산의 처분으로 말미암아 회사 영업의 전부 또는 일부를 양도하거나 폐지하는 것과 같은 결과를 가져오는 경우를 포함한다.

③ 주식회사가 회사 존속의 기초가 되는 중요한 재산을 처분할 당시에 이미 사실상 영업을 중단하고 있었던 상태라면 주주총회의 특별결의가 없었다 하여 그 처분행위가 무효로 되는 것은 아니다.

④ 의결권불통일행사의 통지가 주주총회 회일의 3일 전이라는 시한보다 늦게 도착하였음에도, 회사가 스스로 총회운영에 지장이 없다고 판단하여 이를 받아들이기로 하였다면, 그와 같은 의결권의 불통일행사는 적법하다.

【문 18】 주주총회결의의 하자에 관한 다음 설명 중 가장 옳지 않은 것은?

① 총회의 소집절차 또는 결의방법이 법령 또는 정관에 위반하거나 현저하게 불공정한 때 또는 그 결의의 내용이 정관에 위반한 때에는 주주·이사 또는 감사는 결의의 날로부터 2월 내에 결의취소의 소를 제기할 수 있다

② 주주총회결의 취소의 소는 법원이 재량으로 그 청구를 기각할 수 있으나, 주주총회결의 부존재 확인의 소에 있어서는 이러한 법원의 재량에 의한 청구기각이 인정되지 않는다.

③ 주주는 다른 주주에 대한 소집절차의 하자를 이유로는 주주총회결의 취소의 소를 제기할 수 없다.

④ 주주총회결의 취소소송은 결의일로부터 2월 내에 제기하여야 하고, 주주총회에서 여러 개의 안건이 상정되어 각기 결의가 행하여진 경우 위 기간의 준수 여부는 각 안건에 대한 결의마다 별도로 판단되어야 한다.

【문 19】 이사의 해임에 관한 다음 설명 중 가장 옳지 않은 것은?

① 이사는 주주총회의 특별결의로 해임할 수 있으나, 이사의 임기를 정한 경우에는 정당한 이유 없이 그 임기만료 전에 해임할 수 없다.

② 이사가 그 직무에 관하여 부정행위 또는 법령이나 정관에 위반한 중대한 사실이 있음에도 불구하고 주주총회에서 그 해임을 부결한 때에는 발행주식의 총수의 100분의 3 이상에 해당하는 주식을 가진 주주는 총회의 결의가 있은 날부터 1월 내에 그 이사의 해임을 법원에 청구할 수 있다.

③ 회사의 정관에서 "이사의 임기는 3년을 초과하지 못한다."고 규정한 것은 이사의 임기를 3년으로 정하는 것으로 해석될 수 없다.

④ 주주와 이사 사이의 불화로 인한 주관적 신뢰관계가 상실되었음을 이유로 그 이사를 해임한 경우에는 이사의 임기를 정한 경우 그 이사는 회사에 대하여 해임으로 인한 손해의 배상을 청구할 수 있다.

【문 20】 이사의 책임에 관한 다음 설명 중 가장 옳지 않은 것은?

① 비상근이사라고 하더라도 회사의 이사회에 참석하지도 않고 사후적으로 이사회의 결의를 추인하는 등 실질적으로 이사의 임무를 전혀 수행하지 않았다면 그 자체로서 임무해태가 된다.

② 이사의 회사에 대한 손해배상책임(상법 제399조)은 채무불이행책임이므로 그 소멸시효기간은 10년이고, 이사의 제3자에 대한 손해배상책임(상법 제401조)은 불법행위책임이므로 그 소멸시효기간은 3년이다.

③ 이사의 회사재산 횡령으로 간접적으로 경제적 이익이 침해된 주주는 이사에 대하여 손해배상청구를 할 수 없으나, 이사의 분식회계 및 허위공시로 정상주가보다 비싸게 주식을 취득한 주주는 이사에 대하여 손해배상청구를 할 수 있다.

④ 상법 제399조에서 정한 이사의 회사에 대한 손해배상책임은 상법 제400조의 규정에 따라 총주주의 동의로 이를 면제할 수 있는데, 이때 총주주의 동의는 묵시적 의사표시의 방법으로 할 수 있고 반드시 명시적, 적극적으로 이루어질 필요는 없다.

【문 21】 주주의 대표소송에 관한 다음 설명 중 가장 옳지 않은 것은?

① 주주대표소송의 주주와 같이 다른 사람을 위하여 원고가 된 사람이 받은 확정판결의 집행력은 확정판결의 당사자인 원고가 된 사람과 그 다른 사람 모두에게 미치므로, 주주대표소송의 주주는 집행채권자가 될 수 있다.

② 퇴임한 이사들을 상대로 하는 주주대표소송에 회사가 참가하는 경우 회사를 대표하는 자는 대표이사가 아닌 감사이다.

③ 대표소송을 제기한 주주는 법원의 허가를 받으면 소 취하, 청구의 포기·인낙·화해를 할 수 있다.

④ 파산절차가 진행 중인 회사의 주주가 회사의 이사 또는 감사를 상대로 손해배상책임을 구하는 대표소송을 제기한 경우 법원은 당사자적격이 없는 자에 의하여 제기된 것으로 보아 소 각하 판결을 하여야 한다.

【문 22】 주식회사의 신주발행에 관한 다음 설명 중 가장 옳지 않은 것은?

① 주주는 그가 가진 주식 수에 따라서 신주의 배정을 받을 권리가 있다.

② 주주배정방식으로 신주를 발행함에 있어 기존 주주가 신주인수를 포기함에 따라 발생한 실권주를 제3자에게 배정한 경우, 발행가액이 시가보다 현저하게 낮아 기존 주식의 가치가 희석되었다면 이사는 회사에 대하여 손해를 배상할 책임을 부담한다.

③ 회사는 이사회결의로 실권된 신주를 자유로이 제3자에게 처분할 수 있고, 이 경우 실권된 신주를 제3자에게 발행하는 것에 관하여 정관에 반드시 근거 규정이 있어야 하는 것은 아니다.

④ 회사가 성립한 날로부터 2년을 경과한 후에 주식을 발행하는 경우에는 회사는 주주총회의 특별결의와 법원의 인가를 얻어서 주식을 액면미달의 가액으로 발행할 수 있다.

【문 23】 주식회사의 이익배당에 관한 다음 설명 중 가장 옳지 않은 것은?

① 주식회사에서 이익배당은 주주총회 결의로 정하지만, 재무제표의 승인에 대한 특칙에 따라 재무제표를 이사회가 승인하는 경우에는 이사회 결의로 정한다.

② 회사는 주주총회나 이사회에서 이익배당의 결의를 한 날부터 1개월 내에 이익배당을 하여야 한다. 다만, 정관에서 배당금의 지급시기를 따로 정한 경우에는 그러하지 아니하다.

③ 이익배당에 의하여 발생한 배당금 지급청구권은 소멸시효가 5년이다.

④ 주주총회에서 특정 주주를 제외한 나머지 주주들에 대하여만 배당금을 지급하기로 하는 내용으로 이익배당 결의가 이루어졌을 경우, 그와 같은 결의는 주주평등의 원칙에 반하여 무효이다.

【문 24】 상법상 주식회사의 합병에 관한 다음 설명 중 가장 옳지 않은 것은?

① 합병의 경우에는 피합병회사의 권리·의무는 사법상의 관계나 공법상의 관계를 불문하고 성질상 이전을 허용하지 않는 것을 제외하고는 모두 합병으로 인하여 존속한 회사에 승계되는 것으로 보아야 한다.

② 회사는 주주총회의 합병승인결의가 있은 날로부터 2주 내에 채권자에 대하여 합병에 이의가 있으면 1개월 이상의 기간 내에 이를 제출할 것을 공고하고, 알고 있는 채권자에 대하여는 따로따로 이를 최고하여야 한다. 개별 최고가 필요한 '회사가 알고 있는 채권자'란 회사의 장부 기타 근거에 의하여 성명과 주소가 회사에 알려져 있는 자뿐 아니라, 회사 대표이사 개인이 알고 있는 채권자도 포함된다.

③ 존속회사가 발행할 합병신주의 액면총액이 소멸회사의 순자산가액을 초과할 수 없으므로 존속회사의 증가 자본액은 소멸회사의 순자산가액 범위 내로 제한된다.

④ 합병을 하는 회사의 일방이 합병 후 존속하는 경우에 존속하는 회사의 이사 및 감사로서 합병 전에 취임한 자는 합병계약서에 다른 정함이 있는 경우를 제외하고는 합병 후 최초로 도래하는 결산기의 정기총회가 종료하는 때에 퇴임한다.

【문 25】 회사에 있어 사원의 지분 등에 관한 설명 중 옳지 않은 것은?

① 합명회사의 사원이 사망한 경우 그 지분은 원칙적으로 상속인에게 상속되지 않고 그 사원은 퇴사된다.

② 유한회사 사원의 지분은 질권의 목적으로 할 수 있다.

③ 합자회사의 무한책임사원이 지분의 일부를 타인에게 양도하는 경우에는 다른 사원 전원의 동의가 필요하다.

④ 업무를 집행하는 사원이 있는 유한책임회사에 있어서 업무를 집행하지 아니한 사원의 지분양도에는 사원 전원의 동의를 얻어야 한다.

04회 실전동형모의고사

【문 1】 상인과 상행위에 관한 다음 설명 중 가장 옳지 않은 것은? (다툼이 있는 경우에는 판례에 의함)

① 법정대리인이 미성년자, 피한정후견인 또는 피성년후견인을 위하여 영업을 하는 때에는 등기를 하여야 한다.

② 영업자금 차입행위는 행위 자체의 성질상 영업의 목적인 상행위를 준비하는 행위로서, 행위자의 주관적 의사가 영업을 위한 준비행위이었고 상대방도 행위자의 설명 등에 의하여 그 행위가 영업을 위한 준비행위라는 점을 인식하였던 경우에는 상행위에 관한 상법의 규정이 적용된다.

③ 농업협동조합은 상행위 이외의 행위를 영리의 목적으로 하는 회사로서 의제상인에 해당한다.

④ 자연인의 상인자격 취득시기는 개업준비행위에 착수한 때이다.

【문 2】 상업사용인의 경업금지 및 겸직금지 의무에 관한 설명 중 옳지 않은 것을 모두 고른 것은? (다툼이 있으면 판례에 의함)

> ㄱ. 상업사용인은 영업주의 허락 없이는 동종영업을 목적으로 하는 다른 상인의 사용인이 될 수 없다.
> ㄴ. 상업사용인이 경업금지의무에 위반하여 거래를 한 경우에 그 거래가 자기의 계산으로 한 것인 때에는 영업주는 이를 영업주의 계산으로 한 것으로 볼 수 있고 제3자의 계산으로 한 것인 때에는 영업주는 제3자에 대하여 이로 인한 이득의 양도를 청구할 수 있다.
> ㄷ. 상업사용인이 경업금지의무에 위반하는 경우, 영업주는 거래를 안 날로부터 2주 내, 그 거래가 있은 날로부터 1년 내에 개입권을 행사할 수 있다. 다만 영업주가 개입권을 행사한 영업주는 별도의 손해배상을 청구할 수 없다.
> ㄹ. 상업사용인이 경업금지의무에 위반하더라도 상업사용인과 해당 거래행위의 상대방과의 사이의 거래는 영업주의 개입권 행사 전후를 불문하고 유효하다.

① ㄱ, ㄴ, ㄷ　　　　　② ㄱ, ㄷ, ㄹ
③ ㄴ, ㄷ, ㄹ　　　　　④ ㄱ, ㄴ, ㄹ

【문 3】 상호에 관한 다음 설명 중 가장 옳은 것은?

① 상법 제24조의 규정에 의한 명의대여자의 책임을 주장하는 자, 즉 거래 상대방이 명의대여사실을 알았는지 또는 모른 데 중대한 과실이 있었는지 여부에 관하여 그 증명책임을 부담한다.

② 상법 제23조(주체를 오인시킬 상호의 사용금지)에 규정된 '부정한 목적'이란 어느 명칭을 자기의 상호로 사용함으로써 일반인으로 하여금 자기의 영업을 명칭에 의하여 표시된 타인의 영업으로 오인하게 하여 부당한 이익을 얻으려하거나 타인에게 손해를 가하려고 하는 등의 부정한 의도를 말하고, 부정한 목적이 있는지는 상인의 명성이나 신용, 영업의 종류·규모·방법, 상호 사용의 경위 등 여러 가지 사정을 종합하여 판단하여야 한다.

③ 상법 제24조에 의한 명의대여자와 명의차용자의 책임에 있어 채무자 1인에 대한 이행청구 또는 채무자 1인이 행한 채무의 승인 등 소멸시효의 중단사유나 시효이익의 포기는 다른 채무자에 대하여 효력이 있다.

④ 상호를 등기한 자가 정당한 사유 없이 1년간 상호를 사용하지 아니하는 때에는 이를 폐지한 것으로 본다.

【문 4】 상업등기에 관한 다음 설명 중 가장 옳지 않은 것은?

① 상법에 의하여 등기할 사항은 이를 등기하지 아니하면 선의의 제3자에게 대항하지 못하나, 이를 등기한 경우에는 제3자가 등기된 사실을 알지 못한 데에 정당한 사유가 없는 한 선의의 제3자에게도 대항할 수 있다.

② ①번 지문에서의 '제3자'라 함은 대등한 지위에서 하는 보통의 거래관계의 상대방을 말한다 할 것이고, 여기서의 제3자에는 조세권에 기하여 조세의 부과처분을 하는 경우의 국가는 포함되지 않는다.

③ 지점소재지의 등기 해태에 따른 과태료는 본점소재지가 아닌 지점소재지에 부과된다.

④ 대표이사의 퇴임등기가 된 경우에도 민법 제129조가 정하는 '대리권 소멸 후의 표현대리'의 적용이 배제되지 아니한다.

【문 5】 영업양도에 관한 다음 설명 중 가장 옳지 않은 것은?

① 영업양도는 포괄승계이므로, 등기나 인도와 같은 개개의 구성부분을 이전하는 이행행위(물권행위)는 요구되지 않는다.

② 양도인이 영업의 물적 설비 일체를 양도하면서 종업원을 전부 해고한 경우, 양도인은 경업금지의무를 부담하지 않는다.

③ 상법상의 영업양도는 종래의 영업조직이 유지되어 그 조직이 전부 또는 중요한 일부로서 기능할 수 있는가에 의하여 결정되어야 한다. 따라서 영업재산의 일부를 유보한 채 영업시설을 양도하였더라도 그 양도한 부분만으로도 종래의 조직이 유지되어 있다고 인정된다면 영업의 양도라고 보아야 한다.

④ 영업양도는 반드시 영업양도 당사자 사이의 명시적 계약에 의하여야 하는 것은 아니며 묵시적 계약에 의하여도 가능하다. 영업양도의 경우 별도의 등기가 필요하지 않을뿐더러, 그 계약서의 작성이나 기재사항도 법정화되어 있지 않다.

【문 6】 상법상 상행위에 관한 다음 설명 중 가장 옳은 것은?

① 상인이 영업을 위하여 하는 행위는 상행위로 보며, 상인의 행위는 영업을 위하여 하는 것으로 간주된다.

② 다른 상인의 영업을 위한 준비행위를 하는 경우, 그 행위는 행위를 한 자의 보조적 상행위가 될 수 없다.

③ 회사 설립을 위하여 개인이 한 행위는 설립 중 회사의 행위로 인정되므로 이러한 개인의 상행위는 상법 규정이 적용된다.

④ 당사자 중 그 1인의 행위가 상행위인 때에는 그 1인에 대하여만 상법이 적용된다.

【문 7】 민법에 대한 특칙으로서 상법에서 규정한 것에 관한 다음 설명 중 가장 옳지 않은 것은?

① 보증인이 있는 경우에 그 보증이 상행위이거나 주채무가 상행위로 인한 것인 때에는 주채무자와 보증인은 연대하여 변제할 책임이 있다.

② 민법상 채무자가 수인인 경우에 특별한 의사표시가 없으면 각 채무자는 균등한 비율로 의무를 부담하고, 상법상 수인이 그 1인 또는 전원에게 상행위가 되는 행위로 인하여 채무를 부담한 때에는 연대하여 변제할 책임이 있다.

③ 「민법」상 보수없이 임치를 받은 자와 「상법」상 자신의 영업범위 내에서 보수를 받지 아니하고 임치를 받은 상인은 임치물을 선량한 관리자의 주의로 보관하여야 한다.

④ 채권자의 지점에서의 거래로 인한 채무이행의 장소가 그 행위의 성질 또는 당사자의 의사표시에 의하여 특정되지 아니한 경우 특정물 인도 외의 채무이행은 그 지점을 이행장소로 본다.

【문 8】 상인간 매매에 대한 상법상 특칙에 관한 다음 설명 중 가장 옳지 않은 것은?

① 상법상 매매에 관한 특칙 규정은 상인간의 매매, 즉 당사자 쌍방에게 모두 상행위가 되는 매매에 적용된다.

② 상인간의 매매에서 당사자의 의사표시에 의하여 일정한 기간 내에 이행하지 아니하면 계약의 목적을 달성할 수 없는 경우에 당사자의 일방이 이행시기를 경과한 때에는 상대방은 즉시 그 이행을 청구하지 아니하면 계약을 해제한 것으로 본다.

③ 상인간의 매매에서 매수인이 목적물의 수령을 거부하는 상황에서 목적물이 멸실 또는 훼손될 염려가 있는 때에는 매도인은 법원의 허가를 받아 경매할 수 있다.

④ 상인간의 매매에서 매수인은 매매 목적물 수령 후 하자를 이유로 적법하게 계약을 해제하였더라도 매도인에게 반환하기 전까지 매도인의 비용으로 매매 목적물을 보관하여야 한다.

【문 9】 상법상 합자조합에 관한 다음 설명 중 가장 옳지 않은 것은? (다툼이 있는 경우에는 판례에 의함)

① 합자조합은 조합의 업무집행자로서 조합의 채무에 대하여 무한책임을 지는 조합원과 출자가액을 한도로 하여 유한책임을 지는 조합원이 상호출자하여 공동사업을 경영할 것을 약정함으로써 그 효력이 생긴다.

② 둘 이상의 업무집행조합원이 있는 경우에 조합계약에 다른 정함이 없으면 그 각 업무집행조합원의 업무집행에 관한 행위에 대하여 다른 업무집행조합원의 이의가 있는 경우에는 그 행위를 중지하고 업무집행조합원 과반수의 결의에 따라야 한다.

③ 업무집행조합원은 다른 업무집행조합원 전원의 동의를 받지 아니하면 그 지분의 전부 또는 일부를 타인에게 양도하지 못한다.

④ 유한책임조합원은 조합계약에서 정한 출자가액에서 이미 이행한 부분을 뺀 가액을 한도로 하여 조합채무를 변제할 책임이 있다.

【문 10】 운송주선인에 관한 다음 설명 중 가장 옳지 않은 것은?

① 운송주선인이 개입권을 행사하기 위해서는 운송물이 거래소의 시세가 있어야 한다.

② 상법 제114조에서 정한 '주선'은 자기의 이름으로 타인의 계산 아래 법률행위를 하는 것을 말하므로, 운송주선인은 자기의 이름으로 주선행위를 하는 것이 원칙이지만, 실제로 주선행위를 하였다면 하주나 운송인의 대리인, 위탁자의 이름으로 운송계약을 체결하는 경우에도 운송주선인으로서의 지위를 상실하지 않는다.

③ 운송주선인은 자기나 그 사용인이 운송물의 수령, 인도, 보관, 운송인이나 다른 운송주선인의 선택, 기타 운송에 관하여 주의를 해태하지 아니하였음을 증명하지 아니하면 운송물의 멸실, 훼손 또는 연착으로 인한 손해를 배상할 책임을 면하지 못한다.

④ 운송주선계약으로 운임의 액을 정한 경우에는 다른 약정이 없으면 따로 보수를 청구하지 못한다.

【문 11】 1인 회사에 관한 설명으로 가장 옳지 않은 것은?

① 1인 회사에 있어서도 행위의 주체와 본인은 분명히 별개의 인격이고 본인인 주식회사에 재산상 손해가 발생하였을 때 배임죄는 기수가 되는 것이므로, 궁극적으로 그 손해가 주주의 손해가 된다고 하더라도 이미 성립한 죄에는 아무런 영향이 없다.

② 주식회사의 주식이 사실상 1인의 주주에 귀속되는 1인 회사의 경우 회사와 주주는 서로 이해관계가 상충되는 바가 없다고 볼 수 있으므로 1인 주주가 회사의 금원을 업무상보관 중 이를 임의로 처분하더라도 업무상 횡령죄는 구성하지 않는다.

③ 발행주식 98%를 소유한 주주의 의사에 기하여 주주총회 없이 의결이 있었던 것처럼 주주총회 의사록이 작성되었다면, 이는 주주총회 결의부존재 사유에 해당하지 않는다.

④ 1인 주식회사에 있어서 주주총회 소집절차에 흠이 있어도 1인 주주가 참여하여 결의하면 결의 자체는 유효하고, 주주총회를 개최하지 않았어도 1인 주주에 의하여 결의가 있었던 것처럼 주주총회 의사록이 작성되었으면 결의가 있었던 것으로 볼 수 있다.

【문 12】 다음 주식회사의 설립에 관한 설명 중 가장 옳지 않은 것은?

① 주식회사의 설립에 있어 정관은 공증인의 인증을 받음으로써 효력이 생기나, 설립 이후 정관의 변경은 인증을 효력요건으로 하지 아니한다.

② 창립 정관에 회사가 발행할 주식의 총수, 액면주식 1주의 금액, 회사설립 시에 발행하는 주식의 총수가 기재되지 않은 경우 그러한 창립 정관은 공증인의 인증을 받더라도 무효이다.

③ 발기인은 서면에 의하여 주식을 인수하여야 한다.

④ 주식인수인이 납입을 하지 아니한 때에는 발기인은 일정한 기일 내에 납입을 하지 아니하면 그 권리를 잃는다는 것을 2주간 전에 통지하여야 하고, 주식인수인이 그 기일 내에 납입을 하지 아니한 때에는 그 권리를 잃는다.

【문 13】 주주평등의 원칙에 관한 다음 설명 중 가장 옳지 않은 것은?

① 회사가 직원들을 유상증자에 참여시키면서 퇴직시 출자 손실금을 전액 보전해 주기로 약정하는 것은 원칙적으로 주주평등의 원칙에 위반되어 무효이고, 그에 따른 신주인수계약 또한 무효가 된다.

② 회사가 신주를 인수하여 주주의 지위를 갖게 된 주주와 사이에 주주로서의 지위에서 발생하는 손실의 보상을 주된 내용으로 한 약정을 체결하였더라도, 그 약정이 해당 주주의 자격을 취득하기 이전에 신주인수계약과 별도의 계약으로 체결된 경우에도 이러한 약정은 주주평등의 원칙에 위배되어 무효이다.

③ 주주평등의 원칙이란 주주는 회사와의 법률관계에서는 그가 가진 주식의 수에 따라 평등한 취급을 받아야 함을 의미한다. 이를 위반하여 회사가 일부 주주에게만 우월한 권리나 이익을 부여하기로 하는 약정은 특별한 사정이 없는 한 무효이다.

④ 회사가 신주를 인수하여 주주의 지위를 갖게 되는 자와 사이에 상법 제462조 등 법률의 규정에 의한 배당 외에 다른 주주들에게는 지급되지 않는 별도의 수익을 지급하기로 약정한다면, 이는 회사가 해당 주주에 대하여만 투하자본의 회수를 절대적으로 보장함으로써 다른 주주들에게 인정되지 않는 우월한 권리를 부여하는 것으로서 주주평등의 원칙에 위배되어 무효이다.

【문 14】 주식 질권에 대한 다음 설명 중 가장 옳지 않은 것은?

① 주식의 질권설정에 필요한 요건인 주권의 점유를 이전하는 방법으로는 현실 인도(교부) 외에 간이인도나 반환청구권 양도도 허용되고, 주권을 제3자에게 보관시킨 경우 주권을 간접점유하고 있는 질권설정자가 반환청구권 양도에 의하여 주권의 점유를 이전하려면 질권자에게 자신의 점유매개자인 제3자에 대한 반환청구권을 양도하여야 하고, 이 경우 대항요건으로서 제3자의 승낙 또는 질권설정자의 제3자에 대한 통지를 갖추어야 한다.

② 주식회사가 자기주식을 질취(質取)한 경우에 의결권 등의 공익권은 질권설정자인 주주가 행사한다.

③ 주식의 약식질권자가 물상대위권을 행사하기 위해서는 질권설정자가 금전 기타 물건의 지급 또는 인도 전후에 압류하여야 한다.

④ 주식의 질권자는 계속하여 주권을 점유하지 아니하면 그 질권으로써 제3자에게 대항하지 못한다.

【문 15】 주식양도에 관한 다음 설명 중 가장 옳지 않은 것은?

① 주식의 양도에 정관상 이사회 승인이 요구됨에도 불구하고 이사회 승인을 얻지 아니한 경우, 주식을 취득하지 못한 양수인이 회사에 대하여 주식매수청구를 하더라도 이는 아무런 효력이 없으나 사후적으로 양수인이 주식 취득 요건을 갖추게 되면 이는 하자가 치유된 것으로 볼 수 있다.

② 주식의 양도에 관하여 이사회의 승인을 얻어야 하는 경우에 주식을 취득한 자는 회사에 대하여 그 주식의 종류와 수를 기재한 서면으로 그 취득의 승인을 청구할 수 있고, 이 경우 주주의 지위는 주식을 취득한 자가 회사로부터 주식의 매매대금을 지급받은 때에 이전된다.

③ 주주들 사이에서 회사의 설립일로부터 5년 동안 주식의 전부 또는 일부를 다른 당사자 또는 제3자에게 매각·양도할 수 없다는 내용의 약정을 한 경우, 그 약정은 주주의 투하자본회수의 가능성을 전면적으로 부정하는 것으로서 무효이다.

④ 주식의 양도에 관하여 이사회의 승인을 얻어야 하는 경우에 주식을 양도하고자 하는 주주가 양도의 상대방을 지정할 것을 청구하여 상대방이 지정된 경우, 주식에 대한 매매가격은 주주와 지정된 상대방 간의 협의로 결정한다.

【문 16】 상법 제467조의2에 규정된 이익공여금지에 관한 다음 설명 중 가장 옳지 않은 것은?

① 회사는 누구에게든지 주주의 권리행사와 관련하여 재산상의 이익을 공여할 수 없고, 위 이익을 공여받은 자는 이를 회사에 반환하여야 한다.

② 회사가 이익공여금지 규정에 위반하여 재산상의 이익을 공여한 때에는 그 이익을 받은 자는 이를 회사에 반환하여야 하는데, 주주는 대표소송의 방법으로 이익의 반환을 청구할 수 있다.

③ 회사의 이사나 감사가 이익공여금지 규정에 위반하여 재산상의 이익을 공여한 경우 그 이사나 감사는 물론 이익을 수수한 자도 형사처벌의 대상이 된다.

④ 회사가 무상으로 재산상의 이익을 공여한 경우에는 주주 전부에 대하여 재산상의 이익을 공여한 경우에도 주주의 권리행사와 관련하여 이를 공여한 것으로 추정한다.

【문 17】 상법상 주주총회결의 반대주주의 주식매수청구권에 관한 다음 설명 중 가장 옳지 않은 것은?

① 회사가 주식을 분할하기 위해 주주총회를 열어 이를 결의하는 경우, 주주가 주식 분할에 반대하더라도 주식매수청구권이 인정되지 않는다.

② 영업양도에 따른 결의사항에 반대하는 주주(의결권이 없거나 제한되는 주주 제외)는 회사에 대하여 자기가 소유하고 있는 주식의 매수를 청구할 수 있다.

③ 영업양도 승인을 위한 주주총회의 소집통지서에는 주식매수청구권의 내용 및 행사방법이 명시되어야 한다.

④ 영업양도 반대주주의 주식 매수가액은 주주와 회사 간의 협의에 의하여 결정함이 원칙이지만, 매수청구기간이 종료하는 날로부터 30일 이내에도 협의가 이루어지지 아니한 경우에는 회사 또는 주식의 매수를 청구한 주주가 법원에 대하여 매수가액의 결정을 청구할 수 있다.

【문 18】 상법상 이사의 보수에 관한 설명으로 옳지 않은 것은?

① 주주총회결의가 있거나 주주총회 의사록이 작성된 적은 없으나 임원퇴직금 지급규정에 따라 퇴직금이 사실상 1인 회사의 실질적 1인 주주의 결제·승인을 거쳐 관행적으로 지급되었다면 상법 제388조에 정한 보수라고 그 지급을 구할 수 있다.

② 법적으로는 이사의 지위를 갖지만 회사와의 명시적 또는 묵시적 약정에 따라 이사로서의 실질적인 직무를 수행하지 않는 이른바 명목상 이사는 직무를 수행한 대가로서의 보수를 청구할 권리가 없다.

③ 정관에서 이사의 보수 또는 퇴직금에 관하여 주주총회의 결의로 정한다고 되어 있는 경우에 그 금액·지급시기·지급방법 등에 관한 주주총회의 결의가 있었음을 인정할 증거가 없다면 이사는 보수나 퇴직금을 청구할 수 없다.

④ 정관이나 주주총회의 결의로 이사의 퇴직위로금의 액이 결정되었다면 주주총회에서 퇴임한 특정이사에 대하여 그 퇴직위로금을 박탈하거나 이를 감액하는 결의를 하였다 하여도 그 효력이 없다.

【문 19】 상법상 주식회사의 이사회에 관한 설명 중 옳은 것은?

① 이사회 결의는 이사 과반수의 출석과 출석이사의 과반수로 하여야 한다. 정관으로 그 비율을 높게 정할 수는 없다.

② 중요한 자산의 처분에 해당하는 경우 이사회가 그에 관하여 직접 결의하지 아니한 채 대표이사에게 그 처분에 관한 사항을 일임할 수 없다.

③ 특별이해관계가 있는 이사는 이사회의 의사정족수 산정의 기초가 되는 이사의 수에 포함되지 않는다.

④ 이사회 결의요건을 충족하는지 여부는 이사회 결의의 대상인 행위가 실제로 이루어진 날을 기준으로 판단하여야 한다.

【문 20】 주식회사의 이사 등과 회사 간의 거래에 관한 다음 설명 중 가장 옳지 않은 것은?

① A주식회사의 이사인 甲이 B주식회사의 의결권 있는 발행주식 총수의 50%를 가지고 있는 경우, B회사가 자기의 계산으로 A회사와 거래를 하기 위해서는 A회사 이사회의 승인을 받아야 한다.

② 주식회사의 이사와 회사 사이의 거래가 상법 제398조를 위반하였음을 이유로 무효를 주장할 수 있는 자는 회사뿐 아니라 거래의 상대방이나 제3자도 무효를 주장할 수 있다.

③ 회사에 대하여 개인적인 채권을 가지고 있는 대표이사가 회사를 위하여 보관하고 있는 회사 소유의 금전으로 자신의 채권의 변제에 충당하는 행위는 원칙적으로 회사와 이사의 이해가 충돌되는 자기거래행위에 해당하지 않는다.

④ 주식회사의 대표이사가 회사를 대표하여 회사의 제3자에 대한 채권을 대표이사 자신에게 양도하는 행위는 이사회의 승인을 요하는 이사의 자기거래에 해당하고, 그 채권양도행위에 대하여 이사회의 승인이 있었다는 점은 그 대표이사가 스스로 주장·입증하여야 한다.

【문 21】 주주의 대표소송에 관한 다음 설명 중 가장 옳지 않은 것은?

① 발행주식의 총수의 100분의 1 이상에 해당하는 주식을 가진 주주는 회사에 대하여 이사의 책임을 추궁할 소의 제기를 청구할 수 있다. 이때의 청구는 그 이유를 기재한 서면으로 하여야 하며, 회사가 청구를 받은 날로부터 30일 내에 소를 제기하지 아니한 때에는 청구한 주주가 즉시 소를 제기할 수 있다.

② 발행주식 총수의 100분의 1 이상에 해당하는 주식을 가진 주주가 회사에 회복할 수 없는 손해가 생길 염려가 없음에도 불구하고 회사에 대하여 이사의 책임을 추궁할 소의 제기를 청구하지 아니한 채 즉시 회사를 위하여 소를 제기하면, 그 소는 부적법한 것으로서 각하되어야 한다.

③ 주주의 대표소송에서 주주가 원고로서 제대로 소송수행을 하지 못하거나 혹은 상대방이 된 이사와 결탁함으로써 회사의 권리보호에 미흡하여 회사의 이익이 침해될 염려가 있는 경우에는 회사가 그 소송에 참가할 필요가 생기게 되는데, 이때 회사가 상법 제404조 제1항에 따라 소송에 참가하는 것은 공동소송참가로 보아야 한다.

④ 대표소송을 제기한 주주의 보유주식이 제소 후 발행주식 총수의 100분의 1 미만으로 감소한 경우(발행주식을 보유하지 아니하게 된 경우를 포함한다)에도 제소의 효력에는 영향이 없다.

【문 22】 신주발행에 관한 다음 설명 중 가장 옳지 않은 것은?

① 법령이나 정관의 중대한 위반 또는 현저한 불공정이 있어 그것이 주식회사의 본질이나 회사법의 기본원칙에 반하거나 기존 주주들의 이익과 회사의 경영권 내지 지배권에 중대한 영향을 미치는 경우로서 신주와 관련된 거래의 안전, 주주 기타 이해관계인의 이익 등을 고려하더라도 도저히 묵과할 수 없는 정도라고 평가되는 경우에 한하여 신주의 발행을 무효로 할 수 있다.

② 신주발행의 변경등기를 한 날로부터 1년이 경과하였거나 그 주식에 대하여 주주권을 행사한 때에는 주식인수인은 주식청약서 또는 신주인수권증서의 요건의 흠결을 이유로 하여 그 인수의 무효를 주장하거나 사기·강박·착오를 이유로 하여 그 인수를 취소하지 못한다.

③ 신주발행무효의 소 계속 중 그 원고적격의 근거가 되는 주식이 양도된 경우에 그 양수인은 제소기간 등의 요건이 충족된다면 새로운 주주의 지위에서 신소를 제기할 수 있을 뿐만 아니라, 양도인이 이미 제기한 기존의 위 소송을 적법하게 승계할 수도 있다.

④ 신주발행무효의 판결이 확정되면 그 확정 이전에 신주발행의 유효를 전제로 이루어진 신수인수인의 주금납입, 그간의 신주에 대한 이익배당 등의 행위는 모두 효력을 잃는다.

【문 23】 다음 중 상법상 사채에 관한 설명 중 가장 옳은 것은?

① 기명사채의 이전은 취득자의 성명과 주소를 사채원부에 기재하고 그 성명을 채권에 기재하지 아니하면 회사 기타의 제3자에게 대항하지 못한다.

② 사채총액의 100분의 3에 해당하는 사채권자는 회의의 목적인 사항과 소집의 이유를 기재한 서면을 사채를 발행한 회사 또는 사채모집의 위탁을 받은 회사에 제출하여 사채권자집회의 소집을 청구할 수 있다.

③ 사채권자집회의 결의는 결의 그 자체만으로 효력이 생긴다.

④ 사채권자집회는 사채관리회사를 정하여 변제의 수령, 채권의 보전, 그 밖에 사채의 관리를 위탁할 수 있다.

【문 24】 주식의 포괄적 교환(이하 '주식교환'이라 한다)에 관한 설명 중 옳은 것은?

① 완전모회사가 되는 회사의 자본금 증가액은 주식교환의 날에 완전자회사가 되는 회사의 자본금에서 완전자회사가 되는 회사의 주주에게 제공할 금전이나 그 밖의 재산의 가액 및 완전자회사가 되는 회사의 주주에게 이전하는 자기주식의 장부가액의 합계액을 뺀 금액을 초과할 수 없다.

② 주식교환은 교환계약서의 주주총회 특별결의와 채권자보호절차가 요구된다.

③ 완전모회사가 되는 회사가 주식교환을 위하여 발행하는 신주 및 이전하는 자기주식의 총수가 그 회사의 발행주식총수의 100분의 10을 초과하지 아니하는 경우에도 주주총회에서 주식교환계약서의 승인을 얻어야 한다.

④ 회사의 채권자 또는 회사에 중대한 이해관계가 있는 자는 주식교환의 날부터 6월 내에 소만으로 주식교환의 무효를 주장할 수 있다.

【문 25】 다음 설명 중 가장 옳지 않은 것은?

① 합명회사의 업무집행기관은 원칙적으로 각 사원이고, 합명회사의 사원은 각자 독립하여 회사의 업무를 집행한다. 각 사원의 업무집행에 관한 행위에 대하여 다른 사원의 이의가 있는 경우, 총사원 과반수의 결의에 의한다.

② 합자회사의 유한책임사원의 업무집행이나 대표행위를 인정하지 않고 있는 상법 제278조에 불구하고 정관 또는 내부규정으로서 유한책임사원에게 업무집행권을 부여할 수는 있다.

③ 무한책임사원 1인뿐인 합자회사에서 업무집행사원에 대한 권한상실신고는 허용되지 않는다.

④ 합자회사에서 무한책임사원이 업무집행권한의 상실을 선고하는 판결로 인해 업무집행권 및 대표권을 상실하였더라도 그 후 그 무한책임사원이 합자회사의 유일한 무한책임사원이 되는 경우 해당 무한책임사원의 업무집행권 및 대표권이 부활하게 된다.

05회 실전동형모의고사

【문 1】 지배인 등에 관한 다음 설명 중 가장 옳지 않은 것은?

① 본점 또는 지점의 본부장, 지점장, 그 밖에 지배인으로 인정될 만한 명칭을 사용하는 자는 재판외 행위에 관하여 본점 또는 지점의 지배인과 동일한 권한이 있는 것으로 본다.

② 상인은 지배인의 선임과 그 대리권의 소멸에 관하여 그 지배인을 둔 본점 또는 지점소재지에서 등기하여야 한다.

③ 지배인의 대리권에 대한 제한은 선의의 제3자에게 대항하지 못한다.

④ 지배인의 선임과 그 대리권의 소멸의 효력은 등기시에 발생한다.

【문 2】 표현지배인에 관한 다음 설명 중 가장 옳지 않은 것은?

① 상법상 표현지배인에 관한 규정이 적용되기 위하여는 당해 사용인의 근무장소가 반드시 상법상 지점으로서의 실체를 구비하여야 하는 것은 아니다.

② 거래행위라고 볼 수 없는 재판상 행위에 대하여는 표현지배인이 인정되지 아니한다.

③ 단순히 본·지점의 지휘감독 아래 기계적으로 제한된 보조적 사무만을 처리하는 영업소의 소장을 상법 제14조 제1항 소정의 표현지배인으로 볼 수 없다.

④ 지배인이 영업주 명의로 한 어음행위는 객관적으로 영업에 관한 행위로서 지배인의 대리권의 범위에 속하는 행위라 할 것이므로 지배인이 개인적 목적을 위하여 어음행위를 한 경우에도 그 행위의 효력은 영업주에게 미친다 할 것이고, 이러한 법리는 표현지배인의 경우에도 동일하다.

【문 3】 상법상 명의대여자의 책임에 관한 다음 설명 중 가장 옳지 않은 것은? (다툼이 있으면 판례에 의함)

① 영업을 임대함으로써 자신의 상호를 관리하여야 할 의무가 있는 자는 영업의 임차인이 자신의 상호를 그 영업에 사용하고 있는 것을 알면서 묵인한 경우 명의대여자로서 책임을 질 수 있다.

② 명의대여자와 명의차용자의 책임은 동일한 경제적 목적을 가진 채무로서 서로 중첩되는 부분에 관하여 일방의 채무가 변제 등으로 소멸하면 타방의 채무도 소멸하는 이른바 부진정연대의 관계에 있다.

③ 명의대여자의 책임은 명의자를 영업주로 오인하여 거래한 제3자를 보호하기 위한 규정이다.

④ 공법인의 경우에는 비록 타인에게 자기의 성명 또는 상호를 사용하여 영업을 할 것을 허락한 경우에도 상법상 명의대여자의 책임이 성립되지 않는다.

【문 4】 다음의 설명 중 옳지 않은 것은?

① 상인은 10년간 상업장부와 영업에 관한 중요서류를 보존하여야 한다. 다만, 전표 또는 이와 유사한 서류는 5년간 이를 보존하여야 한다.

② 상인은 영업상의 재산 및 손익의 상황을 명백히 하기 위하여 회계장부 및 대차대조표를 작성하여야 한다.

③ 상인은 영업을 개시한 때와 매년 1회 이상 일정시기에, 회사는 성립한 때와 매 결산기에 회계장부에 의하여 대차대조표를 작성하고, 작성자가 이에 기명날인 또는 서명하여야 한다.

④ 자본금액 1천만 원 미만의 소규모회사의 경우에는 회계장부 및 대차대조표를 작성하지 아니하여도 무방하다.

【문 5】 상법상 영업양도에 관한 다음 설명 중 가장 옳지 않은 것은? (다툼이 있는 경우 판례에 의함)

① 영업양수인이 영업양도인의 상호 자체가 아닌 그 영업표지를 속용하는 때에도 그것이 영업주체를 나타내는 것으로 사용되는 경우 영업양수인은 특별한 사정이 없는 한 영업양도인의 영업상 채무를 변제할 책임이 있다.

② 상호속용양수인은 양도인의 영업상 채무를 인수하지 않았음을 증명하더라도 변제책임을 면하지 못한다.

③ 영업양도인의 상호를 속용하지 아니하는 영업양수인이 양도인의 채무를 인수한다는 취지를 광고에 의하여 표시하지는 않았으나 양도인의 채권자에게 개별적으로 통지를 하는 방식으로 채무인수의 취지를 표시한 경우, 그 채권자에게 위 채무를 변제할 책임이 발생한다.

④ 영업양수인이 양도인의 상호를 계속 사용하는 경우, 제3자가 영업양도가 이루어진 것을 알고 있었다면, 영업양수인은 양도인의 영업으로 인한 제3자의 채권을 변제할 책임이 없다.

【문 6】 상사시효에 관한 다음 설명 중 가장 옳지 않은 것은?

① 은행으로부터 대출받으면서 근저당권설정비용을 부담한 채무자가 약관조항의 무효를 주장하면서 자신이 부담한 비용 등의 반환을 구하는 경우, 이러한 부당이득반환 채권에는 상사소멸시효가 적용된다.

② 새마을금고가 상인인 회원에게 자금을 대출한 경우, 그 대출금 채권은 상사채권으로서 5년의 소멸시효기간이 적용된다.

③ 단기소멸시효에 해당하는 주채무의 소멸시효기간이 주채무자에 대한 확정판결에 의하여 10년으로 연장된 상태에서 주채무를 보증한 경우, 보증채무 역시 10년의 소멸시효가 적용된다.

④ 은행이 영업행위로서 한 대출금에 대한 변제기 이후의 지연손해금은 민법의 단기소멸시효의 대상인 이자채권에 해당하므로, 상법의 5년의 소멸시효가 적용되지 않는다.

【문 7】 상사매매에 있어서 매수인의 목적물 검사·통지의무를 규정한 상법 제69조에 관한 다음 설명 중 가장 옳지 않은 것은?

① 상사매매에 있어 매수인의 목적물 검사·통지의무 규정은 당사자 간의 특약으로 배제할 수 있다.

② 상법 제69조가 적용되기 위해서는 매수인은 목적물을 현실적으로 수령해야 한다.

③ 수량부족이나 물건의 하자 외에 매매목적물에 담보권이 설정되어 있는 등 권리에 하자가 있는 경우에는 상법 제69조가 적용되지 않는다.

④ 상법 제69조는 매도인의 선·악을 불문하고 적용된다.

【문 8】 상법상 중개업에 관한 다음 설명 중 가장 옳지 않은 것은?

① 중개인이란 타인 간의 상행위의 중개를 영업으로 하는 자를 말하며, 중개인의 보수는 당사자 쌍방이 균분하여 부담한다.

② 중개인은 다른 약정이나 관습이 없는 경우 그 중개한 행위에 관하여 당사자를 위하여 지급 기타의 이행을 받을 수 있다.

③ 중개인이 임의로 또는 당사자의 요청에 따라서 당사자 일방의 성명 또는 상호를 상대방에게 표시하지 아니한 때에는 상대방은 중개인에 대하여 이행을 청구할 수 있다.

④ 당사자 간에 계약이 성립된 때에는 중개인은 지체 없이 각 당사자의 성명 또는 상호, 계약 연월일과 그 요령을 기재한 서면을 작성하여 기명날인 또는 서명한 후 각 당사자에게 교부하여야 한다.

【문 9】 상법상 화물상환증에 관한 다음 설명 중 가장 옳은 것은?

① 운송인은 수하인의 청구에 의하여 화물상환증을 교부하여야 하며, 이 때 화물상환증에는 법정사항을 기재하고 운송인이 기명날인 또는 서명하여야 한다.

② 화물상환증을 작성한 경우에는 이와 상환하지 아니하면 운송물의 인도를 청구할 수 없으며 운송물에 관한 처분도 화물상환증으로써 하여야 한다.

③ 운송인이 고의, 중과실로 운송물을 화물상환증 소지인이 아닌 자에게 인도한 경우, 운송물을 인수한 자가 운송물을 선의취득하여 화물상환증 소지인이 운송물에 대한 소유권을 상실해야만 운송인에게 화물상환증 소지인에 대한 불법행위가 성립한다.

④ 화물상환증이 발행된 경우에는 운송인과 수하인 사이에 화물상환증에 적힌 대로 운송계약이 체결되고 운송물을 수령한 것으로 본다.

【문 10】 공중접객업자의 책임에 관한 다음 설명 중 가장 옳지 않은 것은?

① 주차장 출입과 주차사실을 여관 측에서 통제하거나 확인하지 않은 경우, 여관업자와 투숙객 사이에 임치의 합의가 있다고 볼 수 없고, 투숙객이 여관 측에 주차사실을 고지하거나 차량 열쇠를 맡긴 경우에도 임치의 합의가 있다고 볼 수 없다.

② 고객의 임치물에 대한 공중접객업자의 책임은 공중접객업자가 임치물을 반환한 후 6개월이 지나면 소멸시효가 완성된다.

③ 숙박업자는 통상의 임대차와 같이 여관의 객실 및 관련시설을 고객이 사용수익하게 할 의무뿐만 아니라 고객의 안전을 배려하여야 할 보호의무를 부담하며 숙박업자가 이를 위반하여 고객의 신체에 손해를 입힌 경우, 숙박업자는 고객에 대하여 불완전이행으로 인한 채무불이행책임을 부담한다.

④ 화폐, 유가증권, 그 밖의 고가물에 대하여는 고객이 그 종류와 가액을 명시하여 임치하지 아니하면 공중접객업자는 그 물건의 멸실 또는 훼손으로 인한 손해를 배상할 책임이 없다.

【문 11】 해산명령과 해산판결에 관한 다음 설명 중 가장 옳지 않은 것은?

① 법원은 이해관계인이나 검사의 청구에 의해서만 회사의 해산을 명할 수 있다.

② 이해관계인이 회사의 해산명령을 신청한 경우, 법원은 회사의 청구가 있는 경우 담보제공을 명할 수 있다.

③ 상법 제520조 제1항 제1호의 '회사의 업무가 현저한 정돈 상태를 계속하여 회복할 수 없는 손해가 생긴 때 또는 생길 염려가 있는 때'란 회사의 업무가 정체되어 회사를 정상적으로 운영하는 것이 현저히 곤란한 상태가 계속됨으로 말미암아 회사에 회복할 수 없는 손해가 생기거나 생길 염려가 있는 경우를 말한다.

④ 발행주식의 총수의 100분의 10 이상에 해당하는 주식을 가진 주주가 상법 제520조에 따라 회사의 해산을 법원에 청구할 수 있다.

【문 12】 주식회사의 설립에 관한 다음 설명 중 가장 옳지 않은 것은?

① 발기설립과 모집설립의 경우 법원에 의하여 선임된 검사인은 현물출자의 이행 등을 조사하여 법원에 보고하여야 한다.

② 창립총회에서는 정관의 변경 또는 설립의 폐지를 결의할 수 있다.

③ 발기설립의 경우 이사와 감사는 취임 후 지체 없이 회사의 설립에 관한 모든 사항이 법령 또는 정관의 규정에 위반되지 아니하는지의 여부를 조사하여 발기인에게 보고하여야 한다. 이 때, 이사와 감사 중 발기인이었던 자·현물출자자 또는 회사성립 후 양수할 재산의 계약당사자인 자는 위 조사·보고에 참가하지 못한다.

④ 창립총회의 결의는 출석한 주식인수인의 의결권의 3분의 2 이상이며 인수된 주식의 총수의 과반수에 해당하는 다수로 하여야 한다.

【문 13】 설립 중의 주식회사에 관한 설명으로 가장 옳지 않은 것은?

① 설립 중의 회사라 함은 주식회사의 설립과정에 있어서 발기인이 회사의 설립을 위하여 필요한 행위로 인하여 취득 또는 부담하였던 권리의무가 회사의 설립과 동시에 그 설립된 회사에 귀속되는 관계를 설명하기 위한 강학상의 개념이다.

② 설립 중의 주식회사의 성립시기는 정관이 작성되고 발기인이 적어도 1주 이상의 주식을 인수한 때이다.

③ 설립 중의 주식회사로서의 실체가 갖추어지기 이전에 발기인이 취득한 권리의무를 설립 후의 회사에게 귀속시키기 위하여 별도의 이전행위를 할 필요는 없다.

④ 신주발행의 절차적, 실체적 하자가 극히 중대하여 신주발행의 실체가 존재한다고 할 수 없는 경우에는 신주인수인들의 주금 납입의무가 발생하지 않았다고 볼 수 있으므로 납입가장죄가 성립하지 아니한다.

【문 14】 회사의 설립에 관한 설명 중 옳은 것은?

① 주식회사에 설립무효 사유가 있는 경우 채권자 등 이해관계인은 설립 무효의 소를 제기할 수 있다.

② 설립무효의 판결 또는 설립취소의 판결이 확정된 때에는 해산의 경우에 준하여 청산하여야 한다.

③ 주식회사의 설립과 관련된 주주 개인의 의사무능력이나 의사표시의 하자는 회사설립무효의 사유에 해당한다.

④ 주관적 하자를 원인으로 하는 설립취소의 소는 합명회사와 합자회사에만 인정되고, 객관적 하자를 원인으로 하는 설립무효의 소는 주식회사에만 인정된다.

【문 15】 명의개서에 관한 다음 설명 중 가장 옳지 않은 것은?

① 주권이 발행되어 있는 주식을 양수한 자는 주권을 제시하여 양수사실을 증명함으로써 회사에 대해 단독으로 명의개서를 청구할 수 있다.

② 무효인 주식 매매계약에 따라 매수인에게 명의개서절차가 이행되었더라도, 매도인은 특별한 사정이 없는 한 매수인의 협력을 받을 필요 없이 단독으로 그 매매계약이 무효임을 증명함으로써 회사에 대해 명의개서를 청구할 수 있다.

③ 주주가 자신이 주주명부상 주식의 소유자인데 위조된 주식매매계약서에 의해 타인 앞으로 명의개서가 되었다고 주장하면서, 주식회사를 상대로 주주권 확인을 구하는 것은 주주의 권리 또는 법률상 지위에 현존하는 불안·위험을 제거하는 유효·적절한 수단이고 분쟁의 종국적 해결방법이므로 확인의 이익이 인정된다.

④ 주권이 발행되어 있는 주식을 취득한 자가 주권을 제시하는 등 그 취득사실을 증명하는 방법으로 명의개서를 신청하고, 그 신청에 관하여 주주명부를 작성할 권한 있는 자가 형식적 심사의무를 다하였으며, 그에 따라 명의개서가 이루어졌다면, 특별한 사정이 없는 한 그 명의개서는 적법한 것으로 보아야 한다.

【문 16】 상법상 주주총회에서 주주의 의결권 행사에 관한 다음 설명 중 가장 옳지 않은 것은?

① 주식에 대하여 질권이 설정된 경우 특별한 약정이 없는 한 의결권을 행사할 수 있는 자는 질권설정자이다.

② 상법 제369조 제1항에 따라 주식회사의 주주는 원칙적으로 1주마다 1개의 의결권을 갖지만, 정관의 규정이나 주주총회의 결의에 의하여 의결권의 구체적인 내용을 달리 정할 수 있다.

③ 주주가 일정기간 주주권을 포기하고 타인에게 주주로서의 의결권 행사권한을 위임하기로 약정하였다고 하더라도 그 주주는 주주로서의 의결권을 직접 행사할 수 있다.

④ 회사는 이사회의 결의로 주주가 총회에 출석하지 아니하고 전자적 방법으로 의결권을 행사할 수 있음을 정할 수 있다.

【문 17】 비상장주식회사의 주주총회에 관한 설명 중 옳지 않은 것은?

① 주주총회의 보통결의는 출석한 주주의 의결권의 과반수와 발행주식총수의 4분의 1 이상의 수로써 하여야 한다. 이때 보통결의 요건은 예외적으로 정관의 규정에 의하여 출석정족수를 둘 수 있고, 특별결의요건의 한도 내에서 의결정족수를 가중할 수 있다.

② 회사가 영업의 전부 또는 중요한 일부의 양도에 해당하는 행위를 할 때에는 출석한 주주의 의결권의 과반수와 발행주식총수의 3분의 1 이상의 수에 의한 주주총회 결의에 의하여야 한다.

③ 총회의 결의에 관하여는 의결권 없는 주식의 수는 발행주식 총수에 산입하지 아니하고, 특별한 이해관계가 있어 의결권을 행사할 수 없는 주식의 의결권 수는 출석한 주주의 의결권의 수에 산입하지 아니한다.

④ 회사가 발행한 의결권이 없는 종류주식은 발행주식총수에 산입하지 않는다.

【문 18】 다음 중 상법상 주주총회결의의 하자에 관한 설명으로 가장 옳지 않은 것은?

① 주주총회결의 무효확인의 소에서 원고가 승소한 판결의 효력은 대세적 효력이 있고, 소급효가 있다.

② 주주총회결의의 존부에 관하여 다툼이 있는 경우, 주주총회결의 자체가 있었다는 점에 관해서는 주주가 증명책임을 부담하고, 그 결의에 이를 부존재로 볼 만한 중대한 하자가 있다는 점에 관해서는 회사가 증명책임을 부담한다.

③ 정관 변경과 관련하여 종류주주총회결의가 요구되는 경우 종류주주총회의 결의가 이루어지지 않았더라도 정관변경을 결의한 주주총회결의는 유효하다.

④ 결의무효확인의 소는 본점 소재지 지방법원의 관할에 전속한다.

【문 19】 상법상 비상장주식회사의 주식매수선택권에 관한 설명 중 옳지 않은 것은?

① 회사는 정관으로 정하는 바에 따라 주주총회의 특별결의로 회사의 설립·경영 및 기술혁신 등에 기여하거나 기여할 수 있는 회사의 이사, 집행임원, 감사 또는 피용자에게 미리 정한 가액으로 신주를 인수하거나 자기의 주식을 매수할 수 있는 주식매수선택권을 부여할 수 있다.

② 특정인에 부여되는 주식매수선택권의 구체적인 내용은 일반적으로 회사와 체결하는 계약을 통해 정해지므로 주식매수선택권을 부여받은 자는 계약에서 주어진 조건에 따라 계약에서 정한 기간 내에 선택권을 행사할 수 있다.

③ 주식매수선택권은 이를 부여하기로 하는 주주총회결의일부터 2년 이상 재임 또는 재직하여야 행사할 수 있다.

④ 본인의 귀책사유가 아닌 사유로 퇴임 또는 퇴직하게 된 경우에는 비록 형식적으로는 상법 제340조의4 제1항의 '2년 이상 재임 또는 재직' 요건을 충족하지 못하더라도 주식매수선택권을 행사할 수 있다.

【문 20】 주식회사의 표현대표이사에 관한 다음 설명 중 가장 옳지 않은 것은?

① 표현대표이사의 행위로 인한 회사의 책임이 성립하기 위하여는 적어도 행위자가 이사자격만큼은 갖추어야 하므로, 이사의 자격이 없는 사람이 임의로 표현대표이사의 명칭을 사용하고 있는 것을 회사가 알면서도 아무런 조치를 취하지 아니한 채 그대로 방치하여 소극적으로 묵인한 경우에는 상법상 표현대표이사에 관한 규정이 유추적용될 수 없다.

② 표현대표자의 행위에 대하여 회사가 책임을 지는 것은 회사가 표현대표자의 명칭 사용을 명시적으로나 묵시적으로 승인할 경우에 한하는 것이고 회사의 명칭 사용 승인 없이 임의로 명칭을 참칭한 자의 행위에 대하여는 비록 그 명칭 사용을 알지 못하고 제지하지 못한 점에 있어 회사에게 단순한 과실이 있다고 할지라도 그 회사의 책임으로 돌려 선의의 제3자에 대하여 책임을 지게 할 수 없다.

③ 제3자가 회사의 대표이사가 아닌 이사에게 그 거래행위를 함에 있어 회사를 대표할 권한이 있다고 믿었다 할지라도 그와 같이 믿음에 있어서 중대한 과실이 있는 경우에는 회사는 그 제3자에 대하여 책임을 지지 아니한다.

④ 상법 제395조는 표현대표이사가 자기의 명칭을 사용하여 법률행위를 한 경우뿐 아니라 자기의 명칭을 사용하지 아니하고 다른 대표이사의 명칭을 사용하여 행위를 한 경우에도 적용된다.

【문 21】 감사위원회에 대한 다음 설명 중 옳지 않은 것은?

① 자산총액 2조원 이상인 상장회사의 경우, 감사위원회를 구성할 때 정관에 다른 정함이 없으면, 감사위원회위원 모두를 주주총회 결의로 다른 이사들과 분리하여 감사위원회위원이 되는 이사로 선임하여야 한다.

② 감사위원회의 위원이 고의·과실로 선량한 관리자의 주의의무를 위반하여 그 임무를 해태한 때에는 그로 인하여 회사가 입은 손해를 배상할 책임이 있다.

③ 회사는 감사에 갈음하여 이사회 내 위원회로서 감사위원회를 설치할 수 있고, 감사위원회를 설치한 경우에는 감사를 둘 수 없다.

④ 회사가 감사위원에게 소를 제기하는 경우 감사위원회 또는 이사는 법원에 회사를 대표할 자를 선임하여 줄 것을 신청하여야 한다.

【문 22】 신주발행에 대한 상법상 구제수단에 관한 다음 설명 중 가장 옳지 않은 것은?

① 신주발행 무효의 소는 주주·이사 또는 감사만이 제기할 수 있다.

② 신주발행무효의 소의 경우 그 출소기간이 경과한 후에는 새로운 무효사유를 추가하여 주장할 수 없다.

③ 신주발행으로 인해 불이익을 받을 염려가 있는 주주는 보유주식 수에 관계없이 회사에 대하여 그 발행을 유지할 것을 청구할 수 있다.

④ 현저하게 불공정한 발행가액으로 주식을 인수한 자는 그러한 사정을 몰랐더라도 회사에 대하여 공정한 발행가격과의 차액에 상당한 금액을 지급할 의무가 있다.

【문 23】 주식회사의 신주인수권부사채에 관한 다음 설명 중 옳지 않은 것은?

① 신주인수권부사채는 신주인수권증권이 발행된 경우 신주인수권만을 분리하여 양도할 수 있다.

② 각 신주인수권부사채에 부여된 신주인수권의 행사로 인하여 발행할 주식의 발행가액의 합계액은 각 신주인수권부사채의 금액을 초과할 수 없다.

③ 신주인수권부사채의 경우, 사채권자가 신주인수권을 행사한 때 신주의 효력이 발생한다.

④ 신주인수권부사채에는 신주발행무효의 소에 관하여 6개월의 출소기간을 정한 상법 제429조가 유추적용된다.

【문 24】 회사의 배당에 관한 다음 설명 중 옳은 것은?

① 주식배당이란 주식회사가 주주에게 배당할 수 있는 이익의 일부를 새로이 발행하는 주식 또는 자기주식으로 배당하는 것을 말한다.

② 주식으로 배당을 받은 주주는 주식배당결의가 있는 주주총회 결의시부터 신주의 주주가 된다.

③ 연 1회의 결산기를 정한 회사는 영업년도 중 1회 이상 이사회의 결의로 일정한 날을 정하여 그 날의 주주에 대하여 이익을 배당할 수 있음을 정관으로 정할 수 있다.

④ 이익잉여금처분계산서가 주주총회에서 승인됨으로써 이익배당이 확정되기 전에는 주주에게 구체적이고 확정적인 배당금지급청구권이 인정되지 않는다.

【문 25】 주식회사의 '회사의 분할'에 관한 상법 규정의 내용으로 옳지 않은 것은?

① 분할로 인하여 설립되는 회사 또는 존속하는 회사는 분할하는 회사의 권리와 의무를 분할계획서가 정하는 바에 따라서 승계한다.

② 주식회사의 분할로 인하여 설립되는 회사와 존속하는 회사가 회사채권자에게 연대하여 변제할 책임이 있는 분할 전 회사채무에는, 회사 분할의 효력발생 전에 발생하였으나 분할 당시 아직 그 변제기가 도래하지 아니한 채무도 포함한다.

③ 분할 또는 분할합병으로 인하여 설립되는 회사 또는 존속하는 회사는 분할 또는 분할합병 전의 회사채무에 관하여 연대하여 변제할 책임이 있다. 따라서 분할되는 회사가 주주총회의 승인결의로 분할에 의하여 회사를 설립하는 경우에는 설립되는 회사가 분할되는 회사의 채무 중에서 출자한 재산에 관한 채무만을 부담할 것을 정할 수는 없다.

④ 분할되는 회사가 알고 있는 채권자에게 개별적인 최고를 누락한 경우, 그 채권자에 대하여 신설회사와 분할되는 회사가 연대하여 변제할 책임을 진다.

해커스공무원
gosi.Hackers.com

2022 해커스법원직 **공태용 상법의 맥**
실전동형모의고사

정답 및 해설

01~05회

1	2	3	4	5	6	7	8	9
③	②	③	③	①	③	①	③	②

10	11	12	13	14	15	16	17	18
④	②	②	①	④	③	④	④	①

19	20	21	22	23	24	25
④	④	④	③	②	①	④

문 1   정답 ③

> **핵심공략** 의제상인, 민사회사, 개업준비행위
>
> 1. 의제상인: 점포 기타 유사한 설비에 의하여 상인적 방법으로 영업을 하는 자(제5조)
>   → 상행위 ×, 상법규정은 의제상인에 준용, 낙찰계 운영 의제상인 ×
> 2. 민사회사
>   ① 회사는 상행위 × → 상인
>   ② 회사는 상법에 의해 상인으로 의제, 대표이사 개인은 상인 ×
> 3. 개업준비행위
>   ① 개업준비행위 시점에 상인 자격 취득, 최초의 보조적 상행위
>   ② 점포구입, 영업양수, 상업사용인 고용 등 성질상 영업의사 객관적 인식 가능하면 보조적 상행위 해당
>   ③ 다른 상인의 영업을 위한 준비행위는 행위를 한 자의 보조적 상행위가 될 수 없음

상인에 관한 다음 설명 중 가장 옳지 않은 것은? (다툼이 있는 경우에는 판례에 의함)

① 점포 기타 유사한 설비에 의하여 상인적 방법으로 영업을 하는 자는 상행위를 하지 아니하더라도 상인으로 본다. [16/17법원직]

➡ [O] 제5조 제1항

② 회사는 상행위를 하지 아니하더라도 상인으로 본다.

[11/16/17법원직, 13/16/18법무사]

➡ [O] 제5조 제2항

❸ 변호사는 유상의 위임계약 등을 통하여 사실상 영리를 목적으로 그 직무를 행하는 경향이 있으므로 상법 제5조 제1항의 의제상인에 해당한다. [08/09/11/13/17/20법원직, 13/16/17법무사]

➡ [X] 변호사는 상법 제5조 제1항에 규정된 상인적 방법에 의하여 영업을 하는 자로 볼 수 없으므로, 변호사는 의제상인에 해당하지 않는다(대결 2007.7.26. 2006마334).

④ 영업의 목적인 상행위를 개시하기 전에 영업을 위한 준비행위를 하는 자연인은 영업으로 상행위를 할 의사를 실현하는 것이므로 준비행위를 한 때 상인자격을 취득한다.

[09/16/17법무사, 17법원직]

➡ [O] 영업의 목적인 기본적 상행위의 개시 전에 영업을 위한 준비행

위를 하는 자는 영업으로 상행위를 할 의사를 실현하는 것이므로 준비행위를 한 때 상인자격을 취득하고 개업준비행위는 영업을 위한 행위로서 최초의 보조적 상행위가 된다(대판 1999.1.29. 98다1584).

문 2   정답 ②

> **핵심공략** 지배인 선임, 지배인 남용, 지배인 권한
>
> 1. 지배인 선임
>   ① 지배인 선임자: 상인 또는 상인의 대리인
>   ② 지배인이 다른 지배인 선임 ×
> 2. 지배인 남용: 지배인이 자신이나 제3자의 이익을 위하여 권한 행사
> 3. 지배인 권한
>   ① 지배인 대리권: 영업에 관한 재판상 또는 재판 외의 모든 행위 가능
>   ② 지배인 권한: 자금차입, 어음행위와 같은 보조적 상행위 포함
>   ③ 상업사용인이 권한 없이 영업과 관계없는 일 → 상업사용인이라는 이유만으로 대리권 인정 ×
>   ④ 지배인이 영업주 명의로 한 어음행위 → 지배인의 대리권의 범위에 속하는 행위, 영업주에게 효력 ○

상법상 지배인에 관한 다음 설명 중 가장 옳은 것은?

① 지배인은 상인 또는 다른 지배인에 의해 선임된다. [20법원직]

➡ [X] 상인은 지배인을 선임하여 본점 또는 지점에서 영업을 하게 할 수 있다(제10조). 상인의 대리인도 지배인을 선임할 수 있다(제11조 제2항). 다만, 지배인은 다른 지배인을 선임할 수 없다.

❷ 지배인의 행위가 영업에 관한 것으로서 대리권한 범위 내의 행위라 하더라도 영업주 본인의 이익이나 의사에 반하여 자기 또는 제3자의 이익을 도모할 목적으로 그 권한을 행사한 경우에 그 상대방이 지배인의 진의를 알았거나 알 수 있었을 때에는 민법 제107조 제1항 단서의 유추해석상 그 지배인의 행위에 대하여 영업주 본인은 아무런 책임을 지지 않는다. [11법무사, 20법원직]

➡ [O] 대판 1999.3.9. 97다7721,7738

③ 지배인은 영업주에 갈음하여 재판상의 행위를 제외하고 그 영업에 관한 재판 외의 모든 행위를 할 수 있다.

[06/08/11/13/14법무사, 09/16/17/20법원직]

➡ [X] 지배인은 영업주에 갈음하여 그 영업에 관한 재판상 또는 재판 외의 모든 행위를 할 수 있다(제11조 제1항).

④ 지배인의 어떤 행위가 영업주의 영업에 관한 것인가의 여부는 지배인의 행위의 주관적 의사와 그 객관적 성질을 종합하여 판단하여야 한다. [09/20법원직, 11법무사]

➡ [X] 지배인의 행위가 영업주의 영업에 관한 것인가의 여부는 지배인의 행위 당시의 주관적인 의사와는 관계없이 그 행위의 객관적 성질에 따라 추상적으로 판단한다(대판 1998.8.21. 97다6704).

문 3

> **핵심공략** 상호의 사용, 상호의 선정, 상호의 양도, 상호폐지청구권 요건
>
> 1. 상호의 사용
>   동일영업 단일상호 사용, 회사는 복수상호 ×, 개인은 독립된 영업별 복수 상호 가능
> 2. 상호의 선정
>   ① 상호선정의 자유: 상인은 성명 기타의 명칭으로 상호선정
>   ② 회사는 종류에 따라 합명회사, 합자회사, 유한책임회사, 주식회사 또는 유한회사 문자 사용
>   ③ 회사가 아니면 상호에 회사임을 표시하는 문자 사용 ×(영업양수 포함)
> 3. 상호의 양도
>   영업폐지(사실상 영업중단 포함) 또는 영업과 함께 하는 경우에 한해 양도 가능(제25조 제1항).
> 4. 상호폐지청구권 요건
>   ① ㉠상호권자의 상호 선정, 사용, ㉡ 부정한 목적, ㉢ 오인가능성, ㉣ 손해 받을 염려 또는 등기상호
>   → 등기상호 요구 ×, 지역 제한 ×, 영업동일성 요구 ×, 상호동일성 요구 ×
>   ② 동일 특·광·시·군에서 동종영업의 타인 등기상호 사용 → 부정한 목적 추정(제23조 제4항)

상호에 관한 다음 설명 중 가장 옳지 않은 것은?

① 회사가 수 개의 독립된 영업을 하는 경우, 각 영업별로 다른 상호를 사용할 수 없다.

➡ 【O】 동일한 영업에는 단일상호를 사용하여야 한다(제21조 제1항). 회사의 상호는 회사 자체를 표시하므로, 회사는 여러 영업을 하더라도 하나의 상호만 사용해야 한다. 회사와 달리 개인은 독립된 영업별로 다른 상호를 사용하는 것이 가능하다.

② 회사가 아니면 상호에 회사임을 표시하는 문자를 사용하지 못한다. 회사의 영업을 양수한 경우에도 그러하다. [16/18법원직]

➡ 【O】 제20조

❸ 상호는 영업을 폐지하거나 영업과 함께 하는 경우에 한하여 이를 양도할 수 있고, 상호의 양도는 등기하지 아니하면 선의의 제3자에게 대항하지 못한다. [05/07/17법무사, 09/13/18법원직]

➡ 【X】 상호는 영업을 폐지하거나 영업과 함께 하는 경우에 한하여 양도할 수 있다. 상호의 양도는 등기하지 아니하면 제3자(선의, 악의 불문)에게 대항하지 못한다(제25조 제1항, 제2항).

④ 누구든지 부정한 목적으로 타인의 영업으로 오인할 수 있는 상호를 사용하지 못한다. 이를 위반하여 상호를 사용하는 자가 있다면 이로 인해 손해를 받을 염려가 있는 자 또는 상호를 등기한 자는 그 폐지를 청구할 수 있다.
[09/14/18법원직, 11/15/16/19법무사]

➡ 【O】 부정한 목적으로 타인의 영업으로 오인할 수 있는 상호를 사용하는 자가 있는 경우 이로 인하여 손해를 받을 염려가 있는 자 또는 상호를 등기한 자는 폐지를 청구할 수 있다(제23조 제1항, 제2항).

문 4

> **핵심공략** 선등기자의 등기배척권
>
> ① 타인이 등기한 상호는 동일한 특별시·광역시·시·군에서 동종영업의 상호로 등기 ×
> ② 후등기가 된 경우 선등기권자의 말소청구 인정 ○
> ③ 타인이 가등기한 상호 또한 동일한 특별시·광역시·시·군에서 동종영업의 상호로 등기 ×

상호등기에 관한 다음 설명 중 가장 옳지 않은 것은?

① 타인이 등기한 상호는 동일한 특별시·광역시·시·군에서 동종영업의 상호로 등기하지 못한다.

➡ 【O】 제22조

② 동일한 특별시·광역시·시·군에서 동종영업으로 타인이 등기한 상호를 사용하는 자는 부정한 목적으로 사용하는 것으로 추정한다.

➡ 【O】 제23조 제4항

❸ 동일한 특별시·광역시·시 또는 군 내에서는 동일한 영업을 위하여 타인이 등기한 상호 또는 확연히 구별할 수 없는 상호가 등기된 경우 선등기자가 후등기자를 상대로 그와 같은 등기의 말소를 소로써 청구할 수 있다고 볼 수 없다.

➡ 【X】 상법 제22조의 규정은 동일한 특별시·광역시·시 또는 군 내에서는 동일한 영업을 위하여 타인이 등기한 상호 또는 확연히 구별할 수 없는 상호의 등기를 금지하는 효력과 함께 그와 같은 상호가 등기된 경우에는 선등기자가 후등기자를 상대로 그와 같은 등기의 말소를 소로써 청구할 수 있는 효력도 인정한 규정이다(대판 2004.3.26. 2001다72081).

④ 타인이 가등기한 상호는 동일한 특별시·광역시·시·군에서 동종영업의 상호로 등기하지 못한다.

➡ 【O】 제22조의2 제4항, 제22조

문 5

> **핵심공략** 영업양수인의 책임 의의, 영업양수인의 책임 적용범위
>
> 1. 의의
>   ① 영업양수인이 양도인의 상호 계속 사용 → 양도인의 영업으로 인한 제3자의 채권에 대하여 양수인 변제책임 ○
>   ② 영업양수인이 양도인의 상호 사용 × → 양도인의 채무 인수 광고 → 양수인 변제책임 부담
>   ③ 양도인과 양수인의 변제 책임 병존
> 2. 영업양수인의 책임 적용범위
>   ① 영업으로 인한 채무: 영업상의 활동에 관하여 발생한 채무
>   ② 영업활동과 관련성 인정 → 채무불이행, 불법행위, 부당이득으로 인한 채권, 어음·수표 적용대상
>   ③ 영업양도 당시 발생 채권 ○, 가까운 장래에 발생될 것이 확실한 채권 ×
>   ④ 영업양도 전에 발생한 채권으로 영업양도 당시의 상호 사용은 요건 ×

영업양수인의 책임에 관한 다음 설명 중 가장 옳은 것은?

❶ 영업양수인이 양도인의 상호를 계속 사용하는 경우 양도인의 영업으로 인한 제3자의 채권에 대하여 양수인도 변제할 책임을 지는 경우 양도인 또한 양수인과 함께 변제책임을 진다.

[07/16/21법원직, 04/06/08/13/16법무사]

➡ [O] 영업양수인이 양도인의 상호를 계속 사용하는 경우에는 양도인의 영업으로 인한 제3자의 채권에 대하여 양수인도 변제할 책임이 있다(제42조 제1항). 상법 제42조 제1항은 영업양수인이 양도인의 상호를 계속 사용하는 경우 양도인의 영업으로 인한 제3자의 채권에 대하여 양수인도 변제할 책임이 있다고 규정함으로써 양도인이 여전히 주채무자로서 채무를 부담하면서 양수인도 함께 변제책임을 지도록 하고 있다.

② 영업양수인이 상법 제42조 제1항 규정에 따라 책임지는 제3자의 채권은 영업양도 당시 채무의 변제기가 도래할 필요까지는 없다고 하더라도 그 당시까지 발생한 것이어야 하나, 영업양도 당시로 보아 가까운 장래에 발생될 것이 확실한 채권은 그에 해당한다.

[19법무사, 21법원직]

➡ [X] 제3자의 채권은 영업양도 당시 변제기가 도래할 것이 요구되지는 않으나 영업양도 당시 발생한 것이어야 하고, 영업양도 당시로 보아 가까운 장래에 발생될 것이 확실한 채권은 양수인이 책임져야 한다고 볼 수 없다(대판 2020.2.6. 2019다270217).

③ 상호속용양수인이 변제책임을 지는 양도인의 제3자에 대한 채무는 양도인의 영업으로 인한 채무로서 양도인이 영업양도 당시의 상호를 사용하는 동안 발생한 채무에 한한다.

[12/15법무사, 18법원직]

➡ [X] 상호를 속용하는 영업양수인이 변제책임을 지는 양도인의 제3자에 대한 채무는 양도인의 영업으로 인한 채무로서 영업양도 전에 발생한 것이면 족하고, 반드시 영업양도 당시의 상호를 사용하는 동안 발생한 채무에 한하는 것은 아니다(대판 2010.9.30. 2010다35138).

④ 상호속용양수인이 변제할 책임을 부담하는 채무는 거래상 채무에 제한되므로 거래와 관련된 불법행위로 인한 손해배상채무는 포함되지 아니한다.

[15/20법무사, 18법원직]

➡ [X] 상법 제42조 제1항에 규정된 양도인의 영업으로 인한 채무란, 영업상의 활동에 관하여 발생한 채무를 말하는 것이다(대판 2002.6.28. 2000다5862). 영업활동과 관련성이 인정되면 채무불이행, 불법행위, 부당이득으로 인한 채권과 어음·수표와 같은 증권채권도 적용대상이 된다.

문 6

정답 ③

핵심공략 상법상 대리

① 상법상 대리인이 본인을 위한 것임을 표시하지 않아도 본인에게 효력 인정(제48조 본문)
② 조합대리에 있어서 그 법률행위가 조합에게 상행위가 되는 경우 조합을 위한 것임을 표시하지 않았더라도 법률행위의 효력은 조합원 전원에게 미침(대판 2009.1.30. 2008다79340)
③ 상대방이 본인을 위한 것임을 알지 못한 경우 대리인에게도 이행 청구 가능(제48조 단서)
④ 상인이 영업에 관하여 수여한 대리권은 본인의 사망으로 소멸 ×(제50조)

---

⑤ 의결권의 대리행사로 주주총회 개최가 부당 저해되거나 회사 이익이 부당 침해될 염려가 있는 경우 회사는 주주 의결권 대리행사 거절 가능

다음 중 가장 옳지 않은 것은?

① 상행위의 대리인이 본인을 위한 것임을 표시하지 아니하더라도 그 행위는 본인에 대하여 효력이 있다.

[04/07/08/15/20법무사, 14/21법원직]

➡ [O] 제48조

② 상행위의 위임을 받은 자는 위임의 본지에 반하지 아니한 범위 내에서 위임을 받지 아니한 행위를 할 수 있다.

[12/14/15법원직, 15법무사]

➡ [O] 제49조

❸ 상행위의 위임에 의한 대리권은 본인의 사망으로 소멸한다.

[04/07/13/15법무사, 08/11/12/14/16법원직]

➡ [X] 상인이 영업에 관하여 수여한 대리권은 본인의 사망으로 인하여 소멸하지 아니한다(제50조).

④ 상대방이 본인을 위한 것임을 알지 못한 경우 대리인에게도 이행을 청구할 수 있다.

[04/07/08/15/20법무사, 14/21법원직]

➡ [O] 제48조

문 7

정답 ①

핵심공략 상사소멸시효

1. 상사소멸시효가 적용되는 경우
   ① 쌍방적, 일방적, 보조적 상행위 불문
   ② 은행 대출금에 대한 변제기 이후의 지연손해금
   ③ 보험계약 급부의 부당산정에 따른 부당이득반환청구권,
   ④ 가맹본부를 상대로 한 가맹점사업자의 Administration Fee 부당이득환청구
   ⑤ 위탁자의 위탁매매인에 대한 이득상환청구권, 이행담보책임청구권 (대판 1996.1.23. 95다39854)
   ⑥ 주주의 배당금 지급청구권(제464조의2 제2항)

2. 상사소멸시효가 적용되지 않는 경우[물/불/주/무/대개/임무해태]
   ① 물상보증인의 채무자에 대한 구상권(대판 2001.4.24. 2001다6237)
   ② 불법행위로 인한 손해배상채권(대판 1985.5.28. 84다카966)
   ③ 근로자의 근로계약상의 주의의무 위반으로 인한 손해배상청구권(대판 2005.11.10. 2004다222742)
   ④ 임대차계약 종료 후 무단점유에 대한 부당이득반환청구(대판 2012.5.10. 2012다4633)
   ⑤ 대표이사 개인의 차용금 채무(대판 2012.7.26. 2011다43594)
   ⑥ 이사, 감사의 회사에 대한 임무해태로 인한 손해배상책임(대판 1986.6.25. 84다카1954)

3. 보증채무: 성질에 따라 보증인에 대한 채권이 민사채권인 경우 10년, 상사채권인 경우 5년 소멸시효

상사시효에 관한 다음 설명 중 가장 옳지 않은 것은?

❶ 상사시효가 적용되는 채권은 직접 상행위로 인하여 생긴 채권뿐만 아니라 상행위로 인하여 생긴 채무의 불이행에 기하여 성립한 손해배상채권도 포함한다. 다만, 상행위인 계약의 해제로 인

한 원상회복청구권에는 상사시효가 적용되지 않는다.

[09/13/16/20법무사, 12/17/21법원직]

➡ [×] 상사시효가 적용되는 채권은 직접 상행위로 인하여 생긴 채권뿐만 아니라 상행위로 인하여 생긴 채무의 불이행에 기하여 성립한 손해배상채권도 포함한다(대판 1997.8.26. 97다9260). 상행위인 계약의 해제로 인한 원상회복청구권에도 상사시효가 적용된다(대판 1993.9.14. 93다21569).

② 주식회사인 부동산 매수인이 의료법인인 매도인과의 부동산매매계약의 이행으로서 그 매매대금을 매도인에게 지급하였으나, 매도인 법인을 대표하여 위 매매계약을 체결한 대표자의 선임에 관한 이사회결의가 부존재하는 것으로 확정됨에 따라 위 매매계약이 무효로 되었음을 이유로 민법의 규정에 따라 매도인에게 이미 지급하였던 매매대금 상당액의 반환을 구하는 부당이득반환청구의 경우, 위 부당이득반환청구권에는 민법 제162조 제1항에 따라 10년의 소멸시효가 적용된다. [17법무사, 21법원직]

➡ [O] 주식회사인 부동산 매수인이 의료법인인 매도인과의 부동산매매계약의 이행으로서 그 매매대금을 매도인에게 지급하였으나, 매도인 법인을 대표하여 위 매매계약을 체결한 대표자의 선임에 관한 이사회결의가 부존재하는 것으로 확정됨에 따라 위 매매계약이 무효로 되었음을 이유로 민법의 규정에 따라 매도인에게 이미 지급하였던 매매대금 상당액의 반환을 구하는 부당이득반환청구의 경우, 거기에 상거래 관계와 같은 정도로 신속하게 해결할 필요성이 있다고 볼 만한 합리적인 근거도 없으므로 위 부당이득반환청구권에는 상법 제64조가 적용되지 아니하고, 그 소멸시효기간은 민법 제162조 제1항에 따라 10년이다(대판 2003.4.8. 2002다64957,64964).

③ 당사자 쌍방에 대하여 모두 상행위가 되는 행위로 인한 채권뿐만 아니라 당사자 일방에 대하여만 상행위에 해당하는 행위로 인한 채권도 상법 제64조 소정의 5년의 소멸시효기간이 적용되는 상사채권에 해당하는 것이고, 그 상행위에는 상법 제46조 각 호에 해당하는 기본적 상행위뿐만 아니라, 상인이 영업을 위하여 하는 보조적 상행위도 포함된다.

[09/21법원직, 10/13/16/19/20법무사]

➡ [O] 대판 2018.6.15. 2018다10920

④ 교통사고 피해자가 가해차량이 가입한 책임보험의 보험자로부터 사고로 인한 보험금을 수령하였음에도 자동차손해배상 보장사업을 위탁받은 보험사업자로부터 또다시 피해보상금을 수령한 것을 원인으로 한 위 보험사업자의 피해자에 대한 부당이득반환청구권에 관하여는 상법 제64조가 적용되지 않고, 그 소멸시효기간은 민법 제162조 제1항에 따라 10년이라고 봄이 상당하다.

[17법무사, 21법원직]

➡ [O] 대판 2010.10.14. 2010다32276

문 8

정답 ③

핵심공략 일반상사유치권[변소(꼴)불견]

1. 요건
   ① 채권자와 채무자 쌍방 상인, 쌍방 상행위로 인한 채권(제3자로부터 양수한 채권 ×)
   ② 피담보채권 성립시점과 유치물 점유 개시시점(유치권 성립 이후 ×)

에 상인일 것
③ 변제기 도래
④ 채무자 소유물(부동산 포함)
⑤ 견련관계 ×
⑥ 배제특약 가능(유치권 포기의 경우 상대방 이외 제3자도 주장 가능)

2. 효과
선행저당권자 또는 선행저당권에 기한 임의경매절차에서 부동산 취득한 매수인에 대해서는 상사유치권으로 대항할 수 없음(대판 2013.2.28. 2010다57350)

상사유치권에 관한 다음 설명 중 가장 옳지 않은 것은?

① 상사유치권의 대상이 되는 '물건'에는 부동산도 포함된다.

[08/14법무사, 20법원직]

➡ [O] 상사유치권의 대상이 되는 물건에는 부동산도 포함된다.(대판 2013.5.24. 2012다39769,39776)

② 보통 상사유치권은 민사유치권과 달리 피담보채권이 '목적물에 관하여' 생긴 것일 필요는 없지만 상사유치권의 대상이 되는 물건은 '채무자 소유'일 것으로 제한되어 있다.

[03/08/11/14/19법무사, 18/20법원직]

➡ [O] 상인간의 상행위로 인한 채권이 변제기에 있는 때에는 채권자는 변제를 받을 때까지 그 채무자에 대한 상행위로 인하여 자기가 점유하고 있는 채무자소유의 물건 또는 유가증권을 유치할 수 있다. 그러나 당사자 간에 다른 약정이 있으면 그러하지 아니하다(제58조). 보통 상사유치권은 민사유치권과 달리 피담보채권이 '목적물에 관하여' 생긴 것일 필요는 없지만 상사유치권의 대상이 되는 물건은 '채무자 소유'일 것으로 제한되어 있다. 다만, 당사자 간의 약정으로 달리 정할 수 있다.

❸ 채무자 소유의 부동산에 이미 선행저당권이 설정되어 있는 상태에서 상사유치권이 성립한 경우, 상사유치권자는 선행저당권자, 선행저당권에 기한 임의경매절차에서 부동산을 취득한 매수인에게 상사유치권으로 대항할 수 있다.

➡ [×] 채무자 소유의 부동산에 이미 선행저당권이 설정되어 있는 상태에서 상사유치권이 성립한 경우, 상사유치권자는 채무자 및 그 이후 채무자로부터 부동산을 양수하거나 제한물권을 설정받는 자에 대해서는 대항할 수 있지만, 선행저당권자 또는 선행저당권에 기한 임의경매절차에서 부동산을 취득한 매수인에 대한 관계에서는 상사유치권으로 대항할 수 없다(대판 2013.2.28. 2010다57350).

④ 당사자는 상사유치권을 특약으로 배제할 수 있다.

[03/11/14/19법무사, 12/20법원직]

➡ [O] 상법 제58조 단서에 "당사자 간에 다른 약정이 있으면 그러하지 아니하다."라고 규정하고 있으므로 상사유치권은 당사자 간의 특약으로 배제할 수 있다.

문 9

정답 ②

핵심공략 위탁매매업

1. 위탁물 귀속
   ① 위탁매매인은 위탁자를 위한 매매로 인하여 상대방에 대하여 권리취득, 의무부담

② 매매계약의 무효, 취소 → 위탁매매인 기준으로 판단

③ 위탁자로부터 받은 물건 또는 유가증권, 위탁매매로 인하여 취득한 물건, 유가증권 → 위탁자 소유

④ 위탁매매인의 파산, 회생 → 위탁자 환취권 행사

⑤ 위탁매매인이 그의 채권자에게 위탁매매로 취득한 채권양도 → 위탁자에게 효력 ×

2. 위탁매매인의 의무

① 선관주의의무: 경업금지의무 ×

② 위탁매매 목적물 통지의무: 위탁매매의 목적물 훼손 또는 하자, 부패 염려, 가격 저락 → 위탁자에게 통지

③ 염가매도, 고가매수 → 위탁매매인 차액 부담 → 위탁자에 효력

④ 고가매도, 염가매수 → 차액은 위탁자 이익

⑤ 상대방 채무 이행 × → 위탁매매인이 위탁자에 대하여 이행 의무 부담

다음 설명 중 가장 옳지 않은 것은?

① 위탁자가 지정한 가액보다 염가로 매도하거나 고가로 매수한 경우에도 위탁매매인이 그 차액을 부담한 때에는 그 매매는 위탁자에 대하여 효력이 있다.

➡ [O] 제106조 제1항

❷ 위탁자가 지정한 가액보다 고가로 매도하거나 염가로 매수한 경우에는 그 차액은 다른 약정이 없으면 위탁매매인의 이익으로 한다.

➡ [×] 위탁자가 지정한 가액보다 고가로 매도하거나 염가로 매수한 경우에는 그 차액은 다른 약정이 없으면 위탁자의 이익으로 한다(제106조 제2항).

③ 위탁매매인은 위탁자를 위한 매매에 관하여 상대방이 채무를 이행하지 아니하는 경우에는 위탁자에 대하여 이를 이행할 책임이 있다. 그러나 다른 약정이나 관습이 있으면 그러하지 아니하다.

[04/07/12/19법무사, 13/21법원직]

➡ [O] 제105조

④ 위탁매매인이 매수의 위탁을 받은 경우에 위탁자가 매수한 물건의 수령을 거부하거나 이를 수령할 수 없는 경우 위탁매매인은 그 물건을 공탁하거나 상당한 기간을 정하여 최고한 후 경매할 수 있다.

➡ [O] 제109조, 제67조

문 10

정답 ④

핵심공략 **금융리스업**

1. 금융리스이용자의 의무

① 물건을 수령함과 동시에 리스료 지급

② 금융리스물건수령증 발급: 리스계약 당사자 사이에 적합한 금융리스물건이 수령된 것으로 추정

2. 공급자의 의무

① 공급계약에서 정한 시기에 물건을 금융리스이용자에게 인도

② 물건이 공급되지 않은 경우: 리스이용자는 공급자에게 직접 손해배상 청구 ○, 리스물건의 인도 청구 ○

3. 금융리스업자의 의무

① 금융리스이용자가 금융리스계약에서 정한 시기에 리스물건 수령할

수 있도록 협력

② 금융리스물건 인도의무 또는 검사·확인의무 ×

③ 리스물건에 대하여 하자담보책임을 지지 않는다는 특약 유효

4. 금융리스계약 해지

① 이용자의 책임 있는 사유로 해지: 리스업자는 잔존 리스료 상당액의 일시 지급 또는 리스물건 반환 청구

② 이용자의 중대한 사정변경: 3개월 전에 예고하고 해지 가능. 이 경우 리스업자에게 손해배상 ○

금융리스에 관한 다음 설명 중 가장 옳은 것은?

① 금융리스물건수령증을 발급한 경우에는 금융리스계약 당사자 사이에 적합한 금융리스물건이 수령된 것으로 간주한다.

[13/18/19법무사, 14/18/20법원직]

➡ [×] 금융리스이용자가 금융리스물건 수령증을 발급한 경우에는 적합한 금융리스물건이 수령된 것으로 추정된다(제168조의3 제3항).

② 금융리스업자가 리스물건에 대하여 하자담보책임을 지지 않는다는 특약은 이용자에게 불리한 불공정조항에 해당하여 무효이다.

➡ [×] 시설대여계약은 법적 성격이 비전형계약으로서 민법의 임대차에 관한 규정이 적용되지 아니하는 점 및 시설대여제도의 본질적 요청(금융적 성격) 등에 비추어, 시설대여회사의 하자담보책임을 제한하는 약정조항은 유효하다(대판 1996.8.23. 95다51915).

③ 금융리스업자는 특별한 사정이 없는 한, 적합한 금융리스물건을 수령할 수 있도록 협력할 의무와 별도로 독자적인 금융리스물건 인도의무 또는 검사·확인의무를 부담한다.

[18/19법무사, 20법원직]

➡ [×] 금융리스계약 당사자 사이에 특별한 약정이 없는 한, 금융리스업자는 금융리스이용자가 공급자로부터 적합한 금융리스물건을 수령할 수 있도록 협력할 의무를 부담할 뿐 독자적인 금융리스물건 인도의무 또는 검사·확인의무를 부담하지 않는다(대판 2019.2.14. 2016다245418,245425,245432).

❹ 금융리스이용자는 중대한 사정변경으로 인하여 금융리스물건을 계속 사용할 수 없는 경우에는 3개월 전에 예고하고 금융리스계약을 해지할 수 있다.

[13/19법무사, 14법원직]

➡ [O] 제168조의5 제3항

문 11

정답 ②

핵심공략 **소규모회사**

1. 의의: 자본금 10억 원 미만의 소규모 주식회사

2. 이사와 회사 사이 소송 회사 대표: 회사, 이사 또는 이해관계인이 법원에 대표자 선임하여 줄 것을 신청

3. 이사

① 이사가 2인 이하인 경우 각 이사가 회사 대표

② 이사회 기능 수행: 회사 보유 자기주식 소각, 주주총회 소집결정, 주주제안 사항처리, 중요한 자산의 처분 및 양도, 대규모 재산 차입, 지배인의 선임 또는 해임, 지점의 설치·이전 또는 폐지

4. 특례

① 정관효력: 발기인의 기명날인 또는 서명

② 납입금보관증명서: 잔고증명서 대체
③ 주주총회 소집: 주주총회일 10일 전에 서면통지 또는 주주 전원의 동의를 받아 전자문서 통지
④ 주주전원 동의: 소집절차 없이 주주총회 개최
⑤ 서면결의로 주주총회 결의 갈음. 결의의 목적사항에 대하여 주주 전원 서면동의 → 서면 결의가 있는 것
⑥ 이사 →1명 또는 2명, 감사 → 선임하지 않을 수 있음

상법상 자본금 총액이 10억 원 미만인 주식회사(소규모회사)에 관한 설명 중 가장 옳지 않은 것은?

① 소규모회사의 경우에는 감사를 선임하지 아니할 수 있으므로, 감사를 선임하지 아니한 경우에 이사와 회사 사이의 소가 제기된 경우에는 회사, 이사 또는 이해관계인은 법원에 회사를 대표할 자를 선임하여 줄 것을 신청하여야 한다.　　　[14법원직]

　➡【O】제409조 제4항, 제5항

❷ 이사를 2명으로 정한 소규모회사에는 이사회가 없으므로 정관에 특별한 규정이 없는 한 중요한 자산의 처분 및 양도, 대규모 재산의 차입, 지배인의 선임 또는 해임과 지점의 설치·이전 또는 폐지 등 회사의 업무집행과 주주총회의 소집은 이사 2명의 합의로 결정한다.　　　[14법원직]

　➡【X】이사가 2인 이하인 소규모회사의 경우 각 이사(정관에 따라 대표이사를 정한 경우에는 그 대표이사를 말한다)가 회사를 대표하고, ㉠ 회사가 보유하는 자기주식의 소각, ㉡ 주주총회 소집결정, ㉢ 주주제안사항의 처리, ㉣ 소수주주의 임시주주총회 소집청구의 상대방, ㉤ 전자적 방법에 의한 주주총회 의결권 행사방법의 결정, ㉥ 중요한 자산의 처분 및 양도, 대규모 재산의 차입, 지배인의 선임 또는 해임과 지점의 설치·이전 또는 폐지 등 회사의 업무집행(제393조 제1항), ㉦ 감사의 임시주주총회 소집 청구의 상대방 및 ㉧ 중간배당일의 결정의 기능을 담당한다(제383조 제6항).

③ 소규모회사에서 주주총회를 소집하는 경우에는 주주총회일의 10일 전에 각 주주에게 서면으로 통지를 발송하거나 각 주주의 동의를 받아 전자문서로 통지를 발송할 수 있다.　　　[14법원직]

　➡【O】제363조 제3항

④ 소규모회사를 발기설립하는 경우에는 납입금 보관증명서를 은행이나 그 밖의 금융·기관의 잔고증명서로 대체할 수 있다.　　　[14법원직]

　➡【O】제318조 제3항

문 12　　　　　　　　　　　　　　　　　　　　　정답 ②

청산인 선임, 청산인 직무, 청산인 해임, 채권자에 대한 변제

1. 청산인 선임
   ① 물적회사: 합병·분할·분할합병 또는 파산의 경우 외에는 이사가 청산인. 정관 또는 총회결의로 청산인 선임
   ② 합명회사, 유한책임회사: 총사원 과반수 결의로 청산인 선임
   ③ 합자회사: 무한책임사원 과반수 결의로 청산인 선임
   ④ 등기: 본점소재지에서 2주, 지점소재지에서 3주
2. 청산인 직무: 현존사무의 종결, 채권의 추심과 채무의 변제, 재산의 환가처분, 잔여재산의 분배

3. 청산인 해임
   ① 합명회사, 합자회사, 유한책임회사: 총사원 과반수 결의로 해임
   ② 주식회사, 유한회사: 법원이 선임한 경우 외에는 언제든지 주총결의로 해임
   ③ 해임청구: 청산인이 업무를 집행함에 현저하게 부적임하거나 중대한 임우에 위반한 행위가 있는 경우 발행주식 총수의 100분의 3 이상에 해당하는 주식을 가진 주주 법원에 청산임 해임 청구
4. 채권자에 대한 변제
   ① 최고기간: 2월 이상, 2회 이상 공고
   ② 최고대상: 알고 있는 채권자에 대하여 각각. 이 경우 신고 하지 아니한 경우에도 청산에서 제외 ×
   ③ 청산인은 채권신고기간 내에 변제 ×. 회사는 변제 지연으로 인한 손해배상책임 부담

청산에 관한 다음 설명 중 가장 옳지 않은 것은?

① 주식회사가 해산한 때에는 합병·분할·분할합병 또는 파산의 경우 외에는 이사가 청산인이 된다. 다만, 정관에 다른 정함이 있거나 주주총회에서 타인을 선임한 때에는 그러하지 아니하다.　　　[06/11법무사, 08/17/19법원직]

　➡【O】물적 회사인 주식회사와 유한회사는 합병·분할·분할합병 또는 파산의 경우 외에는 이사가 청산인이 되나, 정관으로 정하거나 총회의 결의로 청산인을 선임할 수 있다(제531조 제1항, 제613조).

❷ 청산인은 취임한 날로부터 2월 내에 회사채권자에 대하여 일정한 기간 내에 그 채권을 신고할 것과 그 기간 내에 신고하지 아니하면 청산에서 제외될 뜻을 2회 이상 공고로써 최고하여야 한다. 그러나 그 기간은 3월 이상이어야 한다.

　➡【X】청산인은 취임한 날로부터 2월 내에 회사채권자에 대하여 일정한 기간 내에 그 채권을 신고할 것과 그 기간내에 신고하지 아니하면 청산에서 제외될 뜻을 2회 이상 공고로써 최고하여야 한다. 그러나 그 기간은 2월 이상이어야 한다(제535조 제1항).

③ 청산인의 직무는 현존사무의 종결, 채권의 추심과 채무의 변제, 재산의 환가처분, 잔여재산의 분배이다.　　　[11법무사, 17법원직]

　➡【O】청산인은 청산 중의 회사의 청산사무를 담당하는 자로서 그 직무는 현존사무의 종결, 채권의 추심과 채무의 변제, 재산의 환가처분, 잔여재산의 분배이다(제254조 제1항).

④ 청산인이 그 업무를 집행함에 현저하게 부적임하거나 중대한 임무에 위반한 행위가 있는 때에는 발행주식의 총수의 100분의 3 이상에 해당하는 주식을 가진 주주는 법원에 그 청산인의 해임을 청구할 수 있다.　　　[14법원직]

　➡【O】주식회사와 유한회사의 청산인이 그 업무를 집행함에 현저하게 부적임하거나 중대한 임무에 위반한 행위가 있는 때에는 발행주식의 총수의 100분의 3 이상에 해당하는 주식을 가진 주주는 법원에 그 청산인의 해임을 청구할 수 있다.

문 13

정답 ①

다음의 설명 중 가장 옳지 않은 것은?

❶ 가장납입의 형태로 주금을 납입하였던 주식인수인이 그 후 회사로부터 지정된 납입일까지 주금 상당액을 납입할 것을 요구받고도 그 납입일까지 회사가 청구한 주금 상당액을 납입하지 아니한 채 그로부터 상당 기간이 지난 뒤 비로소 회사의 주주임을 주장하는 경우 그러한 행위는 신의성실의 원칙에 반한다. [17법원직]

➡ [×] 회사 설립 당시 원래 주주들이 주식인수인으로서 주식을 인수하고 가장납입의 형태로 주금을 납입한 이상 그들은 회사의 주주이고, 그 후 그들이 회사가 청구한 주금 상당액을 납입하지 아니하였다고 하더라도 이는 회사 또는 대표이사에 대한 채무불이행에 불과할 뿐 그러한 사유만으로 주주로서의 지위를 상실하지 않는다(대판 1998.12.23. 97다20649).

② 타인의 승낙을 얻어 그 명의로 주식을 인수한 자는 그 타인과 연대하여 주금액을 납입할 책임이 있다. [07/15/17법무사, 11/13/17법원직]

➡ [O] 타인의 승낙을 얻어 그 명의로 주식을 인수한 자는 그 타인과 연대하여 주금을 납입할 책임이 있다(제332조 제2항). 즉, 명의대여자와 명의차용자는 주금납입에 관하여 연대책임을 진다.

③ 주식을 인수함에 있어 타인의 승낙을 얻어 그 명의로 출자하여 주식대금을 납입하고, 실제 출자자를 주식인수인으로 하기로 한 사실을 주식인수계약의 상대방인 회사 등이 알고 이를 승낙한 경우 실제 출자자가 주식인수인이 된다. [13/17/19법원직]

➡ [O] 타인의 승낙을 얻어 그 명의로 주식을 인수하기로 약정한 경우에는 계약 내용에 따라 명의자 또는 실제 출자자가 주식인수인이 될 수 있으나, 원칙적으로는 명의자를 주식인수인으로 보아야 한다. 명의자와 실제 출자자가 실제 출자자를 주식인수인으로 하기로 약정한 경우에도 실제 출자자를 주식인수인이라고 할 수 없다. 실제 출자자를 주식인수인으로 하기로 한 사실을 주식인수계약의 상대방인 회사

등이 알고 이를 승낙하는 등 특별한 사정이 없다면, 상대방은 명의자를 주식인수계약의 당사자로 이해하였다고 보는 것이 합리적이기 때문이다(대판 2017.12.5. 2016다265351).

④ 가장납입에 있어서 회사는 주금납입의 절차가 완료된 후에 주주에 대하여 체당 납입한 주금의 상환을 청구할 수 있다.

➡ [O] 주금의 가장납입의 경우에도 주금납입의 효력을 부인할 수 없으므로 주금납입절차는 일단 완료되고 주식인수인이나 주주의 주금 납입의무도 종결되었다고 보아야 하나, 이러한 가장납입에 있어서 회사는 일시 차입금을 가지고 주주들의 주금을 체당 납입한 것과 같이 볼 수 있으므로 주금납입의 절차가 완료된 후에 회사는 주주에 대하여 체당 납입한 주금의 상환을 청구할 수 있다(대판 1985.1.29. 84다카1823,1824).

문 14

정답 ④

주식회사의 '자본의 감소'에 관한 상법 규정의 내용으로 잘못된 것은?

① 자본감소는 주식의 액면가를 감액하거나 발행주식수를 감소시키는 방법으로 할 수 있는데, 전자의 경우에는 정관변경이 필요하나 후자의 경우에는 필요없다. [11법원직]

➡ [O] 주식의 액면가는 정관 기재사항이므로 주식의 액면가를 감액하기 위해서는 정관 변경이 필요하나 발행주식수는 정관 기재사항이 아니므로 발행주식수 변경에 정관 변경이 요구되지 아니한다.

② 법원이 감자무효의 소를 재량 기각하기 위해서는 원칙적으로 그 소제기 전이나 그 심리 중에 원인이 된 하자가 보완되어야 한다고 할 수 있지만, 하자가 추후 보완될 수 없는 성질의 것으로서 자본감소 결의의 효력에는 아무런 영향을 미치지 않는 것인 경우 등에는 그 하자가 보완되지 않았더라도 법원은 그 청구를 기각할 수 있다.

➡ [O] 법원이 감자무효의 소를 재량 기각하기 위해서는 원칙적으로 그 소제기 전이나 그 심리 중에 원인이 된 하자가 보완되어야 한다고 할 수 있지만, 하자가 추후 보완될 수 없는 성질의 것으로서 자본감소 결의의 효력에는 아무런 영향을 미치지 않는 것인 경우 등에는 그 하자가 보완되지 아니하였다 하더라도 회사의 현황 등 제반 사정을 참작하여 자본감소를 무효로 하는 것이 부적당하다고 인정한 때에는 법원은 그 청구를 기각할 수 있다(대판 2004.4.27. 2003다29616).

③ 자본감소의 절차나 내용에 하자가 있을 경우 주주·이사·감사·청산인·파산관재인 또는 자본감소를 승인하지 아니한 채권자에 한하여 자본감소로 인한 변경등기가 있는 날로부터 6개월 내에 감자무효의 소를 제기할 수 있다. [09/11법원직, 09/10법무사]

➡ **[O]** 자본금감소절차나 내용에 하자가 있는 경우, 주주·이사·감사·청산인·파산관재인 또는 자본금의 감소를 승인하지 아니한 채권자만이 자본금 감소로 인한 변경등기가 된 날부터 6개월 내에 소만으로 주장할 수 있다(제445조).

❹ 결손의 보전을 위한 자본금감소의 경우에도 채권자보호절차가 요구된다.   [11법원직]

➡ **[X]** 자본금감소의 경우에는 (채권자보호절차에 관한) 제232조를 준용한다. 다만, 결손의 보전을 위하여 자본금을 감소하는 경우에는 그러하지 아니하다(제439조 제2항).

문 15   정답 ③

핵심공략 주권발행 전 주식양도, 6월 경과 후 주식양도

1. 주권발행 전 주식양도
   ① 회사성립 후 또는 신주 납입기일로부터 6월 전의 주권발행 전 주식양도는 회사에 효력 ×
   ② 회사가 주권발행 전 주식양도를 승인하고 명의개서를 하더라도 무효
   ③ 주주명의 신탁계약 해지 → 주주 권리는 해지의 의사표시만으로 명의신탁자에게 복귀
   ④ 6월 전 주식양도라도 그 이후 6월이 경과하고 주권이 발행되지 않으면 하자 치유되어 주식양도 유효

2. 6월 경과 후 주식양도
   ① 회사성립 후 또는 신주 납입기일로부터 6월 후의 주권발행 전 주식양도는 회사에 효력 ○
   ② 양수인은 양도사실 입증하여 회사에 명의개서 청구 가능, 주권 발행 및 교부 청구 가능
   ③ 회사 이외의 제3자 대항요건은 확정일자 있는 증서에 의한 양도통지 또는 회사 승낙
   ④ 확정일자 선후가 아니라 양도통지 도달일자 선후가 기준

주식양도에 관한 다음 설명 중 가장 옳지 않은 것은?

① 주권발행 전의 주식양도라 하더라도 회사 성립 후 6월이 경과한 후에 이루어진 때에는 회사에 대하여 효력이 있으므로 주주명부상의 명의개서 여부와 관계없이 회사의 주주가 되고, 그 후 그 주식양도사실을 통지받은 바 있는 회사가 그 주식에 관하여 주주가 아닌 제3자에게 명의개서절차를 마쳐주었다고 할지라도 주식양수인의 주주권이 상실되는 것은 아니다.

➡ **[O]** 대판 2000.3.23. 99다67529

② 주식의 양도통지가 확정일자 없는 증서에 의하여 이루어져 제3자에 대한 대항력을 갖추지 못하였더라도, 확정일자 없는 증서에 의한 양도통지나 승낙 후에 그 증서에 확정일자를 얻은 경우에는 그 일자 이후에는 제3자에 대한 대항력을 취득하고, 대항력 취득의 효력은 당초 주식양도통지일로 소급되지 아니한다.

➡ **[O]** 대판 2010.4.29. 2009다88631; 대판 2010.4.29. 2009다88631

❸ 주권발행 전의 주식을 전전 양수한 양수인은 회사에 대하여 원시 주주를 대위하여 직접 자신에게 주권의 발행교부를 청구할 수 있다.

➡ **[X]** 상법 제335조 제2항이 양도당사자 사이에 있어서까지 양도양수의 효력을 부정하는 취지라고 해석되지 않으므로 당사자 간에서는

유효하다. 따라서 주권발행 전의 주식을 전전 양수한 원고가 회사에 대하여 원시 주주를 대위하여 직접 원고에게 주권의 발행교부를 청구할 수는 없다 할지라도 원시 주주들의 회사에 대한 주권발행 및 교부청구권을 대위행사 하여 원시 주주에의 주권발행 및 교부를 구할 수 있다(대판 1982.9.28. 82다카21).

④ 주식병합으로 실효되기 전의 구주권의 교부가 없는 상태에서 주식병합이 이루어지고 6월이 경과할 때까지 회사가 신주권을 발행하지 않았다면 주식병합 후 6월이 경과한 때에 주식양도의 효력이 생긴다.

➡ **[O]** 주식병합으로 실효되기 전의 구주권의 교부가 없는 상태에서 주식병합이 이루어지고 그로부터 6월이 경과할 때까지 회사가 신주권을 발행하지 않았다면 주식병합 후 6월이 경과한 때에 주식병합 전의 당사자 사이의 의사표시만으로 주식양도의 효력이 생긴다(대판 2012.2.9. 2011다62076,62083).

문 16   정답 ④

핵심공략 주주총회 소집결정, 소집통지, 소집절차상 하자치유

1. 주주총회 소집결정
   ① 결정권: 이사회 결의
   ② 시기: 정기총회 매년 1회, 연 2회 결산기 → 매기

2. 주주총회 소집통지
   ① 통지시기: 주주총회일 2주 전
   ② 통지내용: 일시, 장소, 목적사항(이사회 통지 → 목적사항 ×)
   ③ 장소: 본점소재지 또는 이에 인접지
   ④ 통지방법: 서면, 주주의 동의를 받아 전자문서

3. 주주총회 소집절차상 하자치유
   ① 소집절차상 하자 → 주주가 사전동의, 사후 승인 → 하자치유
   ② 총주주 동의 → 소집절차 생략 가능
   ③ 1인 회사 → 소집절차 필요 ×, 실제총회를 개최하지 않아도 의사록 작성 ○ → 결의가 있었던 것으로 봄

주주총회의 소집에 관한 설명으로 가장 옳지 않은 것은?

① 주주총회 소집통지서에는 회의의 목적사항을 기재하여야 한다.
    [03법무사]

➡ **[O]** 발행주식총수의 100분의 3 이상에 해당하는 주식을 가진 주주는 회의의 목적사항과 소집의 이유를 적은 서면 또는 전자문서를 이사회에 제출하여 임시총회의 소집을 청구할 수 있다(제366조 제1항). 따라서 주주총회의 소집통지서에는 회의의 목적사항을 기재하여야 한다.

② 주식회사에서 총 주식을 한 사람이 소유하고 있는 1인 회사의 경우에는 그 주주가 유일한 주주로서 주주총회에 출석하면 전원총회로서 성립하고 그 주주의 의사대로 결의될 것임이 명백하므로 따로 총회소집절차가 필요없다.   [11/12법무사, 12법원직]

➡ **[O]** 1인 회사의 경우에는 그 주주가 유일한 주주로서 주주총회에 출석하면 전원총회로서 성립하고 그 주주의 의사대로 결의될 것임이 명백하므로 따로 총회소집절차가 필요 없고, 실제로 총회를 개최한 사실이 없더라도 1인 주주에 의하여 의결이 있었던 것으로 주주총회 의사록이 작성되었다면 특별한 사정이 없는 한 그 내용의 결의가 있었던 것으로 볼 수 있어 형식적인 사유에 의하여 결의가 없었던 것으로 다툴 수는 없다(대판 1993.6.11. 93다8702).

③ 총회는 정관에 다른 정함이 없으면 본점 소재지 또는 이에 인접한 지에 소집하여야 한다. [03/10법무사, 12법원직]

➡ [○] 제364조

❹ 법원이 상법 제366조 제2항에 따라 총회의 소집을 구하는 소수주주에게 회의의 목적사항을 정하여 이를 허가하면서 총회의 소집기간을 구체적으로 정하지 않은 경우 총회소집허가결정일로부터 상당한 기간이 경과하도록 총회가 소집되지 않더라도, 법원의 취소 결정이 없는 한 소집허가결정에 따른 소집권한은 특별한 사정이 없는 한 소멸하지 아니한다.

➡ [×] 법원이 상법 제366조 제2항에 따라 총회의 소집을 구하는 소수주주에게 회의의 목적사항을 정하여 이를 허가하면서 총회의 소집기간을 구체적으로 정하지 않은 경우에도 소집허가를 받은 주주는 소집의 목적에 비추어 상당한 기간 내에 총회를 소집하여야 한다. 따라서 총회소집허가결정일로부터 상당한 기간이 경과하도록 총회가 소집되지 않았다면, 소집허가결정에 따른 소집권한은 특별한 사정이 없는 한 소멸한다(대판 2018.3.15. 2016다275679).

문 17 정답 ④

핵심공략 주주총회결의 취소의 소

1. 주주총회결의 취소사유
   ① 소집절차, 결의방법의 법령, 정관 위반 또는 현저한 불공정, 결의내용 정관 위반
   ② 일부 주주 소집통지 누락, 소집통지기간 위반, 소집통지방법 위반(구두, 전화, 문자메시지), 소집통지시 목적사항 누락, 통지된 소집장소 및 일시의 현저한 부적당

2. 소의 원인인 주주
   ① 의결권 없는 주주 ○
   ② 결의 당시 주주가 아니었더라도 소 제기 당시 주주 ○
   ③ 찬성 주주 ○
   ④ 원고 적격은 변론종결시까지 유지되어야 ○ → 소 제기 이후 주주 사망, 주식 양도 소 각하

3. 이사 직무집행정지가처분의 실효
   가처분에 의해 직무집행이 정지된 이사를 선임한 주주총회결의 무효확인의 본안소송이 가처분채권자 승소로 확정된 경우 가처분은 당연 효력 상실

4. 소의 원인인 이사: 취소의 소 제기 후 소송 계속 중 또는 사실심 변론종결 후 사망 → 소송 종료

핵심공략 주주총회결의 부존재확인의 소

1. 의의: 총회의 소집절차 또는 결의방법에 총회결의가 존재한다고 볼 수 없을 정도의 중대한 하자가 있는 경우

2. 결의부존재사유
   ① 대부분의 주주에게 소집통지 ×
   ② 이사회 결의 없이 소집권한 없는 자가 일부 주주에게만 구두로 소집통지
   ③ 유효한 주주총회 종료 이후 일부 주주에 의해 결의
   ④ 결의에 참여한 주주가 대부분 주주가 아닌 경우
   ⑤ 실제로 주주총회가 없었음에도 지배주주가 허위로 의사록 작성

주주총회결의의 효력을 다투는 소송에 관한 설명 중 옳지 않은 것은?

① 정당한 소집권자에 의하여 소집된 주주총회의 결의라면, 설령 주주총회의 소집에 이사회의 결의가 없었고 그 소집통지가 서면에 의하지 아니한 구두 소집통지로서 법정 소집기간을 준수하지 아니하였으며 극히 일부의 주주에 대하여는 소집통지를 빠뜨렸다 하더라도, 그와 같은 주주총회 소집절차상의 하자는 주주총회결의의 단순한 취소사유에 불과하다. [18법무사]

➡ [○] 대판 1987.4.28. 86다카553

② 주주총회결의 취소소송의 계속 중 그 회사의 이사나 감사가 아닌 원고가 주주로서의 지위를 상실하면 원고는 그 취소를 구할 당사자적격을 상실한다.

➡ [○] 주주총회결의 취소소송의 계속 중 원고가 주주로서의 지위를 상실하면 원고는 상법 제376조에 따라 그 취소를 구할 당사자적격을 상실하고, 이는 원고가 자신의 의사에 반하여 주주의 지위를 상실하였다 하여 달리 볼 것은 아니다. 甲 주식회사의 주주인 乙 등이 주주총회결의 부존재 확인 및 취소를 구하는 소를 제기하였는데 소송 계속 중에 甲 회사와 丙 주식회사의 주식 교환에 따라 丙 회사가 甲 회사의 완전모회사가 되고 乙 등은 丙 회사의 주주가 된 사안에서, 乙 등에게 주주총회결의 부존재 확인을 구할 이익이 없고, 결의취소의 소를 제기할 원고 적격도 인정되지 않는다(대판 2016.7.22. 2015다66397).

③ 가처분에 의하여 직무집행이 정지된 이사를 선임한 주주총회결의 취소 등의 본안소송에서 가처분 채권자가 승소하여 판결이 확정된 경우, 그 가처분 결정은 직무집행정지 기간의 정함이 없는 경우에도 본안 승소판결의 확정과 동시에 효력을 상실하게 된다.

➡ [○] 가처분에 의해 직무집행이 정지된 당해 이사를 선임한 주주총회결의의 무효확인을 구하는 본안소송에서 가처분채권자가 승소하여 그 판결이 확정된 경우, 가처분은 직무집행정지기간의 정함이 없더라도 본안승소판결의 확정과 동시에 목적을 달성한 것이 되어 당연히 효력을 상실한다(대판 1989.9.12. 87다카2691).

❹ 이사가 그 지위에 기하여 주주총회결의 취소의 소를 제기하였다가 소송계속 중에 사망하였거나 사실심 변론종결 후에 사망하였다면 그 소송은 이사의 사망으로 중단된다. [19법무사, 20법원직]

➡ [×] 대판 2019.2.14. 2015다255258

문 18 정답 ①

핵심공략 집중투표제

1. 의의
   ① 이사선임결의에 관하여 각 주주가 1주마다 선임할 이사 수와 동일한 수의 의결권을 가지고 의결권을 이사 후보자 1인 또는 수인에게 집중하여 투표하는 방법으로 행사할 수 있게 하는 제도(제382조의2 제3항).
   ② 청구권자: 의결권 없는 주식을 제외한 발행주식총수의 3% 이상 주주

2. 요건
   ① 2인 이상 이사선임을 위한 주주총회 소집
   ② 정관상 집중투표 배제 조항 부존재

③ 비상장회사 의결권 있는 발총 3% 이상, 2조원 이상 상장회사 1% 이상 ○, 6개월 보유 ×
④ 서면, 전자문서에 의한 청구
⑤ 청구기한: 비상장회사 주주총회일의 7일 전, 상장회사 6주 전
3. 선임방법
① 투표의 최다수를 얻은 자부터 순차적으로 이사선임
② 의결정족수에 관한 제368조 제1항은 집중투표제에는 적용 ×

주식회사의 이사선임시 집중투표에 대한 다음 설명 중 옳지 않은 것은?

❶ 2인 이상의 이사의 선임을 목적으로 하는 총회의 소집이 있는 때에는 의결권 없는 주식을 포함한 발행주식 총수의 100분의 3 이상에 해당하는 주식을 가진 주주는 정관에서 달리 정하는 경우를 제외하고는 회사에 대하여 집중투표의 방법으로 이사를 선임할 것을 청구할 수 있다.   [13/15/17법무사, 16법원직]
➡ [×] 2인 이상의 이사의 선임을 목적으로 하는 총회의 소집이 있는 때에는 의결권 없는 주식을 제외한 발행주식 총수의 100분의 3 이상에 해당하는 주식을 가진 주주는 정관에서 달리 정하는 경우를 제외하고는 회사에 대하여 집중투표의 방법으로 이사를 선임할 것을 청구할 수 있다(제382조의2 제1항).

② 집중투표의 청구가 있는 경우에 이사의 선임결의에 관하여 각 주주는 1주마다 선임할 이사의 수와 동일한 수의 의결권을 가지며 그 의결권은 이사 후보자 1인 또는 수인에게 집중하여 투표하는 방법으로 행사하여야 한다.   [09/17법무사, 10/21법원직]
➡ [O] 제382조의2 제3항

③ 집중투표의 방법으로 이사를 선임하는 경우에는 투표의 최다수를 얻은 자부터 순차적으로 이사에 선임되는 것으로 한다.   [10법원직]
➡ [O] 제382조의2 제4항

④ 이사의 선임을 집중투표의 방법으로 하는 경우에도 회사의 정관에 규정한 의사정족수는 충족되어야 한다. [09법무사, 10법원직]
➡ [O] 주주총회의 이사선임결의를 위한 의사정족수를 규정한 정관 조항은 유효하다. 정관에서 이사의 선임을 발행주식총수의 과반수에 해당하는 주식을 가진 주주의 출석과 출석주주의 의결권의 과반수에 의한다고 규정하는 경우, 집중투표에 관한 상법 조항이 정관에 규정된 의사정족수 규정을 배제한다고 볼 것은 아니므로 이사의 선임을 집중투표의 방법으로 하는 경우에도 정관에 규정한 의사정족수는 충족되어야 한다(대판 2017.1.12. 2016다217741).

문 19   정답 ④

핵심공략 공동대표이사, 대표권 남용, 전단적 대표행위

1. 공동대표이사
① 수인의 대표이사가 공동으로 회사를 대표하도록 선정된 대표이사, 등기사항
② 공동대표이사가 단독으로 한 대표행위는 원칙적으로 무효
③ 회사에 대한 의사표시는 공동대표이사 중 1인에게만 하면 됨
④ 공동대표이사 중 1인이 다른 공동대표이사에게 대표권 포괄위임 허용 ×

⑤ 회사가 공동대표이사에게 단순한 '대표이사'라는 명칭 사용을 용인, 방임한 경우 표현책임 부담
⑥ 공동대표이사가 단독으로 '대표이사' 명칭으로 대표행위를 한 경우 표현대표이사 법리 적용 가능

2. 대표권 남용
① 대표이사가 회사가 아니라 자기 또는 제3자의 이익을 위하여 대표권을 남용하여 행사하는 경우
② 객관적으로 대표권 범위 내에서 이루어진 행위 → 대표이사의 주관적 의도와 상관없이 유효
③ 상대방이 대표이사의 진의를 알았거나 알 수 있었을 경우 → 무효

3. 전단적 대표행위
① 대표이사가 법률 또는 정관 등 내부규정에 위반하여 주주총회 또는 이사회 결의를 거치지 않고 대표권 행사
② 이사회 결의 → 대표권의 내부적 제한 → 선의, 무중과실의 제3자에게 대항 ×

대표이사 등에 관한 다음 설명 중 가장 옳지 않은 것은?

① 회사가 공동대표이사에게 단순한 대표이사라는 명칭을 사용하여 법률행위를 하는 것을 용인 내지 방임한 경우 상법 제395조에 의한 표현책임을 진다.   [12법무사, 17/20법원직]
➡ [O] 대판 1992.10.27. 92다19033

② 공동대표이사의 1인이 그 대표권 행사를 다른 공동대표이사에게 일반적, 포괄적으로 위임하는 것은 허용되지 아니한다.   [11/17법원직, 17법무사]
➡ [O] 공동대표이사의 1인이 그 대표권의 행사를 특정사항에 관하여 개별적으로 다른 공동대표이사에게 위임함은 별론으로 하고, 일반적, 포괄적으로 위임하는 것은 허용되지 않는다(대판 1989.5.23. 89다카3677).

③ 주식회사의 대표이사가 그 대표권의 범위 내에서 한 행위는 설사 대표이사가 회사의 영리목적과 관계없이 자기 또는 제3자의 이익을 도모할 목적으로 그 권한을 남용한 것이라 할지라도 일단 회사의 행위로서 유효하고, 다만 그 행위의 상대방이 대표이사의 진의를 알았거나 알 수 있었을 때에는 회사에 대하여 무효가 된다.   [10/17법원직, 12/13/16/17/19법무사]
➡ [O] 대판 1997.8.29. 97다18059

❹ 주식회사의 대표이사가 이사회의 결의를 거쳐야 할 대외적 거래행위에 관하여 이를 거치지 아니한 경우에는 그 거래 상대방이 그와 같은 이사회결의가 없었음을 알았거나 알 수 있었던 경우 회사는 그 거래행위의 무효를 주장할 수 있다.   [17/20 법원직]
➡ [×] 이사회결의를 거치지 않은 대표이사 행위의 상대방인 제3자가 상법 제209조 제2항에 따라 보호받기 위하여 선의 이외에 무과실까지 필요하지는 않지만 중대한 과실이 있는 경우에는 제3자의 신뢰를 보호할 만한 가치가 없다고 보아 거래행위가 무효라고 해석함이 타당하다. 제3자가 대표이사와 거래행위를 하면서 회사의 이사회 결의가 없었다고 의심할 만한 특별한 사정이 없다면 일반적으로 이사회 결의가 있었는지를 확인하는 등의 조치를 취할 의무까지 있다고 볼 수는 없다(대판 2021.2.18. 2015다45451 전합).

문 20

핵심공략 이사의 경업겸직금지의무, 경영판단원칙

1. 이사의 경업겸직금지의무
   ① 이사는 이사회 승인이 없으면 자기 또는 제3자의 계산으로 회사 영업부류에 속한 거래를 하거나 동종영업을 목적으로 하는 다른 회사의 무한책임사원이나 이사가 되지 못함
   ② 이사가 동종영업을 하는 회사를 설립하고 다른 회사의 대표이사로 영업준비작업 후, 영업개시 전 사임 → 경업금지의무 위반
   ③ 겸직금지대상회사의 지배주주가 되는 경우에도 이사회 승인 얻어야 ○
   ④ 경업금지의무(겸직금지의무 ×) 위반의 경우, 회사는 이사회 결의로 개입권 행사 가능
2. 경영판단의 원칙
   ① 충분한 정보 수집·분석 및 정당한 절차에 따른 이사회 의사결정은 경영판단으로 존중되어야 함
   ② 법령위반 행위는 경영판단원칙 적용 ×

주식회사의 이사 등에 관한 다음 설명 중 가장 옳지 않은 것은?

① 이사는 이사회의 승인이 없으면 자기 또는 제3자의 계산으로 회사의 영업부류에 속한 거래를 하거나 동종영업을 목적으로 하는 다른 회사의 무한책임사원이나 이사가 되지 못한다.
   ➡ [○] 제397조 제1항

② 이사회가 어떤 안건에 관하여 충분한 정보를 수집·분석하고 정당한 절차를 거쳐 의사를 결정하였다면, 이사회의 결의에 참여한 이사들이 이사로서 선량한 관리자의 주의의무 또는 충실의무를 위반하였다고 할 수 없다. [20법원직]
   ➡ [○] 회사의 이사회가 어떤 안건에 관하여 충분한 정보를 수집·분석하고 정당한 절차를 거쳐 의사를 결정함으로써 그 안건을 승인하거나 또는 승인하지 않았다면, 그 의사결정 과정에 현저한 불합리가 없는 한 그와 같이 결의한 이사들의 경영판단은 존중되어야 하므로, 이사회의 결의에 참여한 이사들이 이사로서 선량한 관리자의 주의의무 또는 충실의무를 위반하였다고 할 수 없다(대판 2019.10.31. 2017다293582).

③ 이사가 법령을 위반하여 그 임무를 수행함으로써 회사에 대하여 손해배상책임이 문제되는 경우, 경영판단의 원칙은 원칙적으로 적용되지 않는다. [08/17법원직]
   ➡ [○] 경영판단의 원칙이란 이사의 의사결정 당시에 합리적으로 결정하였다면 사후적으로 결정이 잘못된 것으로 드러나더라도 이사에게 책임을 물을 수 없다는 원칙을 의미한다. 법령에 위반한 행위에 대하여는 이사가 임무를 수행함에 있어서 선관주의의무를 위반하여 임무해태로 인한 손해배상책임이 문제되는 경우에 고려될 수 있는 경영판단의 원칙은 적용될 여지가 없다(대판 2005.10.28. 2003다69638).

❹ 이사가 이사회의 승인이 없이 회사와 동종영업을 목적으로 하는 회사를 설립하고 그 회사의 이사 겸 대표이사가 되어 영업준비작업을 하고, 그 영업활동을 개시하기 전에 그 회사의 이사 및 대표이사직을 사임하였다면 이사의 경업금지의무 위반에 해당하지 않는다.
   ➡ [×] 이사는 이사회의 승인이 없으면 자기 또는 제3자의 계산으로 회사의 영업부류에 속한 거래를 하거나 동종영업을 목적으로 하는

다른 회사의 무한책임사원이나 이사가 되지 못한다(제397조 제1항 후단). 이사가 주주총회의 승인이 없이 그 회사와 동종영업을 목적으로 하는 다른 회사를 설립하고 그 회사의 이사 겸 대표이사가 되었다면 설령 그 회사가 영업활동을 개시하기 전에 그 회사의 이사 및 대표이사직을 사임하였다고 하더라도, 이는 분명히 상법 제397조 제1항 소정의 경업금지의무를 위반한 행위에 해당한다(대결 1990.11.2. 90마745).

문 21

핵심공략 소수주주권

1. 발행주식 총수 3% 이상 주주의 권리
   ① 주주제안권
   ② 주주총회 소집청구권
   ③ 집중투표청구권
   ④ 이사·감사해임청구권
   ⑤ 회계장부열람등사권
2. 발행주식 총수 1% 이상 주주의 권리
   ① 총회 감사인 선임청구
   ② 유지청구권
   ③ 대표소송제기권
3. 발행주식 총수 10% 이상 주주의 권리: 해산판결청구권

다음 상법상 주식회사의 주주에 관한 설명 중 가장 옳지 않은 것은?

① 발행주식의 총수의 100분의 10 이상에 해당하는 주식을 가진 주주는 상법이 정한 일정한 사유가 있는 경우에 회사의 해산을 법원에 청구할 수 있다. [04법무사, 11/16법원직]
   ➡ [○] 발행주식의 총수의 100분의 10 이상에 해당하는 주식을 가진 주주는 회사의 업무가 현저한 정돈상태를 계속하여 회복할 수 없는 손해가 생긴 때 또는 생길 염려가 있는 때, 회사 재산의 관리 또는 처분의 현저한 실당으로 인하여 회사의 존립을 위태롭게 한때에는 회사의 해산을 법원에 청구할 수 있다(제520조 제1항).

② 발행주식의 총수의 100분의 1 이상에 해당하는 주식을 가진 주주는 회사에 대하여 이사의 책임을 추궁할 소의 제기를 청구할 수 있다. [07/15/17법무사, 11/21법원직]
   ➡ [○] 제403조 제1항

③ 발행주식의 총수의 100분의 3 이상에 해당하는 주식을 가진 주주는 이유를 붙인 서면으로 회계의 장부와 서류의 열람 또는 등사를 청구할 수 있다. [09/11법원직, 10법무사]
   ➡ [○] 제466조 제1항

❹ 의결권 없는 주식을 제외한 발행주식의 총수의 100분의 3 이상에 해당하는 주식을 가진 주주는 회의의 목적사항과 소집의 이유를 적은 서면 또는 전자문서를 이사회에 제출하여 임시총회의 소집을 청구할 수 있다. [03/14법무사, 11/18법원직]
   ➡ [×] 발행주식 총수의 100분의 3 이상을 가진 주식을 가진 주주는 회의의 목적사항과 소집의 이유를 적은 서면 또는 전자문서를 이사회에 제출하여 임시총회의 소집을 청구할 수 있다(제366조 제1항).

01회

2022 해커스법원직 공태용 상법의 맥 실전동형모의고사

핵심공략 감사의 소집청구권, 보고요구·조사권 및 자회사에 대한 보고요구·조사권, 회사대표권

1. 감사의 소집청구권
   ① 이사회 소집청구권: 회의의 목적사항과 이유를 적은 서면을 이사에게 제출 하여 이사회 소집청구
   ② 임시주주총회 소집청구권: 소집청구에도 불구하고 소집절차 × → 청구한 감사가 법원의 허가를 얻어 총회 소집

2. 감사의 보고요구·조사권 및 자회사에 대한 보고요구·조사권
   ① 감사의 이사에 대한 보고요구 및 조사권은 언제든지 가능
   ② 자회사에 대한 보고요구 및 조사권: 모회사의 감사가 직무를 수행하기 위하여 필요한 경우로 제한, 정당한 이유가 없는 한 자회사는 거부 ×

3. 회사대표권
   ① 회사가 이사에 대한 또는 이사가 회사에 대한 소송에서의 회사의 대표 → 감사
   ② 전 이사를 상대로 하는 주주대표소송에 회사참가 → 감사가 아닌 대표이사
   ③ 임시대표이사 선임 → 회사가 이사를 상대로 이사지위의 부존재 확인을 구하는 소 → 대표이사가 회사 대표

주식회사의 감사에 관한 다음 설명 중 가장 옳지 않은 것은?

① 감사는 회의의 목적사항과 소집의 이유를 기재한 서면을 필요하면 이사(소집권자가 있는 경우에는 소집권자)에게 제출하여 이사회 소집을 청구할 수 있다.　　　[06/15/17법무사, 15법원직]

　➡【O】 감사는 필요하면 회의의 목적사항과 소집이유를 서면에 적어 이사(소집권자가 있는 경우에는 소집권자를 말한다)에게 제출하여 이사회 소집을 청구할 수 있다(제412조의4 제1항). 감사는 회의의 목적사항과 소집의 이유를 기재한 서면을 이사회에 제출하여 임시총회의 소집을 청구할 수 있으며, 주주총회에 출석하여 의견을 진술할 수 있다(제412조의3 제1항).

② 감사는 언제든지 이사에 대하여 영업에 관한 보고를 요구하거나 회사의 업무와 재산 상태를 조사할 수 있다.
　　　　　　　　　　　　　　　　　　[07법무사, 15법원직]

　➡【O】 감사는 언제든지 이사에 대하여 영업에 관한 보고를 요구하거나 회사의 업무와 재산 상태를 조사할 수 있다(제412조 제2항). 감사는 회사의 비용으로 전문가의 도움을 구할 수 있다(제412조 제3항).

❸ 모회사의 감사는 자회사에 대하여 언제든지 업무와 재산 상태를 조사할 수 있다.　　　　　　　[07법무사, 15법원직]

　➡【X】 모회사의 감사는 그 직무를 수행하기 위하여 필요한 때에는 자회사에 대하여 영업의 보고를 요구할 수 있다(제412조의5 제1항). 모회사의 감사는 자회사가 지체 없이 보고를 하지 아니하거나 그 보고의 내용을 확인할 필요가 있는 경우 자회사의 업무와 재산 상태를 조사할 수 있다(제412조의5 제2항). 따라서 모회사의 감사가 자회사에 대하여 요구, 조사권을 행사하기 위해서는 직무를 수행하기 위하여 필요한 경우로 한정된다.

④ 감사가 회사 또는 자회사의 이사 또는 지배인 기타의 사용인에 선임되거나 반대로 회사 또는 자회사의 이사 또는 지배인 기타의 사용인이 회사의 감사에 선임된 경우에는 피선임자가 새로이

선임된 지위에 취임할 것을 승낙한 때에는 종전의 직을 사임하는 의사를 표시한 것으로 해석해야 한다.

　➡【O】 감사가 회사 또는 자회사의 이사 또는 지배인 기타의 사용인에 선임되거나 반대로 회사 또는 자회사의 이사 또는 지배인 기타의 사용인이 회사의 감사에 선임된 경우에는 그 선임행위는 각각의 선임 당시에 있어 현직을 사임하는 것을 조건으로 하여 효력을 가지고, 피선임자가 새로이 선임된 지위에 취임할 것을 승낙한 때에는 종전의 직을 사임하는 의사를 표시한 것으로 해석해야 한다(대판 2007.12.13. 2007다60080).

핵심공략 경영상 목적에 의한 제3자 배정, 신주인수납입, 구체적 신주인수권, 현물출자자에 대한 신주발행

1. 경영상 목적에 의한 제3자 배정
   ① 경영상 목적: 신기술의 도입, 재무구조의 개선등
   ② 경영진의 경영권이나 지배권 방어 목적을 위해 제3자에게 신주배정 → 주주의 신주인수권 침해

2. 신주인수납입
   ① 신주인수권증서 발생: 신주인수권증서에 의하여 주식청약
   ② 신주인수인이 납입기일에 납입 또는 현물출자 이행 × → 신권절차 없이 권리 잃음 → 회사에 손해배상 ○
   ③ 신주인수인은 회사 동의 없이 납입채무와 채권 상계 ×

3. 구체적 신주인수권
   ① 이사회가 구체적으로 주주 배정 또는 제3자 배정을 결정함으로써 주주 또는 제3자가 취득하는 신주인수의 청약을 할 수 있는 권리
   ② 구체적 신주인수권의 양도는 정관 규정 또는 이사회 결정이 있는 경우에 한하여 회사에 대해 허용
   ③ 회사가 정관이나 이사회의 결의로 신주인수권의 양도에 관한 사항을 결정하지 않은 경우에도 회사가 양도 승낙한 경우 회사에 효력 ○

4. 현물출자자: 일반주주의 신주인수권 ×

비상장주식회사의 신주발행 및 신주인수권에 관한 설명 중 옳지 않은 것은?

① 회사가 신주를 발행함에 있어 경영상 목적을 달성하기 위하여 필요한 범위 안에서 정관이 정한 사유가 없는데도, 회사의 경영권 분쟁이 현실화된 상황에서 경영진의 경영권이나 지배권 방어라는 목적을 달성하기 위하여 제3자에게 신주를 배정하는 것은 주주의 신주인수권을 침해하는 것이다.
　　　　　　　　　　　　　[15/20법원직, 18/20법무사]

　➡【O】 회사가 신주를 발행함에 있어 신기술의 도입이나 재무구조의 개선 등 경영상 목적을 달성하기 위하여 필요한 범위 안에서 정관이 정한 사유가 없는데도, 회사의 경영권 분쟁이 현실화된 상황에서 경영진의 경영권 방어를 위하여 제3자에게 신주를 배정하는 것은 주주의 신주인수권을 침해하는 것이다(대판 2009.1.30. 2008다50776). 따라서 회사의 경영권 분쟁이 현실화된 상황에서 경영진의 경영권이나 지배권 방어라는 목적을 달성하기 위하여 제3자에게 신주를 배정하는 것은 주주의 신주인수권을 침해하는 것이다.

❷ 신주의 인수인이 납입기일에 납입 또는 현물출자의 이행을 하지 아니한 때에는 그 권리를 잃고, 이 경우 신주의 인수인은 회사에 대하여 손해를 배상할 책임이 없다.　　　[16법원직]

➡ [X] 신주인수인이 납입기일에 납입 또는 현물출자의 이행을 하지 아니한 때에는 실권절차 없이 바로 그 권리를 잃는다(제423조 제2항). 이는 신주의 인수인에 대한 손해배상의 청구에 영향을 미치지 아니한다(제423조 제3항). 따라서 신주의 인수인은 회사에 대하여 손해를 배상할 책임이 있다.

③ 회사가 정관이나 이사회 결의로 주주의 신주인수권 양도에 관한 사항을 결정하지 아니하였더라도 회사가 그와 같은 양도를 승낙한 경우 그 구체적 신주인수권의 양도는 회사에 대하여도 효력이 있다.

➡ [O] 회사가 정관이나 이사회의 결의로 신주인수권의 양도에 관한 사항을 결정하지 않았다고 해서 신주인수권의 양도가 전혀 허용되지 않는 것은 아니고, 회사가 그러한 양도를 승낙한 경우에는 회사에 대하여도 그 효력이 있다. 신주인수권증서가 발행되지 아니한 신주인수권의 양도 또한 주권발행 전의 주식양도에 준하여 지명채권 양도의 일반원칙에 따른다. 회사가 신주인수권증서를 발행하지 아니한 경우 신주인수권자로 통지받은 주주가 신주인수권을 양도하려면 제3자에 대한 대항요건으로 확정일자 있는 증서에 의한 양도통지 또는 회사의 승낙을 요한다(대판 1995.5.23. 94다36421).

④ 현물출자자에게 발행하는 신주에 대하여는 일반주주의 신주인수권이 미치지 않는다. [06법무사, 15법원직]

➡ [O] 대판 1989.3.14. 88누889

문 24 정답 ①

핵심공략 제3자에 대한 전환사채발행, 전환사채발행유지청구, 전환사채발행무효의 소

1. 제3자에 대한 전환사채발행
   ① 정관의 규정 또는 주주총회 특별결의
   ② 정관에 제3자 전환사채발행 규정이 있는 경우 발행가능, 전환사채의 액, 전환조건, 전환으로 발행할 주식의 내용과 전환청구기간 관련 사항은 정관 규정 없으면 주주총회 특별결의로 정해야 ○
   ③ 전환사채권자: 전환사채에 질권 설정, 주주가 전환으로 주식을 받는다면 질권자는 주식에 대하여 질권 행사
   ④ 전환사채 인수시 납입가장 → 납입가장죄 성립 ×
2. 전환사채발행유지청구
   ① 신주 발행 관련 규정의 준용
   ② 청구기간: 전환사채 납입기일까지 행사 가능
3. 전환사채발행무효의 소
   ① 상법상 전환사채발행무효의 소 규정 부존재
   ② 판례: 신주발행무효의 소에 관한 규정을 전환사채의 발행에 유추적용 ○
   ③ 전환사채발행부존재: 상법 제429조 규정 유추적용 ×

주식회사의 전환사채발행에 관한 설명 중 옳지 않은 것은?

❶ 회사가 전환사채를 주주 외의 자에게 발행하는 경우 정관에 그 발행할 수 있는 전환사채의 액, 전환의 조건, 전환으로 인하여 발행할 주식의 내용과 전환을 청구할 수 있는 기간에 관하여 규정이 있어야 할 뿐만 아니라 이에 대한 주주총회의 특별결의에 의한 승인이 있어야 한다. [09/12법무사]

➡ [X] 정관에 주주 외의 자에 대하여 전환사채를 발행할 수 있다는 규정이 있는 경우, 그 발행할 수 있는 전환사채의 액, 전환의 조건,

전환으로 인하여 발행할 주식의 내용과 전환을 청구할 수 있는 기간에 관한 사항은 정관의 규정이 없으면 주주총회의 특별결의로 이를 정하여야 한다(제513조 제3항). 이 경우 신기술의 도입, 재무구조의 개선 등 회사의 경영상 목적을 달성하기 위하여 필요한 경우에 한한다(제513조 제3항).

② 회사의 주주가 전환사채발행의 유지를 청구하는 경우 전환사채 발행의 효력이 생기기 전인 전환사채의 납입기일까지 하여야 한다. [13법무사, 21법원직]

➡ [O] 회사가 법령 또는 정관에 위반하거나 현저하게 불공정한 방법으로 전환사채를 발행하는 경우, 불이익을 받을 염려가 있는 주주는 회사에 그 발행을 유지할 것을 청구할 수 있다(제516조 제1항, 제424조). 전환사채발행유지청구는 전환사채발행의 효력이 생기기 전, 즉 전환사채의 납입기일까지 행사할 수 있다.

③ 전환사채 관련 규정에서 신주발행무효의 소의 출소기간에 관한 제429조의 준용 여부에 대해서는 아무런 규정을 두고 있지 않더라도, 전환사채발행부존재 확인의 소에 있어서도 상법 제429조가 유추적용된다고 볼 수 없다. [21법원직]

➡ [O] 주주 아닌 자들이 모여서 개최한 임시주주총회에서 발행예정주식총수에 관한 정관변경결의와 이사선임결의를 하고, 그와 같이 선임된 이사들이 모인 이사회에서 대표이사 선임 및 신주발행결의를 하였다면 그 이사회는 부존재한 주주총회에서 선임된 이사들로 구성된 부존재한 이사회에 지나지 않고 그 이사들에 의하여 선임된 대표이사도 역시 부존재한 이사회에서 선임된 자이어서 그 이사회의 결의에 의한 신주발행은 의결권한이 없는 자들에 의한 부존재한 결의와 회사를 대표할 권한이 없는 자에 의하여 이루어진 것으로서 그 발행에 있어 절차적, 실체적 하자가 극히 중대하여 신주발행이 존재하지 않으므로 주주는 위 신주발행에 관한 이사회결의에 대하여 상법 제429조 소정의 신주발행무효의 소의 제기기간에 구애되거나 신주발행무효의 소에 의하지 않고 부존재확인의 소를 제기할 수 있다(대판 1989.7.25. 87다카2316).

④ 회사의 주주가 전환사채를 취득한 경우 주주는 그 전환사채에 질권을 설정할 수 있고 만일 주주가 그 전환으로 인하여 주식을 받는다면 질권자는 그 주식에 대하여 질권을 행사할 수 있다.

➡ [O] 전환사채란 발행회사의 주식으로 전환할 수 있는 권리가 부여된 사채를 의미한다. 전환사채는 주식으로 전환될 수 있다는 점에서 발행회사 주주의 이익에 영향을 미치게 된다. 그러한 관계로 전환사채의 인수권은 원칙적으로 주주가 가지고 제3자에게 전환사채를 발행하는 경우 주주총회의 특별결의를 거쳐야 한다. 전환사채권자는 자신이 취득한 전환사채에 질권을 설정할 수 있고, 질권설정 후 전환에 따라 전환사채권자가 주식을 받는 경우 질권자는 그 주식에 대해 질권을 행사할 수 있다.

문 25 정답 ④

핵심공략 간이합병, 소규모합병, 합병무효의 소

1. 간이합병
   ① 의의: 합병으로 인항 소멸하는 회사의 총주주의 동의가 있거나 그 회사의 발행주식총수의 90% 이상
   ② 합병승인: 소멸회사 주주총회 승인 → 이사회 승인으로 갈음
   ③ 소멸회사 반대주주 주식매수청구권 ○

2. 소규모합병
① 의의: 합병신주 총수 및 합병으로 이전하는 자기주식총수가 존속회사 발행주식총수 10% 이하
② 합병승인: 존속회사 주주총회 승인 → 이사회 승인으로 갈음
③ 존속회사 반대주주 주식매수청구권 ×
④ 존속회사의 합병계약서에 주주총회 승인 얻지 않고 합병한다는 뜻 기재해야
⑤ 합병교부금 기타 재산 가액이 존속회사 순자산액 5% 초과 → 소규모합병 ×
⑥ 존속회사 발행주식총수 20% 이상 주주 공고·통지일로부터 2주 내에 반대의사 서면통지 → 소규모합병 ×

3. 합병무효의 소
① 합병등기이후 합병결의무효확인청구만 구하는 독립된 소송 ×
② 원고승소판결: 대세효 ○ 및 장래효 ○
③ 원고패소판결: 대세효 ×, 악의 또는 중과실 원고 → 회사에 손해배상책임 부담

주식회사의 합병에 관한 다음 설명 중 가장 옳지 않은 것은?

① 합병할 회사의 일방이 합병 후 존속하는 경우에 합병으로 인하여 소멸하는 회사의 총주주의 동의가 있거나 그 회사의 발행주식 총수의 100분의 90 이상을 합병 후 존속하는 회사가 소유하고 있는 때에는 합병으로 인하여 소멸하는 회사의 주주총회의 승인은 이를 이사회의 승인으로 갈음할 수 있다.

[12/14/16/19법무사, 20법원직]

➡ [○] 제527조의2 제1항

② 합병 후 존속하는 회사가 합병으로 인하여 발행하는 신주 및 이전하는 자기주식의 총수가 그 회사의 발행주식 총수의 100분의 10을 초과하지 아니하는 경우에는 그 존속하는 회사의 주주총회의 승인은 이를 이사회의 승인으로 갈음할 수 있다.

[11/20법원직, 12/14법무사]

➡ [○] 제527조의3 제1항

③ 회사의 합병에 있어서 합병등기에 의하여 합병의 효력이 발생한 후에는 합병무효의 소를 제기하는 외에 합병결의 무효확인청구만을 독립된 소로서 구할 수 없다. [20법원직]

➡ [○] 대판 1993.5.27. 92누14908

❹ 간이합병(상법 제527조의2)의 경우에는 합병반대주주의 주식매수청구권이 인정되지 않지만, 소규모합병(상법 제527조의3)의 경우에는 합병반대주주의 주식매수청구권이 인정된다.

[19법원직]

➡ [×] 간이합병의 경우, 간이합병에 대한 공고 또는 주주에 대한 통지일로부터 2주 내에 회사에 대하여 서면으로 합병에 반대하는 의사를 통지한 주주는 그 기간이 경과한 날부터 20일 이내에 주식의 종류와 수를 기재한 서면으로 회사에 대하여 자기가 소유하고 있는 주식의 매수를 청구할 수 있다(제522조의3 제2항). 소멸회사의 반대주주에게는 주식매수청구권이 인정된다. 소규모합병의 경우에는 존속회사의 주주에게 주식매수청구권이 인정되지 않는다(제527조의3 제5항).

1	2	3	4	5	6	7	8	9
①	②	④	①	④	③	②	④	④
10	11	12	13	14	15	16	17	18
④	④	①	④	④	②	④	④	①
19	20	21	22	23	24	25		
③	③	②	③	①	①	②		

문 1

정답 ①

핵심공략 소상인

① 자본금액 1천만 원 미만의 상인으로서 회사가 아닌 자
② 지배인, 상호, 상업장부와 상업등기에 관한 규정 적용 ×, 소상인의 임의 적용 가능
③ 회사 → 소상인 ×

상인과 상행위에 관한 다음 설명 중 가장 옳지 않은 것은? (다툼이 있는 경우에는 판례에 의함)

❶ 상관습법은 상법과 민법에 규정이 없는 때에만 적용된다.

➡ [×] 상사에 관하여 상법에 규정이 없으면 상관습법에 의하고 상관습법이 없으면 민법의 규정에 의한다(제1조).

② 소상인이란 자본금 1,000만 원에 미달하는 회사가 아닌 자로서 상법상 지배인·상호·상업장부 및 상업등기에 관한 규정이 적용되지 않는다. [06/09/13/16/17/18법무사, 08/12법원직]

➡ [O] 자본금액 1천만 원 미만의 상인으로서 회사가 아닌 자를 소상인이라 한다(시행령 제2조). 지배인, 상호, 상업장부와 상업등기에 관한 규정은 소상인에게 적용하지 않는다.

③ 어떠한 자가 자기 명의로 상행위를 함으로써 상인자격을 취득하고자 준비행위를 하는 것이 아니라 다른 상인의 영업을 위한 준비행위를 하는 것에 불과하다면, 그 행위는 행위를 한 자의 보조적 상행위가 될 수 없다. [18법무사, 20법원직]

➡ [O] 영업을 준비하는 행위가 보조적 상행위로서 상법의 적용을 받기 위해서는 행위를 하는 자 스스로 상인자격을 취득하는 것을 당연한 전제로 하므로, 어떠한 자가 다른 상인의 영업을 위한 준비행위를 하는 경우, 그 행위는 행위를 한 자의 보조적 상행위가 될 수 없다(대판 2012.7.26. 2011다43594).

④ 상인은 자기 명의로 상행위를 하는 자를 의미하므로, 행정관청에 대한 인·허가 명의나 국세청에 신고한 사업자등록상의 명의와 실제 영업상의 주체가 다를 경우 후자가 상인이 된다. [09/13/16/17/18법무사, 18/21법원직]

➡ [O] 행정관청에 대한 인·허가 명의나 국세청에 신고한 사업자등록상의 명의와 실제 영업상의 주체가 다를 경우 실제 영업상의 주체가 상인이 된다(대판 2008.12.11. 2007다66590).

문 2

정답 ②

핵심공략 공동지배인, 지배인 권한

1. 공동지배인
   ① 의의: 수인의 지배인들이 공동으로만 대리권 행사할 수 있는 지배인
   ② 대리권 행사 방법: 수인의 재비인은 각자 독립하여 대리권 행사
   ③ 의사표시: 공동지배인 중 1인에 대한 의사표시 영업주에 대하여 유효

2. 지배인 권한
   ① 영업에 관한 재판상 또는 재판외의 모든 행위 가능
   ② 지배인이 아닌 점원 기타 사용인 선임 또는 해임
   ③ 새로움 점포의 개설, 영업의 양도나 폐지 → 지배인 권한 ×

상업사용인에 관한 다음 설명 중 가장 옳지 않은 것은? (다툼이 있는 경우 판례에 의함)

① 수인의 지배인이 선임된 경우 특별한 사정이 없는 한 수인의 지배인은 각자 독립하여 대리권을 행사할 수 있다. [17법원직]

➡ [O] 수인의 지배인이 선임된 경우 특별한 사정이 없는 한 수인의 지배인은 각자 독립하여 대리권을 행사할 수 있다.

❷ 공동지배인은 공동으로만 대리권을 행사할 수 있으므로 공동지배인 중 1인에 대하여 한 의사표시는 영업주에 대하여 효력이 없다. [04/05/08/13/14/16법무사, 14/17/19법원직]

➡ [×] 상인은 수인의 지배인에게 공동으로 대리권을 행사하게 할 수 있고, 공동지배인 중 1인에 대한 의사표시는 영업주에 대하여 유효하다(제12조 제1항, 제2항).

③ 지배인은 변호사가 아닌 경우에도 영업주를 위하여 그 영업에 관한 소송행위를 대리할 수 있다. [06/08/11/13/14법무사, 09/16/17/20법원직]

➡ [O] 지배인은 영업주에 갈음하여 그 영업에 관한 재판상 또는 재판외의 모든 행위를 할 수 있다(제11조 제1항). 따라서 설문의 경우와 같이 지배인이 변호사가 아닌 경우에도 지배인은 영업주를 위하여 소송행위를 대리할 수 있다.

④ 지배인이 영업주가 정한 대리권에 관한 제한 규정에 위반하여 한 행위에 대하여는 제3자가 위 대리권의 제한 사실을 알고 있었던 경우뿐만 아니라 알지 못한 데에 중대한 과실이 있는 경우에도 영업주는 그러한 사유를 들어 상대방에게 대항할 수 있다. [14/18법무사, 17/19법원직]

➡ [O] 지배인이 영업주가 정한 대리권에 관한 제한 규정에 위반하여 행위 한 경우 제3자가 대리권의 제한 사실을 알고 있었던 경우뿐만 아니라 알지 못한 데에 중대한 과실이 있는 경우에도 영업주는 그러한 사유를 들어 상대방에게 대항할 수 있고, 이러한 제3자의 악의 또는 중대한 과실에 대한 주장·입증책임은 영업주가 부담한다(대판 1997.8.26. 96다36753).

문 3

핵심공략 상호가등기

① 상호가등기 대상: ㉠ 상호, ㉡ 목적사항, ㉢ 본점소재지
→ 타인 등기상호는 동일한 특·광·시·군에서 동종영업 상호로 등기하지 못함(제22조)
② 설립시 상호가등기: 주식회사, 유한회사, 유한책임회사만 가능
③ 설립 이후 상호와 목적사항 변경: 모든 회사에 대하여 상호가등기 허용
④ 설립 이후 본점 이전: 모든 회사에 대하여 이전할 곳 관할 등기소에서의 상호가등기 허용

상호의 가등기에 관한 다음 설명 중 가장 옳지 않은 것은?

① 주식회사를 설립하고자 할 때에는 본점의 소재지를 관할하는 등기소에 상호의 가등기를 신청할 수 있다.

[05/08법무사, 10/13/19법원직]

❹ 유한책임회사를 설립하고자 할 때에는 본점의 소재지를 관할하는 등기소에 상호의 가등기를 신청할 수 없다.

[05/08법무사, 10/13/19법원직]

➡ ① 【O】 ④ 【×】 유한책임회사, 주식회사 또는 유한회사를 설립하고자 할 때에는 본점의 소재지를 관할하는 등기소에 상호의 가등기를 신청할 수 있다(제22조의2 제1항).

② 회사는 상호와 목적을 변경하고자 할 때에는 본점의 소재지를 관할하는 등기소에 상호의 가등기를 신청할 수 있다.

[08/15/16법무사, 19법원직]

➡ 【O】 제22조의2 제2항

③ 회사는 본점을 이전하고자 할 때에 이전할 곳을 관할하는 등기소에 상호의 가등기를 신청할 수 있다. [19법원직]

➡ 【O】 제22조의2 제3항

문 4

상업등기에 관한 다음 설명 중 가장 옳지 않은 것은?

❶ 이사선임의 주주총회결의에 대한 취소판결이 확정되어 그 선임결의가 취소되는 주주총회결의에 의하여 이사로 선임된 대표이사가 마친 이사 선임 등기는 상법 제39조의 부실등기에 해당되지 아니한다.

➡ 【×】 이사선임의 주주총회결의에 대한 취소판결이 확정되어 그 결의가 소급하여 무효가 된다고 하더라도 그 선임 결의가 취소되는 대표이사와 거래한 상대방은 상법 제39조의 적용 내지 유추적용에 의하여 보호될 수 있으며, 주식회사의 법인등기의 등기신청권자는 회사 자체이므로 취소되는 주주총회결의에 의하여 이사로 선임된 대표이사가 마친 이사선임등기는 상법 제39조의 부실등기에 해당된다(대판 2004.2.27. 2002다19797).

② 부실등기의 효력을 규정한 상법 제39조는 등기신청권자 아닌 제3자의 문서위조 등의 방법으로 이루어진 부실등기에 있어서는 등기신청권자에게 그 부실등기의 경료 및 존속에 있어서 그 정도가 어떠하건 과실이 있다는 사유만 가지고는 회사가 선의의 제3자에게 대항할 수 없음을 규정한 취지가 아니다. [05/15법무사]

➡ 【O】 상법 제39조는 제3자의 문서위조 등의 방법으로 이루어진 부실등기에 있어서 등기신청권자에게 그 부실등기의 경료 및 존속에 있어서 그 정도가 어떠하건 과실이 있다는 사유만으로 회사가 선의의 제3자에게 대항할 수 없음을 규정한 취지가 아니다(대판 1975.5.27. 74다1366).

③ 등기신청권자가 스스로 등기를 하지 아니하였다 하더라도 그의 책임 있는 사유로 등기가 이루어지는 데에 관여하거나 부실등기의 존재를 알고 있음에도 이를 시정하지 않고 방치하는 등 등기신청권자의 고의·과실로 부실등기를 한 것과 동일시할 수 있는 특별한 사정이 있는 경우에는, 등기신청권자에 대하여 상법 제39조에 의한 부실등기 책임을 물을 수 있다. [18법무사]

➡ 【O】 대판 2011.7.28. 2010다70018

④ A회사의 감사 丙이 도용한 직인을 사용하여 A회사의 대표이사 甲이 퇴임한 것으로 등기하고, 乙이 A회사의 새로운 대표이사로 선임된 것처럼 등기한 후 A회사의 대표이사로 등기되어 있던 乙로부터 부동산을 매수한 丁이 A회사를 상대로 위 부동산의 소유권이전을 구하는 소송을 제기한 경우, A회사는 상법 제39조의 부실등기 책임을 부담하지 않는다.

➡ 【O】 A회사의 감사 丙이 도용한 직인을 사용하여 A회사의 대표이사 甲이 퇴임한 것으로 등기하고, 乙이 A회사의 새로운 대표이사로 선임된 것처럼 등기한 후 A회사의 대표이사로 등기되어 있던 乙로부터 부동산을 매수한 丁이 A회사를 상대로 위 부동산의 소유권이전을 구하는 소송을 제기한 경우, 등기신청권자(A회사)의 등기신청이 아니라 제3자(丙)에 의하여 등기신청이 이루어진 것이므로, A회사는 상법 제39조의 부실등기 책임을 부담하지는 않는다(대판 1975.5.27. 74다1366).

문 5

핵심공략 영업양도의 근로관계의 이전, 영업양도인의 경업금지의무, 영업양도 유추적용 범위

1. 근로관계의 이전
   ① 근로관계 등 인적조직: 동일성을 유지하며 포괄적 승계
   ② 계약체결 이전에 해고되어 해고 효력을 다투는 근로자의 근로관계 승계 ×
   ③ 양도일 이전에 정당한 이유 없이 해고된 경우: 양도인과 근로자 근로관계 유효, 양수인 근로관계 승계 ○
2. 경업금지의무
   ① 경업금지기간: 약정 × → 10년, 약정 ○ → 20년
   ② 경업금지장소: 동일 및 인접 특·광·시·군
   ③ 경업금지지역 판단기준: 영업양도인의 통상적인 영업활동이 이루어지던 지역. 물적 설비가 있던 지역 ×
3. 영업양도 유추적용 범위
   ① 현물출자: 유추적용 ○
   ② 영업임대차: 유추적용 ×

영업양도에 관한 다음 설명 중 가장 옳지 않은 것은? (다툼이 있는 경우 판례에 의함)

① 근로자가 영업양도일 이전에 정당한 이유 없이 해고된 경우 영업양수인으로서는 양도인으로부터 정당한 이유 없이 해고된 근

로자와의 근로관계를 원칙적으로 승계한다고 보아야 한다.

→ **[O]** 근로자가 영업양도일 이전에 정당한 이유 없이 해고된 경우 영업양도 계약에 따라 영업의 전부를 동일성을 유지하면서 이전받는 양수인으로서는 양도인으로부터 정당한 이유 없이 해고된 근로자와의 근로관계를 원칙적으로 승계한다고 보아야 한다(대판 2020.11.5. 2018두54705).

② 양도인이 동종영업을 하지 아니할 것을 약정한 때에는 동일한 특별시·광역시·시·군과 인접 특별시·광역시·시·군에 한하여 20년을 초과하지 아니하는 범위 내에서 그 효력이 있다.

[10/12/17법원직, 08/16법무사]

→ **[O]** 제41조 제2항

③ 영업임대차의 경우 상호속용 영업양수인의 책임에 관한 상법 제42조 제1항이 유추적용되지 아니한다. [19법무사, 21법원직]

→ **[O]** 대판 2016.8.24. 2014다9212

❹ 상인이 영업을 출자하여 주식회사를 설립하고, 그 주식회사가 출자한 상인의 상호를 계속 사용하더라도 이는 영업양도에 해당하지 않으므로 그 주식회사는 출자한 상인의 영업으로 인한 제3자의 채권에 대하여 변제할 책임이 없다. [10/12/15/20법무사, 15/17법원직]

→ **[X]** 영업의 전부를 출자하여 주식회사를 설립하고 그 상호를 계속 사용하는 경우에는 영업양도는 아니지만, 출자의 목적이 된 영업의 개념이 동일하고 법률행위에 의한 영업의 이전이란 점에서 영업의 양도와 유사하며, 채권자의 입장에서 볼 때는 외형상 양도와 출자를 구분하기 어려우므로 제42조 제1항의 유추적용에 의하여 새로 설립된 법인은 출자한 자의 영업상 채무를 변제할 책임이 있다(대판 1995.8. 22. 95다12231).

문 6
정답 ③

핵심공략 영업자금 차입행위, 개업준비행위, 상인의 금전대여행위

1. 영업자금 차입행위
   ① 영업자금 차입행위 → 행위자의 주관적 의사, 상대방의 인식 ○ → 상행위에 관한 상법 규정 적용
   ② 학원 설립시 영업준비자금 차입 → 차용자 차용시점에 상인자격 취득 → 보조적 상행위 → 상사소멸시효 적용

2. 개업준비행위
   ① 개업준비행위 시점에 상인 자격 취득, 최초의 보조적 상행위
   ② 점포구입, 영업양수, 상업사용인 고용 등 성질상 영업의사 객관적 인식 가능하면 보조적 상행위 해당
   ③ 다른 상인의 영업을 위한 준비행위는 행위를 한 자의 보조적 상행위가 될 수 없음

3. 상인의 금전대여행위
   ① 의의: 상인이 영업을 위하여 하는 행위. 상인의 행위 → 영업을 위하는 하는 것으로 추정
   ② 상인의 행위가 보조적 상행위가 아니라고 주장하는 자가 증명책임 부담
   ③ 상인의 금전대여: 상인이 다른 상인에게 금원 대여 → 영업을 위하여 하는 것으로 추정
   ④ 상인이 영업과 상관없이 개인자격에서 투자 → 보조적 상행위 ×

다음 설명 중 가장 옳지 않은 것은?

① 영업자금을 차입함에 있어 행위자의 주관적 의사가 영업을 위한 준비행위였고, 상대방도 행위자의 설명 등에 의하여 영업을 위한 준비행위라는 점을 인식하였다면, 이러한 영업자금의 차입행위에 대해서도 상행위에 관한 상법규정이 적용된다. [21법원직]

→ **[O]** 영업자금 차입행위는 행위 자체의 성질로 보아서는 영업의 목적인 상행위를 준비하는 행위라고 할 수 없지만, 행위자의 주관적 의사가 영업을 위한 준비행위이었고 상대방도 행위자의 설명 등에 의하여 그 행위가 영업을 위한 준비행위라는 점을 인식하였던 경우에는 상행위에 관한 상법의 규정이 적용된다(대판 2012.4.13. 2011다104246).

② 상행위의 개시 전에 영업을 위한 준비행위를 하는 자는 준비행위를 한 때 상인자격을 취득하고, 개업준비행위는 최초의 보조적 상행위가 된다. [09/16/17법무사, 17법원직]

→ **[O]** 영업의 목적인 기본적 상행위의 개시 전에 영업을 위한 준비행위를 하는 자는 영업으로 상행위를 할 의사를 실현하는 것이므로 준비행위를 한 때 상인자격을 취득하고 개업준비행위는 영업을 위한 행위로서 최초의 보조적 상행위가 된다(대판 1999.1.29. 98다1584).

❸ 음식점업을 영위하는 상인이 부동산중개업을 영위하는 상인에게 금원을 대여한 행위는 영업을 위하여 하는 것으로 추정되나, 금전대여행위가 고율의 이자소득을 얻기 위해 행해진 것임이 입증되는 경우는 그러하지 아니한다.

→ **[X]** 음식점업을 영위하는 상인이 부동산중개업을 영위하는 상인에게 금원을 대여한 행위는 영업을 위하여 하는 것으로 추정되고, 그 금전대여행위가 상호 고율의 이자소득을 얻기 위한 목적으로 행해졌다는 사정만으로는 위 추정이 번복되지 않는다(대판 2008.12.11. 2006다54378).

④ 상인이 영업과 상관없이 개인자격에서 돈을 투자하는 행위는 상인의 보조적 상행위로 볼 수 없다. [20법원직]

→ **[O]** 대판 2018. 4.24. 2017다205127

문 7
정답 ②

핵심공략 유질계약

1. 적용범위
   ① 상법 ○, 민법 ×
   ② 일방적 상행위: 허용 ○

2. 요건 및 방법
   ① 질권설정자: 상인 ×(채무자: 상인 ○)
   ② 피담보채권: 상행위로 인해 발생한 채권
   ③ 명시적, 묵시적 약정 ○

유질계약의 유효요건에 관한 다음 설명 중 가장 옳지 않은 것은?

① 모든 상사질권설정계약이 당연히 유질계약에 해당한다고 할 수는 없는 것이고, 상사질권설정계약에 있어서 유질계약의 성립을 인정하기 위하여서는 그에 관하여 별도의 명시적 또는 묵시적인 약정이 성립되어야 한다. [18법원직, 18법무사]

→ **[O]** 상행위 채권을 담보하기 위한 질권에 유질계약이 허용된다고 하여 모든 상사질권설정계약이 당연히 유질계약에 해당한다고 할 수는 없고, 상사질권설정계약에 있어서 유질계약의 성립이 인정되려면

그에 관하여 별도의 명시적 또는 묵시적인 약정이 성립되어야 한다(대판 2008.3.14. 2007다11996).

❷ 일방적 상행위로 인한 채권을 담보하기 위한 질권에 대하여는 유질계약이 허용되지 않는다. [18법원직. 18/20법무사]

➡ 【×】 상법 제3조는 "당사자 중 그 1인의 행위가 상행위인 때에는 전원에 대하여 본법을 적용한다."라고 정하고 있으므로, 일방적 상행위로 생긴 채권을 담보하기 위한 질권에 대해서도 유질약정을 허용하는 상법 제59조가 적용된다(대판 2017.7.18. 2017다207499).

③ 유질계약에 있어 질권자와 질권설정자 모두 상인일 것을 요건으로 하고 있지 않다. [18법원직. 18법무사]

➡ 【O】 질권설정계약에 포함된 유질약정이 유효하기 위해서는 피담보채권이 상행위로 인해 생긴 채권이면 충분하고, 질권설정자가 상인이어야 하는 것은 아니다.(대판 2017.7.18. 2017다207499)

④ 상사질권에서 민사질권과 달리 유질계약이 허용되는 것은 상인의 금융편의를 제공할 필요가 있는 한편, 채무자를 보호하기 위한 후견적 역할을 할 필요가 크지 않기 때문이다. [18법원직]

➡ 【O】 상사질권에서 민사질권과 달리 유질계약이 허용되는 것은 상인의 금융편의를 제공할 필요가 있는 한편, 채무자를 보호하기 위한 후견적 역할을 할 필요가 크지 않기 때문이다.

문 8
정답 ④

> **핵심공략** 대화자 간 청약, 청약에 대한 낙부통지, 법정이자청구권, 상사법정이율
>
> 1. 대화자 간 청약: 상대방 즉시 승낙× → 효력 ×
> 2. 청약에 대한 낙부통지
>   ① 청약: 승낙기간을 정하지 않은 격지자 간 청약
>   ② 청약을 받고 지체 없이 낙부의 통지를 발송 × → 승낙 간주 ○
> 3. 법정이자청구권
>   ① 영업에 관하여 금전대여: 법정이자 청구 ○
>   ② 상인간 금전소비대차에 따른 약정이자 청구: 약정이자율 인정 × → 법정이자 ○
>   ③ 상인의 금전체당: 체당한 날 이후 법정이자 청구 가능
> 4. 상사법정이율
>   ① 상행위로 인한 법정이율: 6%
>   ② 적용 ○: 일방적 상행위, 상행위로 인한 직접 채권뿐만 아니라 그와 동일성이 있거나 변형으로 인정되는 채무, 분양계약 불이행으로 인한 손해배상 채권의 지연손해금
>   ③ 적용 ×: 불법행위로 인한 손해배상채무, 법률의 규정에 의하여 발생한 법정채무

민법 채권편에 대한 상법상 특칙에 관한 다음 설명 중 가장 옳지 않은 것은?

① 상법상 대화자 간의 청약은 상대방이 즉시 승낙하지 아니한 때에는 그 효력을 상실한다. [13법무사. 18법원직]

➡ 【O】 제51조

② 상시거래관계에 있는 자로부터 그 영업부류에 속한 계약의 청약을 받은 상인은 신속히 승낙의 여부를 통지하여야 하며, 이를 게을리 한 때에는 승낙한 것으로 본다. [09/13법무사. 12/15/18법원직]

➡ 【O】 제53조

③ 상인이 그 영업에 관하여 상인이 아닌 자에게 금전을 대여한 경우에 이자의 약정이 없더라도 법정이자를 청구할 수 있다. [08/18법원직. 17법무사]

➡ 【O】 제55조 제1항

④ 상인의 불법행위로 인한 손해배상채무에는 상법 제54조의 상사법정이율인 연 6%가 적용된다. [13/18법원직. 17법무사]

➡ 【×】 상행위가 아닌 불법행위로 인한 손해배상채무에는 상사법정이율이 적용되지 않는다(대판 1985.5.28. 84다카966).

문 9
정답 ④

> **핵심공략** 상호계산
>
> 1. 의의: 상인간 또는 상인과 비상인 간 상시 거래관계가 있는 경우 일정기간 거래로 인한 채권채무 총액의 상계 후 잔액을 지급하는 계약(제72조)
> 2. 요건
>   ① 일방 당사자는 상인일 것, 계속적 거래관계의 존재
>   ② 상호계산기간을 정하지 않은 경우 상호계산기간은 6월(제74조)
>   ③ 거래로 인한 금전채권채무만 대상
>   ④ 어음·수표는 상호계산 대상 ×, 어음·수표 수수에 따른 대가채권은 상호계산 대상 ○
>   ⑤ 불법행위채권, 제3자로부터 양수한 채권, 특정물 인도채권 ×
> 3. 효과
>   ① 편입된 채권은 이행지체와 소멸시효 진행 ×, 편입되지 않은 채권과 편입된 채권 사이 상계 ×
>   ② 상호계산에 포함된 어음의 채무자가 변제하지 않는 경우 그 채무 항목을 상호계산에서 제거 가능
>   ③ 각 당사자가 계산서를 승인하면 잔액채권이 확정되어 각 항목에 대해 이의할 수 없음
>   ④ 계산서 승인 행위 자체 무효취소 주장 가능, 어느 항목에 대한 착오나 탈루 주장 가능
>   ⑤ 잔액채권에 대하여 계산폐쇄일 이후의 법정이자 청구 가능, 확정된 잔액채권은 소멸시효 진행
> 4. 해지
>   ① 각 당사자는 언제든지 상호계산을 해지 가능
>   ② 이 경우 각 당사자는 즉시 계산을 폐쇄하고 잔액의 지급을 청구할 수 있음

상법상 상호계산에 관한 다음 설명 중 가장 옳은 것은?

① 어음 기타의 상업증권으로 인한 채권채무를 상호계산에 계입한 경우에 그 증권채무자가 변제하지 않더라도 당사자가 그 채무의 항목을 상호계산에서 제거할 수는 없다. [19법원직]

➡ 【×】 어음 기타의 상업증권으로 인한 채권채무를 상호계산에 포함시킨 경우에 그 증권채무자가 변제하지 아니한 때에는 그 채무의 항목을 상호계산에서 제거할 수 있다(제73조).

② 불법행위채권은 상호계산의 대상에서 제외되나, 제3자로부터 양수한 채권 및 금전채권이 아닌 특정물의 인도를 목적으로 하는 채권은 상호계산의 대상에 해당한다.

➡ 【×】 상호계산의 대상은 거래로 인한 금전채권채무로 제한된다. 어음·수표는 지급기일 등 일정한 시기에 일정한 방법으로 지급되는 것

이 예정되어 있으므로 상호계산의 대상이 되지 않는다. 다만, 어음·수표 수수에 따른 대가채권은 상호계산의 대상이 된다. 불법행위채권, 제3자로부터 양수한 채권 및 금전채권이 아닌 특정물의 인도를 목적으로 하는 채권은 제외된다.

③ 채권자는 상계로 인한 잔액에 대하여 계산서 승인일 이후의 법정이자를 청구할 수 있다.   [12/19법원직, 14법무사]

➡ 【×】 상계 후 잔액에 대하여는 채권자는 계산폐쇄일 이후의 법정이자를 청구할 수 있고, 당사자는 각 항목을 상호계산에 계입한 날로부터 이자를 붙일 것을 약정할 수 있다(제76조 제1항, 제2항).

④ 각 당사자는 계약의 존속기간을 정한 경우에도 언제든지 상호계산을 해지할 수 있다.   [14법무사, 19법원직]

➡ 【O】 각 당사자는 언제든지 상호계산을 해지할 수 있다. 이 경우에는 각 당사자는 즉시 계산을 폐쇄하고 잔액의 지급을 청구할 수 있다(제77조).

문 10   정답 ④

핵심공략 대리상

1. 의의
   ① 일정한 상인을 위하여 상업사용인이 아니면서 그 영업부류에 속하는 거래의 대리 또는 중개를 영업으로 하는 자
   ② 대리상의 본인은 반드시 상인

2. 대리상의 의무: 통지의무, 경업금지의무, 비밀준수의무

3. 대리상의 권리
   ① 보수청구권: 보수약정 × → 보수청구 ○
   ② 특별상사유치권: 견련성 ×, 본인 소유 ×
   ③ 보상청구권: 계약종료 후 영업상 이익증가 하는 경우 본인에 대하여 보상청구 ○, 소멸시효 6월

상법상 대리상에 관한 다음 설명 중 가장 옳지 않은 것은?

① 대리상은 계약이 종료한 후에도 계약과 관련하여 알게 된 본인의 영업상 비밀을 준수해야 한다.   [03/20법무사, 12/16/20법원직]

➡ ① 【O】 대리상은 계약의 종료 후에도 계약과 관련하여 알게 된 본인의 영업상의 비밀을 준수하여야 한다(제92조의3).

② 대리상은 계약의 종료가 대리상의 책임 있는 사유로 인한 경우를 제외하고, 대리상의 활동으로 인한 이익이 대리상 계약 종류 후에도 계속되는 경우 본인에 대해 상당한 보상을 청구할 수 있다.   [09/20법무사, 10/12/14/20법원직]

➡ 【O】 대리상의 활동으로 본인이 새로운 고객을 획득하거나 영업상의 거래가 현저하게 증가하고 이로 인하여 계약의 종료 후에도 본인이 이익을 얻고 있는 경우에는 대리상은 본인에 대하여 보상을 청구할 수 있다. 다만 계약의 종료가 대리상의 책임 있는 사유로 인한 경우에는 그러하지 아니하다(제92조의2 제1항).

③ 대리상이 보상청구권에 따라 청구할 수 있는 보상금액은 계약의 종료 전 5년간의 평균연보수액을 초과할 수 없고, 그 청구권은 계약이 종료한 날로부터 6월 내에 행사하면 된다.   [09/20법무사, 10/12/14/20법원직]

➡ 【O】 대리상은 본인에게 상당한 보상을 청구할 수 있다. 보상금액은 계약의 종료 전 5년간의 평균 연보수액 및 5년 미만 기간 평균 연보

수액을 한도로 한다. 계약이 종료한 날부터 6개월이 지나면 보상청구권은 소멸한다(제92조의2 제2항, 제3항).

④ 대리상은 거래의 대리 또는 중개로 인한 채권이 변제기에 있는 때에는 그 변제를 받을 때까지 본인 소유의 물건 또는 유가증권을 유치할 수 있다.   [03/20법무사, 08/12/14/20법원직]

➡ 【×】 대리상은 거래의 대리 또는 중개로 인한 채권이 변제기에 있는 때에는 그 변제를 받을 때까지 본인을 위하여 점유하는 물건 또는 유가증권에 대해 유치권을 행사할 수 있다(제91조). 본인을 위하여 점유하는 물건이면 본인 소유가 아니어도 된다.

문 11   정답 ④

핵심공략 변태설립사항, 재산인수, 주식발행사항 결정

1. 변태설립사항[발특/현/인/비/보]
   ① 발기인이 받을 특별이익과 이를 받을 자의 성명, 현물출자 사항, 재산인수, 설립비용, 발기인이 받을 보수
   ② 정관기재사항(제290조), 정관기재 × → 무효
   ③ 모집설립의 경우 주식청약서 기재사항(제302조 제2항 제2호)
   ④ 주주총회 의결권 관련 특권, 우선적 이익배당, 납입의무 면제, 이사나 감사 지위의 약속 등은 발기인의 특별이익으로 발기인에게 부여될 수 없다.

2. 재산인수
   ① 발기인이 설립될 회사를 위해 회사 성립 조건으로 특정인으로부터 일정 재산을 양수하기로 하는 개인법상 계약(단체법상 출자행위 ×)(제290조 제3호)
   ② 정관 기재 없으면 무효(제290조)
   ③ 재산인수에 해당하는 현물출자가 사후설립에 해당하고 주총 특별결의 존재하는 경우 유효

다음의 설명 중 가장 옳지 않은 것은?

① 회사가 부담할 설립비용과 발기인이 받은 보수액은 정관에 기재함으로써 효력이 발생하는 변태설립사항이다.   [09/13/16법무사, 13/16/17법원직]

➡ 【O】 변태설립사항이란 발기인이 그 권한을 남용하여 회사의 재산적 기초를 위태롭게 하여 이해관계자의 이익을 침해할 위험이 큰 사항으로서, 발기인의 특별이익, 현물출자, 재산인수, 설립비용과 발기인의 보수를 말하며(제290조), 변태설립사항은 정관에 기재하여야 하고(제290조), 모집설립의 경우에는 주식청약서에 기재하여야 효력이 발생한다(제302조 제2항 제2호).

② 회사설립 후 현물출자가 이루어진 경우, 현물출자 약정은 재산인수에 해당하므로 정관에 기재되지 아니하는 한 무효이다. 이러한 현물출자가 상법 제375조가 규정하는 사후설립에 해당하고 이에 대하여 주주총회의 특별결의에 의한 추인이 있는 경우 회사는 현물출자로 인한 부동산의 소유권을 취득한다.

➡ 【O】 甲과 乙이 축산업 등을 목적으로 하는 회사를 설립하기로 합의하고 甲은 부동산을 현물로 출자하고 乙은 현금을 출자하되, 현물출자에 따른 번잡함을 피하기 위하여 회사의 성립 후 회사와 甲 간의 매매계약에 의한 소유권이전등기의 방법으로 현물출자를 완성하기로 하고 회사설립 후 위 약정에 따른 현물출자가 이루어진 것이라면, 위 현물출자 약정은 재산인수에 해당하므로 정관에 기재되지 아니하는 한 무효이다. 그러나 위와 같은 방법에 의한 현물출자가 동시에 상법

제375조가 규정하는 사후설립에 해당하고 이에 대하여 주주총회의 특별결의에 의한 추인이 있었다면 회사는 유효하게 위 현물출자로 인한 부동산의 소유권을 취득한다(대판 1992.9.14. 91다33087).

③ 현물출자를 하는 발기인은 납입기일에 지체 없이 출자 목적인 재산을 인도하고 등기, 등록 기타 권리의 설정, 이전이 필요한 경우, 서류를 완비하여 교부하여야 한다.

➡ [O] 제295조 제2항

❹ 주주총회 의결권 관련 특권, 우선적 이익배당, 납입의무 면제, 이사나 감사 지위의 약속 등은 발기인의 특별이익으로 발기인에게 부여될 수 있다.

➡ [X] 주주총회 의결권 관련 특권, 우선적 이익배당, 납입의무 면제, 이사나 감사 지위의 약속 등은 발기인의 특별이익으로 발기인에게 부여될 수 없다.

문 12 정답 ①

> **핵심공략 발기인의 책임**
>
> 1. 발기인의 제3자에 대한 책임: 발기인이 악의 또는 중대한 과실로 인하여 임무해태 → 제3자에 대하여 연대책임
> 2. 회사불성립의 경우 발기인 책임
>   ① 회사불성립: 발기인 연대책임
>   ② 회사의 설립에 관하여 지급한 비용: 발기인 부담
> 3. 발기인의 회사에 대한 책임
>   ① 인수납입담보책임: 인수되지 않은 주식 또는 청약 취소된 주식 발기인 공동 인수(제321조 제1항), 납입 미완료 주식 발기인 연대 납입(제321조 제2항)
>   ② 발기인 회사설립 임무 해태시 회사에 대한 손해배상책임(제322조 제1항)
>   ③ 발기인의 회사에 대한 손해배상책임: 총주주 동의로 면제
>   ④ 대표소송에 의하여 발기인의 책임 추궁 가능 ○(제324조, 제403조)

다음 중 주식회사 설립시 발기인의 책임에 관한 설명으로 가장 옳지 않은 것은?

❶ 발기인이 악의 또는 과실로 인하여 그 임무를 해태한 때에는 그 발기인은 제3자에 대하여도 연대하여 손해를 배상할 책임이 있다.

[06법무사, 13/16/21법원직.]

➡ [X] 발기인이 악의 또는 중대한 과실로 인하여 그 임무를 해태한 때에는 그 발기인은 제3자에 대하여 연대하여 손해를 배상할 책임이 있다(제322조 제2항).

② 가장납입의 경우 발기인은 납입담보책임을 지지 아니한다.

➡ [O] 판례에 의하면 가장납입의 경우에도 주금납입은 유효하므로 발기인은 납입담보책임을 지지 아니하다.

③ 대표이사가 발기인에 대한 책임 추궁을 게을리 하는 경우 대표소송에 의하여 발기인의 책임을 물을 수 있다.

➡ [O] 주주대표소송의 규정은 발기인에게 준용된다. 따라서 대표이사가 발기인에 대한 책임 추궁을 게을리 하는 경우 대표소송에 의하여 발기인의 책임을 물을 수 있다.

④ 가장납입의 경우, 발기인은 회사에 대하여 연대하여 손해를 배상할 책임을 부담한다.

➡ [O] 가장납입은 발기인이 회사의 설립에 관하여 자본충실의무 등 선량한 관리자로서의 임무를 해태한 것이므로 발기인은 회사에 대하여 연대하여 손해를 배상할 책임이 있다. 발기인인 甲, 乙이 주식인수대금을 가장납입하기로 공모하고, 회사설립과 동시에 주식인수대금을 인출하였다면 甲과 乙은 회사설립에 관하여 자본충실의무 등 선량한 관리자로서의 임무를 다하지 못한 발기인들로서 또는 회사의 소유재산인 주식인수납입금을 함부로 인출하여 회사에 손해를 입힌 공동불법행위자로서 회사에 대하여 손해를 연대하여 배상할 책임이 있다(대판 1989.9.12. 89누916).

문 13 정답 ④

> **핵심공략 설립무효의 소, 원고승소판결 효력**
>
> 1. 설립무효의 소
>   ① 설립무효의 소: 형성의 소, 본점소재지 지방법원 전속관할
>   ② 수개의 설립무효의 소: 법원은 병합심리하여야 함
>   ③ 설립무효의 소 또는 설립취소의 소에 대하여 법원 재량기각 가능(제328조 제2항, 제189조)
> 2. 원고승소판결 효력
>   ① 원고승소판결은 대세효 ○(제190조 본문), 소급효 ×(제190조 단서)
>   ② 설립무효판결 확정: 회사 계속 인정 ×
>   ③ 원고 패소: 악의 또는 중대한 과실이 있는 경우 회사에 손해배상

상법상 주식회사 설립의 무효에 관한 다음 설명 중 가장 옳지 않은 것은?

① 설립무효의 소가 그 심리 중에 원인이 된 하자가 보완되고 회사의 현황과 제반사정을 참작하여 설립을 무효로 하는 것이 부적당하다고 인정한 때에는 법원은 그 청구를 기각할 수 있다.

[07/14법무사, 11/15/16/20법원직]

➡ [O] 설립무효의 소 또는 설립취소의 소가 그 심리 중에 원인이 된 하자가 보완되고 회사의 현황과 제반사정을 참작하여 설립을 무효 또는 취소하는 것이 부적당하다고 인정한 때에는 법원은 그 청구를 기각할 수 있다(제328조 제2항, 제189조).

② 합명회사의 경우 설립무효판결 또는 설립취소판결은 제3자에 대하여도 효력이 있다. 그러나 판결확정 전에 생긴 회사와 사원 및 제3자 간의 권리의무에 영향을 미치지 아니한다.

[07/12/14/19법무사, 16/20/21법원직]

➡ [O] 제190조

③ 원고패소판결이 확정되더라도 다른 주주·이사 또는 감사는 다시 설립무효의 소를 제기할 수 있다.

[07/12/14/19법무사, 11/16/20/21법원직]

➡ [O] 원고패소판결은 대세효가 없으므로 다른 제소권자가 별도의 소를 제기할 수 있다.

❹ 설립무효의 소를 제기한 자가 패소한 경우 악의 또는 과실이 있는 경우 회사에 대하여 손해배상책임을 진다.

[07법무사, 11법원직]

➡ [X] 설립무효의 소를 제기한 자가 패소한 경우 악의 또는 중대한 과실이 있는 때에는 회사에 대하여 손해를 배상할 책임이 있다(제191조).

핵심공략 주식공유, 종류주식, 의결권의 배제·제한에 관한 종류주식, 전환주식

1. 주식공유
   ① 수인이 공동으로 주식을 인수한 자: 연대책임
   ② 수인의 공유: 공유자는 권리를 행사할 자 1인 지정
   ③ 주주 권리 행사할 자 × → 공유자에 대한 통지나 최고는 그 1인

2. 종류주식: 이익의 배당, 잔여재산의 분배, 주주총회에서의 의결권의 행사, 상환 및 전환 등에 관하여 내용이 다른 종류 주식

3. 의결권의 배제·제한에 관한 종류주식
   ① 의결권 제한 종류주식 총수는 발행주식 총수 4분의 1 초과 ×
   ② 총회결의 정족수 계산시 발행주식 총수에 산입 × (제371조 제1항)
   ③ 의결권 인정되는 경우: ㉠ 창립총회결의, ㉡ 유한회사로의 조직변경 결의, ㉢ 종류주주총회 결의, ㉣ 회사분할 또는 분할합병결의(회사합병 ×), ㉤ 이사 등 책임면제 결의

4. 전환주식
   ① 다른 종류의 주식으로 전환할 수 있는 권리가 부여된 주식
   ② 주주가 전환권을 가지는 경우 전환청구시 전환 효력 발생
   ③ 회사가 전환권을 가지는 경우 주권제출기간 만료시 전환 효력 발생

다음 중 상법상 주식회사의 주식에 관한 설명 중 가장 옳지 않은 것은?

① 주식이 수인의 공유에 속하는 때에는 공유자는 주주의 권리를 행사할 자 1인을 정하여야 한다.   [09/15법무사, 11법원직]

➡ [O] 제333조 제2항

② 회사는 이익이나 이자의 배당 또는 잔여재산의 분배에 관하여 내용이 다른 수종의 주식을 발행할 수 있다.   [06법무사, 09법원직]

➡ [O] 회사는 이익의 배당, 잔여재산의 분배, 주주총회에서의 의결권의 행사, 상환 및 전환 등에 관하여 내용이 다른 종류의 주식을 발행할 수 있다(제344조 제1항).

③ 회사가 수종의 주식을 발행하는 경우에는 정관으로 주주는 인수한 주식을 다른 종류의 주식으로 전환을 청구할 수 있음을 정할 수 있다.   [09법원직]

➡ [O] 회사가 종류주식을 발행하는 경우에는 정관으로 정하는 바에 따라 주주는 인수한 주식을 다른 종류주식으로 전환할 것을 청구할 수 있다. 이 경우 전환의 조건, 전환의 청구기간, 전환으로 인하여 발행할 주식의 수와 내용을 정하여야 한다(제346조 제1항).

❹ 의결권 없는 주식을 가진 주주에 대해서도 주주총회의 소집통지는 하여야 한다.   [07법원직]

➡ [×] 의결권이 제한되는 종류주식의 주주는 의결권 이외의 모든 주주권을 보유한다. 의결권이 없거나 제한되는 주주에 대해서는 주주총회 소집통지를 생략할 수 있다(제363조 제7항 본문). 그러나 ㉠ 주식의 포괄적 교환, ㉡ 주식의 포괄적 이전, ㉢ 영업양도, ㉣ 합병, 분할 및 분할합병과 같이 반대주주의 주식매수청구권이 인정되는 사항에 관한 주주총회의 경우에는 의결권 없는 주주에 대해서도 소집통지를 해야 한다(제363조 제7항 단서).

핵심공략 주주명부상 주주 지위, 명의개서 대항력, 명의개서를 마치지 않은 주식양수인의 지위

1. 주주명부상 주주 지위
   ① 주식양도 후 양수인 명의로 명의개서 → 양도약정 해제, 취소 → 양도인 명의 복구 × → 양도인 주주대항 ×
   ② 주식 인수, 양수하려는 자가 타인 명의로 주주명부 기재 → 주주명부상 주주만이 의결권 행사

2. 명의개서 대항력
   ① 주식이전 대항요건: 취득자의 성명과 주소 주주명부에 기재
   ② 명의개서는 회사에 대항 대항요건. 주식 이전의 효력발생요건 ×
   ③ 명의개서가 이루어 졌다고 하여 무권리자가 주주 ×, 명의개서가 이루어지지 않았다고 하여 권리 상실 ×
   ④ 주주권 귀속 다툼 → 회사가 주주명부에 기재된 주주를 상대로 주주가 아니라는 확인의 소 제기 가능

3. 명의개서를 마치지 않은 주식양수인의 지위
   ① 주주명부에 적법하게 주주로 기재되어 있는 자 → 주주권 행사
   ② 회사는 주주명부상 주주 외에 실제 주식양수인의 존재를 알았든 몰랐든 주주명부상 주주권 행사 부인 ×

주주명부에 관한 다음 설명 중 가장 옳지 않은 것은?

① 주식이 양도된 후 주식회사의 주주명부상 양수인 명의로 명의개서가 이미 이루어졌다면, 그 후 그 주식양도약정이 해제되거나 취소되었다 하더라도 주주명부상의 주주명의를 원래의 양도인 명의로 복구하지 않는 한 양도인은 주식회사에 대한 관계에 있어서는 주주총회에서 의결권을 행사하기 위하여 주주로서 대항할 수 없다.   [17 법원직]

➡ [O] 대판 2002.12.24. 2000다69927

❷ 주주권의 귀속이 다투어지는 경우에도 회사는 주주명부에 주주로 기재된 자를 상대로 주주가 아니라는 확인의 소를 제기할 수 없다.   [17 법원직]

➡ [×] 주식의 소유권 귀속에 관한 권리관계와 주주의 회사에 대한 주주권 행사국면은 구분되고, 회사와 주주 사이에서 주식의 소유권, 즉 주주권의 귀속이 다투어지는 경우에는 회사가 주주명부에 주주로 기재된 자를 상대로 주주가 아니라는 확인의 소를 제기할 수 있다(대판 2020.6.11. 2017다278385).

③ 주주명부 기재 또는 명의개서청구가 부당하게 지연되거나 거절된 경우, 주주명부에 기재를 마치지 않은 주주는 회사에 대해 주주권을 행사할 수 있다.

➡ [O] 주주명부에 기재를 마치지 않고도 회사에 대한 관계에서 주주권을 행사할 수 있는 경우는 주주명부 기재 또는 명의개서청구가 부당하게 지연되거나 거절되었다는 등의 예외적인 사정이 있는 경우에 한한다(대판 2017.3.23. 2015다248342).

④ 주주명부의 주주 명의가 신탁된 것이고 명의차용인으로서 실질상의 주주가 따로 있음을 주장하려면 명의신탁관계를 주장하는 측에서 명의차용사실을 입증하여야 한다.

➡ [O] 주주명부에 주주로 등재된 자는 주주로 추정되며 이를 번복하기 위해서는 주주권을 부인하는 측에 입증책임이 있으므로, 주주명부의 주주 명의가 신탁된 것이고 명의차용인으로서 실질상의 주주가 따로 있음을 주장하려면 명의신탁관계를 주장하는 측에서 명의차용

사실을 입증하여야 한다(대판 2007.9.6. 2007다27755).

문 16
정답 ②

> **핵심공략** 주주제안권, 주주제안 거부사유, 주주총회 의장
>
> 1. 주주제안권
>   ① 제안권자: 의결권 없는 주식을 제외한 발행주식 총수의 100분의 3 이상에 해당하는 주식을 가진 주주
>   ② 제안기간 및 방법: 주주총회일의 6주 전, 서면 또는 전자문서
>   ③ 주주제안을 받은 이사 이사회에 보고. 내용이 법령 또는 정관에 위배 → 거부
> 2. 주주제안 거부사유
>   ① 부결된 내용과 같은 내용 3년 내에 다시 제안
>   ② 주주개인의 고충, 소수주주권에 관한 사항, 상장회사의 경우 임기 중 임원의 해임
> 3. 주주총회 의장
>   ① 정관에서 정함이 없는 경우 총회에서 선임
>   ② 소수주주의 법원의 허가에 의한 총회 → 법원이 이해관계인의 청구나 직권으로 선임

다음 설명 중 가장 옳은 것은?

① 주주제안권은 소수주주를 보호하기 위해 규정된 권리이므로, 설령 그 내용이 정관에 위반된다 하더라도 이사는 이를 주주총회의 목적사항으로 하여야 한다. [20법원직]

➡ [×] 주주제안을 받은 이사는 이사회에 이를 보고하고, 이사회는 주주제안의 내용이 법령 또는 정관에 위반하는 경우와 그 밖에 대통령령으로 정하는 경우를 제외하고는 이를 주주총회의 목적사항으로 하여야 한다(제363조의2 제3항).

❷ 의결권 없는 주식을 제외한 발행주식 총수의 100분의 3 이상에 해당하는 주식을 가진 주주는 주주제안권을 행사할 수 있다. [07법무사, 20법원직]

➡ [O] 의결권 없는 주식을 제외한 발행주식 총수의 3% 이상 주식을 가진 주주는 이사에게 주주총회일의 6주 전에 서면 또는 전자문서로 일정한 사항을 주주총회의 목적사항으로 할 것을 제안할 수 있고, 회의 목적사항에 추가하여 당해 주주가 제출하는 의안의 요령을 주주총회 소집통지에 기재할 것을 청구할 수 있다(제363조의2 제1항, 제2항).

③ 소수주주가 총회소집 청구를 하였으나, 이사회가 총회소집절차를 밟지 않은 경우, 청구한 주주는 법원의 허가를 받아 총회를 소집할 수 있고, 이 경우 주주총회의 의장은 대표이사가 된다. [03/14법무사. 11/18 법원직]

➡ [×] 발행주식총수의 3% 이상 주식을 가진 주주가 이사회에 임시총회의 소집을 청구하였음에도 이사회가 지체 없이 총회소집절차를 밟지 않은 경우, 청구한 주주는 법원의 허가를 받아 총회를 소집할 수 있다. 이 경우 주주총회의 의장은 법원이 이해관계인의 청구나 직권으로 선임할 수 있다(제366조 제2항).

④ 주주총회의 의장은 정관에서 정함이 없는 때에는 대표이사가 된다. [07법무사]

➡ [×] 총회의 의장은 정관에서 정함이 없는 때에는 총회에서 선임한다(제366조의2 제1항).

문 17
정답 ④

> **핵심공략** 이사의 정원, 이사선임기관, 선임과 임용관계
>
> 1. 이사의 정원
>   ① 이사는 3명 이상
>   ② 소규모회사: 1명 또는 2명 가능
>   ③ 상장회사: 이사 총수의 4분의 1 이상 사외이사
> 2. 이사선임기관
>   ① 이사: 주주총회
>   ② 대표이사: 이사회(정관으로 주주총회 선임 가능)
> 3. 선임과 임용계약: 임용계약 체결 여부 관계없이 선임결의와 승낙만으로 지위 취득

상법상 주식회사의 대표이사 또는 이사 선임에 관한 다음 설명 중 가장 옳지 않은 것은?

① 이사는 3명 이상이어야 한다. 다만, 자본금 총액이 10억 원 미만인 회사는 1명 또는 2명으로 할 수 있다. [13법무사. 18/21법원직]

➡ [O] 제383조

② 이사는 주주총회에서 선임하여야 하므로, 이사 선임에 대한 권한을 제3자에게 위임하거나 주주총회의 권한을 제한할 수 없다. [16법원직]

➡ [O] 이사는 주주총회에서 선임한다(제322조). 이사 선임에 관한 주주총회의 권한은 강행규정으로 정관으로도 제3자에게 위임하거나 주주총회의 권한을 제한할 수 없고 그러한 규정은 무효이다.

③ 정관에 다른 정함이 없으면 대표이사는 이사회의 결의로 선정한다. [03/06/07/13/16/17/19법무사. 07/21법원직]

➡ [O] 대표이사는 이사회의 결의로 선임하는 것이 원칙이나, 정관으로 주주총회에서 선정하는 것으로 정할 수 있다(제389조 제1항).

❹ 주주총회에서 이사로 선임된 자는 회사와 별도의 위임계약을 체결함으로써 이사의 지위를 취득한다. [18법원직]

➡ [×] 주주총회에서 이사나 감사를 선임하는 선임결의와 피선임자의 승낙이 있으면, 피선임자가 대표이사와 별도의 임용계약을 체결하였는지와 관계없이 이사나 감사의 지위를 취득한다(대판 2017.3.23. 2016다251215).

문 18
정답 ①

> **핵심공략** 이사직무집행정지 및 직무대행자
>
> 1. 의의
>   ① 이사선임결의의 무효·취소 또는 이사해임의 소가 제기된 경우 법원은 당사자 신청에 의한 가처분으로 이사직무집행 정지 및 직무대행자선임 가능
>   ② 급박한 사정이 있는 경우 본안소송 전에도 처분 가능
>   ③ 피신청인은 이사 O, 회사 ×
> 2. 가처분결정의 효력: 대세효
>   ① 직무집행정지가처분에 의해 권한이 정지된 대표이사의 행위 무효
>   ② 청산인직무집행정지 및 직무대행자선임가처분 후 주주총회 결의로 회사를 계속하기로 한 경우에도 청산인직무대행자의 권한이 당연히 소멸하지는 않음

③ 직무대행자선임가처분 신청 → 새로운 자가 대표이사 취임 → 임원변경등기 → 가처분결정 이후 회사대표자는 직무대행자

④ 본안소송이 가처분채권자의 승소로 확정 → 직무집행정지가처분의 효력 상실

3. 직무대행자 권한
① 회사의 상무에 속하는 사항으로 제한
② 법원 허가를 얻으면 상무에 속하지 않은 사항에 대해서도 권한 ○
③ 직무대행자가 법원허가 없이 상무에 속하지 않은 행위를 한 경우 회사는 선의의 제3자에게 책임 ○
④ 직무대행자가 소집하는 정기주주총회 안건에 이사회구성 변경이나 주주총회 특별결의사항 등 경영 및 지배에 영향을 미칠 수 있는 것이 포함된 경우 그 안건 범위에서 정기주주총회 소집은 상무 ×

상법상 주식회사 이사의 직무집행정지가처분에 관한 다음 설명 중 가장 옳은 것은?

❶ 이사선임결의의 무효나 취소 또는 이사해임의 소가 제기된 경우에는 법원은 당사자의 신청에 의하여 가처분으로써 이사의 직무집행을 정지할 수 있고, 직무대행자를 선임할 수 있는데, 급박한 사정이 있는 때에는 본안소송의 제기 전에도 그 처분을 할 수 있다. [03/05/13법무사, 16/20법원직]

➡ [○] 제407조 제1항

② 이사직무집행정지가처분에 있어서 피신청인이 될 수 있는 자는 그 성질상 당해 회사이고, 이사에게는 피신청인의 적격이 없다. [03/05법무사, 07/12/16법원직]

➡ [×] 임시의 지위를 정하기 위한 이사직무집행정지가처분에 있어서 피신청인이 될 수 있는 자는 그 성질상 당해 이사이고, 회사에게는 피신청인의 적격이 없다(대판 1982.2.9. 80다2424).

③ 대표이사의 직무집행정지 및 직무대행자선임의 가처분이 이루어진 후에 대표이사가 해임되고 새로운 대표이사가 적법하게 선임되면 직무대행자의 권한은 소멸하고 새로이 선임된 대표이사는 대표이사로서의 권한을 가진다. [03/19법무사, 12/20법원직]

➡ [×] 대표이사의 직무집행정지 및 직무대행자선임의 가처분이 이루어진 이상, 그 후 대표이사가 해임되고 새로운 대표이사가 선임되었다 하더라도 가처분결정이 취소되지 아니하는 한 직무대행자의 권한은 유효하게 존속하고, 새로이 선임된 대표이사는 그 선임결의의 적법 여부에 관계없이 대표이사로서의 권한을 가지지 못한다. 신규대표이사가 위 가처분에 반하여 회사 대표자격에서 한 행위는 제3자에게 무효이고 신규대표이사와 거래한 제3자는 자신이 선의였음을 이유로 법률행위의 유효를 주장할 수 없다(대판 1992.5.12. 92다5638).

④ 법원의 가처분에 의해 선임된 이사의 직무대행자는 가처분 명령에 다른 정함이 있는 경우에도 회사의 상무에 속하지 아니한 행위를 하지 못한다. [03법무사, 07/16법원직]

➡ [×] 직무대행자는 가처분명령에 다른 정함이 있는 경우 외에는 회사의 상무에 속하지 아니한 행위를 하지 못한다. 그러나 법원의 허가를 얻은 경우에는 그러하지 아니하다(제408조 제1항).

핵심공략 이사 보수

1. 의의
① 이사 보수는 정관 규정 없으면 주주총회 결의로 정함
② 명목상 이사·감사도 보수청구권 인정(대판 2015.7.23. 2014다 236311)

2. 보수의 결정
① 사실상 1인 회사 실질적 1인 주주 결재·승인을 거쳐 이사퇴직금이 지급된 경우 주주총회결의 인정
② 이사 보수 사항 이사회에 포괄적 위임 허용 ×
③ 이사 보수 사항 이사회 위임 후 주주총회에서 직접 정할 수 있음
④ 1인 회사가 아닌 주식회사는 주주총회 의결정족수 충족, 주주 동의·승인만으로 주주총회 결의 ×
⑤ 유한회사에서 정관, 사원총회결의로 이사 보수액 정한 경우, 일방적 감액·박탈 ×

3. 보수의 범위
① 월급, 상여금, 성과급, 특별성과급, 퇴직금, 퇴직금 중간정산금, 퇴직위로금, 해직보상금 보수에 해당
② 명칭 불문하고 이사 직무수행 보상으로 지급되는 대가 모두 포함

이사의 보수에 관한 다음 설명 중 가장 옳지 않은 것은?

① 상법 제388조가 정하는 '이사의 보수'에는 월급·상여금 등 명칭을 불문하고 이사의 직무수행에 대한 보상으로 지급되는 대가가 모두 포함되고, 퇴직금 또는 퇴직위로금도 그 재직 중의 직무수행에 대한 대가로 지급되는 급여로서 상법 제388조의 '이사의 보수'에 해당한다. [20법원직]

➡ [○] 이사의 퇴직위로금은 퇴임한 자에 대하여 재직 중 직무집행의 대가로 지급되는 보수의 일종으로서 상법 제388조에 규정된 보수에 포함된다(대판 2004.12.10. 2004다25123).

② 이사의 보수는 정관에 그 액을 정하지 아니한 때에는 주주총회의 결의로 정한다고 규정한 상법 제388조는 이사가 자신의 보수와 관련하여 개인적 이익을 도모하는 폐해를 방지하여 회사와 주주 및 회사채권자의 이익을 보호하기 위한 강행규정이므로, 정관 등에서 이사의 보수에 관하여 주주총회의 결의로 정한다고 규정되어 있는 경우 그 금액·지급방법·지급시기 등에 관한 주주총회의 결의가 있었음을 인정할 증거가 없는 한 이사의 보수청구권을 행사할 수 없다. [19법원직]

➡ [○] 상법 제388조는 "이사의 보수는 정관에 그 액을 정하지 아니한 때에는 주주총회의 결의로 이를 정한다."고 규정하고 있다. 위 규정은 강행규정이므로, 정관에서 이사의 보수 또는 퇴직금에 관하여 주주총회의 결의로 정한다고 되어 있는 경우에 그 금액·지급시기·지급방법 등에 관한 주주총회의 결의가 있었음을 인정할 증거가 없다면 이사는 보수나 퇴직금을 청구할 수 없다(대판 2014.5.29. 2012다98720).

❸ 주주총회의 결의 없이 이사에게 지급된 특별성과급의 일부가 주주총회에서 정한 이사의 보수한도액 내에 있는 경우 그 부분을 초과하는 특별성과급의 지급은 이사의 보수로 인정될 수 없다.

➡ [×] 이사의 보수에는 월급, 상여금 등 명칭을 불문하고 이사의 직무수행에 대한 보상으로 지급되는 대가가 모두 포함되고, 회사가 성과급, 특별성과급 등의 명칭으로 경영성과에 따라 지급하는 금원이나

성과 달성을 위한 동기를 부여할 목적으로 지급하는 금원도 마찬가지이다. 따라서 주주총회의 결의 없이 이사에게 지급된 특별성과급은 직무수행에 대한 보상으로 지급된 보수로서 법률상 원인 없이 이루어진 부당이득에 해당한다. 특별성과급 일부가 주주총회에서 정한 이사의 보수한도액 내에 있다는 사정만으로 그 부분의 지급을 유효하다고 볼 수도 없다(대판 2020.4.9. 2018다290436).

④ 이사의 퇴직금은 상법 제388조에 규정된 보수에 포함되고, 퇴직금을 미리 정산하여 지급받는 형식을 취하는 퇴직금 중간정산금도 퇴직금과 성격이 동일하다. [20법원직]

➡ [O] 대판 2019.7.4. 2017다17436

문 20 정답 ③

이사회 권한, 이사회 결의 찬성 추정, 이사회 소집

1. 이사회 권한
   ① 이사회가 일반적·구체적으로 대표이사에게 위임 않은 업무로서 일상 업무에 속하지 않은 중요업무
   ② 회생절차개시신청은 중요업무에 해당, 이사회결의 필요
2. 이사회 결의 찬성 추정
   ① 이사회결의 찬성 이사는 연대책임 ○, 이사회 결의에 이의 기재 없는 이사 찬성 추정
   ② 기권으로 의사록에 기재된 경우 찬성 추정 ×, 연대책임 ×
3. 이사회 소집
   ① 소집권자: 각 이사, 이사회 결의로 소집할 이사 정할 수 있음
   ② 소집권자인 이사가 이사회 소집 거절 → 다른 이사가 이사회 소집 ○
   ③ 소집절차: 회일을 정하고 1주간 전에 이사 및 감사에게 통지, 기간 정관으로 단축 가능
   ④ 이사 감사 전원 동의 → 소집절차 없이 언제든지 회의 가능

이사회에 관한 다음 설명 중 가장 옳지 않은 것은?

① 주식회사의 중요한 자산의 처분이나 대규모 재산의 차입 행위뿐만 아니라 이사회가 일반적·구체적으로 대표이사에게 위임하지 않은 업무로서 일상 업무에 속하지 아니한 중요한 업무에 대해서는 이사회의 결의를 거쳐야 한다. [20법원직]

➡ [O] 법률 또는 정관 등의 규정에 의하여 주주총회 또는 이사회의 결의를 필요로 하는 것으로 되어 있지 아니한 업무 중 이사회가 일반적·구체적으로 대표이사에게 위임하지 않은 업무로서 일상 업무에 속하지 아니한 중요한 업무에 대하여는 이사회에게 그 의사결정권한이 있다(대판 1997.6.13. 96다48282).

② 이사 甲이 이사회에 출석하여 결의에 기권하였다고 의사록에 기재된 경우에 甲은 「상법」 제399조(회사에 대한 책임) 제3항에 따라 이사회 결의에 찬성한 것으로 추정할 수 없다.

➡ [O] 이사가 고의 또는 중대한 과실로 임무를 게을리 한 때에는 제3자에 대하여 연대하여 손해를 배상할 책임이 있다(제401조 제1항). 이사회 결의에 찬성한 이사는 연대하여 책임을 진다. 또한 이사회 결의에 참여하였으나 이의를 한 기재가 없는 이사는 결의에 찬성한 것으로 추정된다(제401조 제2항, 제399조 제2항, 제3항). 이사가 이사회에 출석하여 결의에 기권하였다고 의사록에 기재된 경우에 그 이사는 이의를 한 기재가 의사록에 없는 자에 해당하지 않으므로 상법 제399조 제3항에 따라 이사회 결의에 찬성한 것으로 추정할 수 없고, 따라서 같은 조 제2항의 책임을 부담하지 않는다(대판 2019.5.

16. 2016다260455).

❸ 주식회사의 회생절차개시신청은 대표이사의 업무권한인 일상 업무에 속하므로 이사회 결의를 요하지 아니한다. [20법원직, 20법무사]

➡ [×] 주식회사의 회생절차개시신청은 대표이사의 업무권한인 일상 업무에 속하지 아니한 중요한 업무에 해당하여 이사회 결의가 필요하다(대판 2019.8.14. 2019다204463).

④ 이사회를 소집함에는 회일을 정하고 그 1주간 전에 각 이사 및 감사에 대하여 통지를 발송하여야 하고, 그 기간은 정관으로 단축할 수 있다. [03/12/15/19법원직]

➡ [O] 이사회를 소집함에는 회일을 정하고 그 1주간 전에 각 이사 및 감사에 대하여 통지를 발송하여야 한다. 그러나 그 기간은 정관으로 단축할 수 있다(제390조 제3항).

문 21 정답 ②

회계장부열람등사청구권

1. 청구방법
   ① 청구권자: 발행주식총수의 3% 이상을 보유한 주주
   ② 청구방법: 열람·등사 청구 이유를 구체적으로 기재한 서면
   ③ 청구권자의 주식보유요건은 소송 계속되는 동안 유지되어야 ○
   ④ 주식매수청구권 행사한 주주 → 매매대금을 지급 받지 아니하고 있는 동안 회계장부열람등사권 행사 가능
2. 열람·등사의 거부
   ① 회사는 주주 청구가 부당함을 증명하여 거부 가능
   ② 열람등사청구가 회사업무 운영 또는 주주 공동이익을 해치거나, 취득정보 경업이용 우려, 회사에 지나치게 불리한 시기에 행사 → 정당한 목적을 결하여 부당
   ③ 주주가 적대적 기업인수를 시도하고 있다는 사정만으로는 열람등사청구 부당 ×
3. 대상범위
   ① 회계장부는 열람·등사를 구하는 이유와 실질적 관련 있는 회계장부 및 근거자료 회계서류 포함 ○
   ② 자회사 회계서류는 모회사 보관, 모회사 회계 상황 파악 근거자료로 필요한 경우, 모회사 회계서류로서 모회사 소수주주의 열람등사청구 대상 ○

주식회사 주주 등의 회계장부열람·등사청구 등에 관한 다음 설명 중 가장 옳지 않은 것은?

① 회사는 발행주식의 총수의 100분의 3 이상에 해당하는 주식을 가진 주주가 이유를 붙인 서면으로 회계의 장부와 서류의 열람 또는 등사를 청구하는 경우 그 청구가 부당함을 증명하지 아니하면 이를 거부하지 못한다. [10/17/19법무사, 20법원직]

➡ [O] 비상장회사의 경우, 발행주식총수의 3% 이상을 보유한 주주는 이유를 붙인 서면으로 회계의 장부와 서류의 열람 또는 등사를 청구할 수 있다(제466조 제1항). 회사는 주주의 청구가 부당함을 증명하지 아니하면 이를 거부하지 못한다(제466조 제2항).

❷ 발행주식 총수의 100분의 3 이상에 해당하는 주식을 가진 주주가 상법 제466조 제1항에 따라 이유를 붙인 서면으로 회계의 장부와 서류의 열람 또는 등사를 재판상 청구하는 경우에는 소송

이 계속되는 동안 위 주식 보유요건을 구비하여야 하는 것은 아니다. 　　　　　　　　　　　　　　　　[19법무사, 20법원직]

➡ [×] 회계의 장부와 서류의 열람 또는 등사에 시간이 소요되는 경우에는 열람·등사를 청구한 주주가 전 기간을 통해 발행주식 총수의 100분의 3 이상의 주식을 보유하여야 하고, 회계장부의 열람·등사를 재판상 청구하는 경우에는 소송이 계속되는 동안 위 주식 보유요건을 구비하여야 한다(대판 2017.11.9. 2015다252037).

③ 주식매수청구권을 행사한 주주도 회사로부터 주식의 매매대금을 지급받지 아니하고 있는 동안에는 주주로서의 지위를 여전히 가지고 있으므로 특별한 사정이 없는 한 주주로서의 권리를 행사하기 위하여 필요한 경우에는 회계장부열람·등사권을 가진다. 　　　　　　　　　　　　　　　　[19법무사, 20법원직]

➡ [O] 대판 2018.2.28. 2017다270916

④ 발행주식의 총수의 100분의 3 이상에 해당하는 주식을 가진 주주가 회사에 지나치게 불리한 시기를 택하여 회사의 회계의 장부와 서류의 열람 또는 등사 청구권을 행사하는 경우에는 정당한 목적을 결하여 부당한 것이라고 보아야 한다. 　　　　　　　　　　　　　　　　[15법원직, 17/19법무사]

➡ [O] 주주의 열람·등사권 행사가 부당한 것인지 여부는 그 행사에 이르게 된 경위, 행사의 목적, 악의성 유무 등 제반 사정을 종합적으로 고려하여 판단하여야 할 것이고, 특히 주주의 이와 같은 열람·등사권의 행사가 ⊙ 회사업무의 운영 또는 주주 공동의 이익을 해치거나 ⓒ 주주가 회사의 경쟁자로서 그 취득한 정보를 경영에 이용할 우려가 있거나, 또는 ⓒ 회사에 지나치게 불리한 시기를 택하여 행사하는 경우 등에는 정당한 목적을 결하여 부당한 것이라고 보아야 한다(대결 2004.12.24. 2003마1575).

문 22 　　　　　　　　　　　　　　　　정답 ③

감사의 의의, 감사선임, 감사겸임금지, 감사임기

1. 의의
　① 회사의 업무 및 회계 감사를 주된 업무로 하는 주식회사의 필요적 상설기관
　② 소규모회사: 감사선임하지 않을 수 있음
2. 감사선임
　① 의결기관: 주주총회 보통결의
　② 의결권 없는 주식을 제외한 발행주식총수의 3% 이상 초과 주식 → 의결권행사×, 발행주식총수 산입 ○
　③ 임용계약 체결 여부: 감사 지위 취득 영향 ×
3. 감사겸임금지: 회사 및 자회사의 이사 또는 지배인 기타 사용인 직무 겸하지 못함
4. 감사임기: 취임 후 3년 내의 최종의 결산기에 관한 정기총회의 종결시까지. 단축 또는 연장 ×

비상장 주식회사의 감사에 관한 설명 중 옳지 않은 것은?

① 감사의 지위가 주주총회의 선임결의와 별도로 대표이사와 사이에 임용계약이 체결되어야만 비로소 인정된다고 보는 것은 감사의 선임을 주주총회의 전속적 권한으로 규정하여 주주들의 단체적 의사결정 사항으로 정한 상법의 취지에 배치된다. 　　　　　　　　　　　　　　　　[09/10/17/19법무사, 14/19법원직]

➡ [O] 대판 2017.3.23. 2016다251215

② 감사는 회사 및 자회사의 이사 또는 지배인 기타의 사용인의 직무를 겸하지 못한다. 　　　　　　[03/05/07/08/15법무사, 07/11/15법원직]

➡ [O] 비상장회사 감사의 자격에는 제한이 없다. 제한능력자도 비상장회사의 감사가 될 수 있다. 감사는 회사 및 자회사의 이사, 지배인 기타의 사용인의 직무를 겸하지 못한다(제411조). 자회사의 감사가 모회사 감사를 겸임하거나 자회사의 감사가 모회사의 이사를 겸임하는 것은 가능하다.

❸ 감사의 임기는 취임 후 3년 내의 최종의 결산기에 관한 정기총회의 종결시까지로 한다. 다만 정관으로 이를 연장하거나 단축할 수 있다. 　　　　　　　　　　　　　　[03/05/17/19법무사, 07/14법원직]

➡ [×] 감사의 임기는 취임 후 3년 내의 최종의 결산기에 관한 정기총회의 종결시까지로 한다(제410조). 정관으로도 연장 또는 단축할 수 없다.

④ 피고 회사의 이사인 원고가 피고 회사에 대하여 소를 제기하면서 대표이사를 대표자로 표시한 소장을 제출하고, 법원도 피고 회사의 대표이사에게 소장 부본을 송달하여 피고 회사의 대표이사로부터 위임받은 변호사들에 의하여 소송이 수행되었다면, 피고회사를 대표할 권한이 대표이사에게 없다고 하더라도 법원에서 피고 회사의 대표이사에게 소장 부본을 송달하였고, 피고 회사의 대표이사로부터 위임받은 변호사들에 의하여 소송이 진행되었다면 해당 소송행위는 무효이다.

➡ [O] 피고 회사의 이사인 원고가 피고 회사에 대하여 소를 제기하면서 대표이사를 대표자로 표시한 소장을 제출하고, 법원도 피고 회사의 대표이사에게 소장 부본을 송달하여 피고 회사의 대표이사로부터 위임받은 변호사들에 의하여 소송이 수행되었다면, 피고회사를 대표할 권한이 대표이사에게 없기 때문에 소장이 피고에게 적법유효하게 송달되었다고 볼 수 없음은 물론 피고 회사의 대표이사가 피고를 대표하여 한 소송행위나 피고 회사의 대표이사에 대하여 원고가 한 소송행위는 모두 무효이다. 이러한 경우에도 피고 회사의 대표자를 감사로 표시를 정정하여 그 흠결을 보정할 수 있고 피고 회사의 감사가 위와 같이 무효인 종전의 소송행위를 추인하는지의 여부와는 관계없이 소송은 유효하게 된다. 이러한 보정은 속심제를 채택한 우리 민사소송법의 구조와 민사소송의 이념 및 민사소송법 제388조 등에 비추어 보면 항소심에서도 할 수 있다(대판 1990.5.11. 89다카15199).

문 23 　　　　　　　　　　　　　　　　정답 ①

사채 의의, 소멸시효, 사채발행

1. 의의
　① 회사가 자금을 조달하기 위해 유가증권인 채권발행
　② 주식회사 사채 발행 가능, 유한회사 사채 발행 ×
　③ 사채권자는 기명식채권을 무기명식으로, 무기명식으로 기명식으로 청구 가능
2. 소멸시효
　① 사채의 상환청구권: 10년
　② 사채의 이자청구권: 5년
3. 사채발행
　① 결의기관: 이사회

② 정관으로 이사회 대표이사에게 1년 초과하지 아니하는 기간 내 사채 발행 위임
③ 납입: 전액 또는 분할납입 가능

회사의 사채에 관한 다음 설명 중 가장 옳은 것은?

❶ 전환으로 신주식을 발행하는 경우에는 전환사채의 발행가액총액을 전환으로 발행되는 신주식의 발행가액총액으로 한다.

➡ [O] 제516조 제2항, 제348조

② 사채의 상환청구권은 5년간 행사하지 아니하면 소멸시효가 완성한다.   [03/08법무사, 21법원직]

➡ [X] 사채의 상환청구권은 10년간 행사하지 아니하면 소멸시효가 완성하고(제487조 제1항), 사채의 이자청구권은 5년간 행사하지 아니하면 소멸시효가 완성한다(제487조 제3항).

③ 정관의 규정이 없음에도 불구하고, 이사회는 대표이사에게 사채의 금액 및 종류를 정하여 1년을 초과하지 아니하는 기간 내에 사채를 발행할 것을 위임할 수 있다.   [20/21법원직]

➡ [X] 회사는 이사회의 결의에 의하여 사채를 발행할 수 있다(제469조 제1항). 정관으로 정하는 바에 따라 이사회는 대표이사에게 사채의 금액 및 종류를 정하여 1년을 초과하지 아니하는 기간 내에 사채를 발행할 것을 위임할 수 있다(제469조 제4항).

④ 사채의 모집이 완료한 때에는 이사는 지체 없이 인수인에 대하여 각 사채의 전액을 납입시켜야 하고, 분할납입은 허용되지 않는다.   [07법원직]

➡ [X] 사채의 모집이 완료한 때에는 이사는 지체 없이 인수인에 대하여 각 사채의 전액 또는 제1회의 납입을 시켜야 한다(제476조 제1항).

문 24   정답 ①

핵심공략 법정준비금 사용, 이익준비금, 자본금전입, 준비금의 감소

1. 법정준비금: 법률에 의하여 강제 적립
 ① 법정준비금 구성: 이익준비금과 자본준비금
 ② 사용제한: 결손보전에 충당하는 경우 외 처분 불가
2. 이익준비금
 ① 적립금액: 자본금의 2분의 1이 될 때까지 매 결산기 이익배당액의 10분의 1 이상, 주식배당 예외
 ② 자본금의 2분의 1이 초과된 금액: 임의적립금
3. 자본금전입
 ① 의의: 준비금 계정에서 자본금 계정으로 금액 이전
 ② 액면주식: 전입금액을 주식의 액면금액으로 나눈만큼 신주발행
 ③ 결의기관: 이사회. 정관으로 주주총회 결의 가능
4. 준비금의 감소
 ① 대상: 자본준비금 및 이익준비금의 총액이 자본금의 1.5배 초과
 ② 결의기관: 주주총회 보통결의

주식회사의 회계에 관한 다음 설명 중 가장 옳지 않은 것은?

❶ 회사는 자본준비금을 재원으로 하여 이익배당을 할 수 없으나, 이익준비금을 재원으로 하여 이익배당을 할 수 있다.   [06법무사, 09/18/21법원직]

➡ [X] 법정준비금은 이익준비금과 자본준비금으로 구성된다. 법정준비금은 자본금의 결손 보전에 충당하는 경우 외에는 처분하지 못한다(제460조). 따라서 법정준비금인 이익준비금과 자본준비금은 결손 보전에 충당하는 것 외에 이익배당의 재원으로 사용될 수 없다.

② 회사는 그 자본금의 2분의 1이 될 때까지 매 결산기 이익 배당액의 10분의 1 이상을 이익준비금으로 적립하여야 한다. 다만, 주식배당의 경우에는 그러하지 아니하다.   [04/10법무사, 11/21법원직]

➡ [O] 제458조

③ 정관으로 주주총회에서 결의하기로 정한 경우가 아니면 회사는 이사회의 결의에 의하여 법정준비금의 전부 또는 일부를 자본에 전입할 수 있다.   [04/05/10법무사, 09법원직]

➡ [O] 준비금의 자본금 전입은 준비금 계정에서 자본금 계정으로 금액을 이전하는 것을 의미한다. 회사는 이사회의 결의에 의하여 준비금의 전부 또는 일부를 자본금에 전입할 수 있다. 그러나 정관으로 주주총회에서 결정하기로 정한 경우에는 그러하지 아니하다(제461조 제1항).

④ 회사는 적립된 자본준비금 및 이익준비금의 총액이 자본금의 1.5배를 초과하는 경우에 주주총회의 결의에 따라 그 초과한 금액 범위에서 자본준비금과 이익준비금을 감액할 수 있다.   [21법원직]

➡ [O] 회사는 적립된 자본준비금 및 이익준비금의 총액이 자본금의 1.5배를 초과하는 경우에 주주총회의 결의에 따라 그 초과한 금액 범위에서 자본준비금과 이익준비금을 감액할 수 있다(제461조의2). 결손이 있는 경우에는 준비금에서 결손을 차감한 금액이 자본금의 1.5배를 초과해야 한다.

문 25   정답 ②

핵심공략 회사분할유형, 회사분할결의, 반대주주의 주식매수청구

1. 회사분할의 유형
 ① 단순분할: 분리된 영업이 독립하여 신설회사로 남는 것
 ② 분할합병: 회사에서 분리된 영업이 다른 회사에 흡수되는 것
 ③ 인적분할: 신설회사, 승계회사가 발행하는 분할신주를 분할회사 주주에게 교부
 ④ 물적분할: 신설회사 또는 승계회사가 발행하는 분할신주를 분할회사에게 교부
2. 회사분할결의
 ① 주주총회 특별결의
 ② 의결권 없는 주주의 의결권 인정
 ③ 회사 주주의 부담이 가중되는 경우 주주총회 특별결의 이외에 해당 주주 전원 동의 요구
3. 반대주주의 주식매수청구: 반대하는 주주에게 주식매수청구권 인정 O, 단순분할 → 주식매수청구권 ×

다음은 주식회사의 분할 등에 관한 설명 중 옳지 않은 것은?

① 회사의 주주가 분할신주를 취득한다면, 이를 인적 분할이라 한다.   [09법원직]

➡ **[O]** 신설회사 또는 승계회사가 발행하는 분할신주를 분할회사의 주주에게 교부하는 회사분할을 인적 분할이라 하고, 신설회사 또는 승계회사가 발행하는 분할신주를 분할회사에게 교부하는 회사분할을 물적 분할이라 한다.

❷ 상법 제344조의3(의결권의 배제·제한에 관한 종류주식) 제1항에 따라 의결권이 배제되는 주주가 있다면, 그 주주는 회사의 분할결의 주주총회 결의에 관하여 의결권을 행사할 수 없다.

➡ **[X]** 회사가 분할 또는 분할합병을 하는 때에는 분할계획서 또는 분할합병계약서를 작성하여 주주총회의 특별결의에 의한 승인을 얻어야 한다(제530조의3 제1항, 제2항). 위 결의에는 의결권 없는 종류주식의 주주도 의결권이 인정된다(제530조의3 제3항).

③ 회사의 분할로 인하여 분할에 관련되는 회사의 주주의 부담이 가중되는 경우에는 위 주주총회의 승인 외에 그 주주 전원의 동의가 있어야 한다.   [04법무사, 08법원직]

➡ **[O]** 회사의 분할 또는 분할합병으로 인해 분할 또는 분할합병에 관련되는 각 회사의 주주의 부담이 가중되는 경우에는 주주총회 특별결의 이외에 그 주주 전원의 동의가 있어야 한다(제530조의3 제6항).

④ 단순분할의 경우에는 회사분할에 반대하는 주주의 주식매수청구권이 인정되지 않는다.   [08법원직]

➡ **[O]** 분할합병에 반대하는 주주에게 주식매수청구권이 인정된다. 다만, 단순분할의 경우에는 주식매수청구권이 인정되지 않는다. 단순분할의 경우에는 분할 전 회사의 주주가 분할 후 회사의 주식을 주주평등의 원칙에 따라 취득하는 관계로 주주의 이익이 침해되지 않기 때문이다.

1	2	3	4	5	6	7	8	9
④	③	②	①	②	①	④	③	③
10	**11**	**12**	**13**	**14**	**15**	**16**	**17**	**18**
③	③	③	④	②	②	①	②	③
19	**20**	**21**	**22**	**23**	**24**	**25**		
①	②	②	②	②	③	④		

문 1
정답 ④

> **핵심공략** 당연상인, 상법의 법원, 상행위에 대한 증명책임
>
> 1. 당연상인: 자기명의로 상행위를 하는 자(제4조)
>   → 인·허가 명의자 ×, 사업자등록상 명의자 ×, 실제 영업상의 주체 ○
> 2. 상법의 법원
>   ① 상법 규정 × → 상관습법, 상관습법 × → 민법
>   ② 강행규정이 아닌 한 정관이 상법 우선
>   ③ 자본시장과 금융투자업에 관한 법률, 채무자 회생 및 파산에 관한 법률 → 상법에 우선 적용
> 3. 상행위에 대한 증명책임
>   ① 보조적 상행위: 상인이 영업을 위하여 하는 행위
>   ② 상인의 행위는 영업을 위하는 하는 것으로 추정 → 보조적 상행위가 아니라고 주장하는 자가 증명책임 부담

상인에 관한 설명 중 가장 옳지 않은 것은? (다툼이 있는 경우에는 판례에 의함)

① 당연상인은 '자기의 명의로' 상행위를 하는 자를 말하고, '자기의 계산으로' 할 것은 그 요건이 아니다. [13법원직]

→ **[O]** 당연상인은 '자기의 명의로' 상행위를 하는 자를 말한다(제4조). 자기명의란 권리의무의 귀속주체가 된다는 것을 의미하고, 타인이 손해와 이익의 귀속주체가 되는 경우에도 무방하다.

② 공법인의 상행위에 대하여는 법령에 다른 규정이 없는 경우에 한하여 상법을 적용한다. [08법원직]

→ **[O]** 제2조

③ 상인의 행위는 영업을 위하여 하는 것으로 추정되므로, 상인이 한 어떤 행위를 보조적 상행위가 아니라고 주장하는 자가 증명책임을 진다. [04법무사, 15/16법원직]

→ **[O]** 상인의 행위는 영업을 위하여 하는 것으로 추정되므로, 상인이 한 어떤 행위를 보조적 상행위가 아니라고 주장하는 자가 증명책임을 진다.

❹ 회사는 상법에 의해 상인으로 의제되므로 회사의 기관인 대표이사 이사 역시 상인이 된다. [13/20법원직, 17법무사]

→ **[X]** 회사는 상행위를 하지 아니하더라도 상인으로 본다(제5조 제2항). 이와 같이 회사가 상법에 의해 상인으로 의제된다고 하더라도

회사의 기관인 대표이사 개인이 상인이 되는 것은 아니다.

문 2
정답 ③

> **핵심공략** 부분적 포괄대리권을 가진 상업사용인
>
> 1. 의의
>   ① 영업의 특정한 종류 또는 특정한 사항에 대한 대리권을 가진 사용인(제15조 제1항)
>   ② 건설회사 현장소장(표현지배인 ×, 부포상 ○)
> 2. 부분적 포괄대리권
>   ① 영업의 특정한 종류 또는 특정한 사항에 대한 포괄적, 획일적, 정형적 대리권 ○, 소송행위 ×
>   ② 권한 내 개별 행위에 대한 별도 수권 요구 ×
>   ③ 표현지배인 관련 상법 제14조 적용 × → 민법 제125조 표현대리, 민법 제756조 사용자책임 ○
> 3. 부포상 선임은 등기사항 ×, 지배인 선임 및 대리권 소멸은 등기사항 ○
> 4. 표현책임 성립 여부
>   ① 부포상: 상법 제14조 유추적용 ×
>   ② 특정한 영업에 속하지 아니한 행위를 한 경우: 상업사용인에게 권한이 있다고 믿을 만한 정당한 이유 ○

상법상 상업사용인에 관한 설명 중 가장 옳지 않은 것은? (다툼이 있는 경우 통설·판례에 의함)

① 부분적 포괄대리권을 가진 사용인에 해당하기 위해서는 그 업무 내용에 영업주를 대리하여 법률행위를 하는 것이 당연히 포함되어 있어야 한다. [16법무사]

→ **[O]** 부분적 포괄대리권을 가진 사용인은 영업의 특정한 종류 또는 특정한 사항에 관한 재판외의 모든 행위를 할 수 있는 대리권을 가진 상업사용인을 말하므로, 사용인의 업무 내용에 영업주를 대리하여 법률행위를 하는 것이 당연히 포함되어 있어야 한다(대판 2007.8.23. 2007다23425).

② 부분적 포괄대리권을 가진 상업사용인이 특정된 영업이나 특정된 사항에 속하지 아니하는 행위를 한 경우 영업주가 책임을 지기 위하여 반드시 민법상의 표현대리의 법리에 의하여 그 상업사용인과 거래한 상대방이 그 상업사용인에게 그 권한이 있다고 믿을 만한 정당한 이유가 있어야 한다. [18법무사, 19법원직]

→ **[O]** 대판 2012.12.13. 2011다69770

❸ 물건을 판매하는 점포의 사용인의 경우 상대방이 악의인 경우에도 점포 내에서 물건을 판매하는 외관이 존재하는 경우 그 판매에 관한 모든 권한이 있는 것으로 본다. [14/16법원직]

→ **[X]** 물건을 판매하는 점포의 사용인은 그 판매에 관한 모든 권한이 있는 것으로 본다. 상대방이 악의인 경우에는 그러하지 아니하다(제16조 제1항, 제2항).

④ 부분적 포괄대리권을 가진 사용인에게는 표현지배인에 관한 상

법 제14조의 규정이 유추적용되지 않는다.

➡ **[O]** 부분적 포괄대리권을 가진 사용인에 대해서는 상법이 표현적 명칭에 대한 상대방의 신뢰를 보호하는 규정을 두고 있지 않는데, 지배인과 같은 정도의 획일적, 정형적인 대리권을 갖지도 않는 부분적 포괄대리권을 가진 사용인에 대해서까지 상대방의 신뢰를 무조건적으로 보호한다는 것은 오히려 영업주의 책임을 지나치게 확대하는 것이 될 우려가 있으며, 부분적 포괄대리권을 가진 사용인에 해당하지 않는 사용인이 그러한 사용인과 유사한 명칭을 사용하여 법률행위를 한 경우 그 거래 상대방은 민법 제125조의 표현대리나 민법 제756조의 사용자책임 등의 규정에 의하여 보호될 수 있다고 할 것이므로, 부분적 포괄대리권을 가진 사용인의 경우에도 표현지배인에 관한 상법 제14조의 규정이 유추적용되어야 한다고 할 수는 없다(대판 2007.8.23. 2007다23425).

문 3
정답 ②

핵심공략 명의대여자책임

1. 명의대여자 상인 요구 ×, 상행위 요구 ×
2. 요건
   ① 외관의 존재(지점, 출장소, 영업소 명칭 부가 O, 대리점 명칭 부가 ×)
   ② 외관의 부여(동업 탈퇴 후 상대방에게 알리지 않은 경우 O, 법률위반 무효 명의대여 O, 상호 사용 없이 단순한 창고 사용 방치 ×)
   ③ 외관의 신뢰(오인과 피해 발생 사이의 인과관계 요구 O, 상대방 악의·중과실 명의대여자 입증책임)
2. 적용범위
   ① 허락한 영업범위 내의 채무에 대한 책임, 명의에서 객관적으로 추론되는 영업거래인지 여부를 기준
   ② 명의차용자의 피용자 ×, 불법행위 ×, 어음수표채무 O

상법상 명의대여자의 책임에 관한 다음 설명 중 가장 옳지 않은 것은? (다툼이 있는 경우 판례에 의함)

① 건설업 면허를 대여한 자는 건설업 면허를 대여받은 자가 그 면허를 사용하여 하도급거래를 한 경우 면허를 대여한 자를 영업의 주체로 오인한 하수급인에 대하여 명의대여자책임을 질 수 있다.

➡ **[O]** 건설업 면허 대여의 경우 면허를 대여받은 자를 대리 또는 대행한 자가 면허를 대여한 자의 명의로 하도급거래를 한 경우에는 면허를 대여한 자는 명의대여자의 책임을 진다(대판 2008.10.23. 2008다46555).

❷ 제3자가 자기의 상호 아래 대리점이란 명칭을 붙여 사용하는 것을 허락하거나 묵인한 경우 명의대여자로서 책임을 질 수 있다.

➡ **[×]** 타인의 상호 아래 대리점이란 명칭을 붙인 경우는 그 아래 지점, 영업소, 출장소 등을 붙인 경우와는 달리 타인의 영업을 종속적으로 표시하는 부가부분이라고 보기도 어렵기 때문에 제3자가 자기의 상호 아래 대리점이란 명칭을 붙여 사용하는 것을 허락하거나 묵인하였더라도 상법상 명의대여자로서의 책임을 물을 수는 없다(대판 1989.10.10. 88다카8354).

③ 명의대여자 책임은 명의차용인과 그 상대방의 거래행위에 의하여 생긴 채무에 관하여 명의대여자를 진실한 상대방으로 오인하고 그 신용·명의 등을 신뢰한 제3자를 보호하기 위한 것이므로 불법행위의 경우에는 명의대여자 책임이 적용되지 않는다.

[09/16/17법무사, 17법원직]

➡ **[O]** 명의차용자의 불법행위의 경우에는 설령 피해자가 명의대여자를 영업주로 오인하고 있었더라도 그와 같은 오인과 피해의 발생 사이에 아무런 인과관계가 없으므로, 신뢰관계를 이유로 명의대여자에게 책임을 지워야 할 이유가 없다(대판 1998.3.24. 97다55621).

④ 상법 제24조의 명의대여자의 책임 규정은 명의대여자가 상인이 아니거나 명의차용자의 영업이 상행위가 아닌 경우에도 적용된다.

[09/16법무사]

➡ **[O]** 명의대여자가 상인이 아니거나 명의차용자의 영업이 상행위가 아니라 하더라도 명의대여자 책임의 법리를 적용하는 데에 아무런 영향이 없다(대판 1987.3.24. 85다카2219).

문 4
정답 ①

핵심공략 부실등기

1. 의의
   고의 또는 과실로 사실과 상위한 사항을 등기한 자는 그 상위를 선의의 제3자에게 대항 ×(제39조).
2. 요건
   ① 외관의 존재(사실과 다른 등기)
      이사선임 주주총회결의 취소판결 확정에 따라 선임결의가 취소되는 대표이사와 거래한 상대방은 상법 제39조의 적용 내지 유추적용에 의해 보호 가능. 취소되는 주주총회결의에 의해 이사로 선임된 대표이사가 한 이사선임등기는 상법 제39조 부실등기 해당(대판 2004.2.27. 2002다19797)
   ② 외관의 부여(등기신청인의 고의 또는 과실)
      - 등기신청인 고의, 과실은 대표자 기준 판단, 등기공무원 잘못인 경우 적용 ×
      - 제3자(상당한 지분 보유자 포함) 문서위조에 의한 경우 적용 ×(예외: 대표이사의 협조·묵인, 회사가 알면서 방치)
   ③ 외관의 신뢰: 제3자의 선의, 무중과실

상법상 상업등기에 관한 다음 설명 중 가장 옳은 것은? (다툼이 있으면 판례에 의함)

❶ 고의 또는 과실로 인하여 사실과 상위한 사항을 등기한 자는 그 상위를 선의의 제3자에게 대항하지 못한다.

[03/06/07/13/14/15/16법무사, 10/12/17법원직]

➡ **[O]** 제39조

② 합자회사의 사원지분등기가 불실등기인 경우라도 공신력이 인정되므로 그 불실등기를 믿고 합자회사 사원의 지분을 양수한 이상 그 지분의 양수는 유효하다. [07/10/19법원직, 15법무사]

➡ **[×]** 회사등기에는 공신력이 인정되지 아니하므로, 합자회사의 사원지분등기가 불실등기인 경우 그 불실등기를 믿고 사원의 지분을 양수하였다 하여 그 지분을 양수한 것으로는 될 수 없다(대판 1996.10.29. 96다19321).

③ 등기신청인이 법인인 경우 그 대표자를 기준으로 고의를 판단하여야 하는바, 합명회사인 경우 대표사원을 기준으로 판단해야 하지만, 만일 대표사원이 유고로 따로 업무를 집행하는 사원이 있다면 그 사원을 기준으로 판단해야 한다. [05/15법무사]

➡ **[×]** 합명회사에 있어서 부실등기에 대한 고의·과실의 유무는 대표

사원을 기준으로 판정하여야 하고 대표사원의 유고로 회사정관에 따라 업무를 집행하는 사원이 있다고 하더라도 그 사원을 기준으로 판정하여서는 아니 된다(대판 1981.1.27. 79다1618,1619).

④ 법인등기부에 이사 또는 감사로 등재되어 있다는 이유로 정당한 절차에 의하여 선임된 적법한 이사 또는 감사로 추정된다고는 할 수 없다.　　　　　　　　　　　　　　[03/05/15/18법무사. 07법원직]

➡ [X] 법인등기부에 이사 또는 감사로 등재되어 있는 경우에는 특단의 사정이 없는 한 정당한 절차에 의하여 선임된 적법한 이사 또는 감사로 추정된다(대판 1991.12.27. 91다4409,4416).

문 5　　　　　　　　　　　　　　　　　　　　　　정답 ②

> **핵심공략** 양도인 책임의 단기 제척기간, 면책등기 및 면책통지, 영업양수인의 책임 효과, 양수인의 채무자 변제
>
> 1. 양도인 책임의 단기 제척기간: 영업양도 또는 광고 후 2년
> 2. 면책등기 및 면책통지
>   ① 영업양수인이 양도인의 채무에 대하여 책임이 없음을 등기한 경우 변제책임 ×
>   ② 양도인과 양수인이 제3자에 대하여 책임 없음을 통지한 경우 통지받은 제3자에게 변제책임 ×
> 3. 영업양수인의 책임 효과
>   ① 영업양수인은 무한책임 부담. 양수한 재산으로 제한 ×
>   ② 양수인의 책임: 양도인과 함께 부진정연대책임
>   ③ 양도인의 영업자금과 관련한 피보증인의 지위 승계 ×
>   ④ 영업상 채무에 대하여 제3자가 보증한 경우, 보증인이 양도인의 채무 변제 → 양수인에게 구상권 행사 ×
> 4. 영업양수인의 채무자 변제: 채무자 선의, 무중과실의 경우 양수인에 대한 채무 변제 효력 ○

상법상 영업양도에 관한 다음 설명 중 가장 옳지 않은 것은?

① 양수인이 양도인의 상호를 속용하는 영업양도의 경우 양도인의 영업으로 인한 제3자의 채권에 대하여 양도인과 양수인은 연대채무관계에서 변제책임을 부담하며, 영업양도 후 2년이 경과하면 양도인의 변제책임은 소멸한다.
　　　　　　　　[04/08/10/12/13/16/18/20법무사. 12/16/21법원직]

➡ [O] 영업양수인이 양도인의 상호를 계속 사용하지 아니하더라도 양도인의 영업으로 인한 채무를 인수할 것을 광고한 때에는 양수인도 변제할 책임이 있으며(제44조), 이 경우 양도인의 제3자에 대한 채무는 광고 후 2년이 경과하면 소멸한다(제45조).

❷ 상호속용양수인의 규정은 양수인이 영업양도를 받은 후 지체 없이 양도인의 채무에 대한 책임이 없음을 등기한 때에는 적용하지 아니한다. 양도인 또는 양수인이 지체 없이 제3자에 대하여 그 뜻을 통지한 경우에 그 통지를 받은 제3자에 대하여도 같다.
　　　　　　　　[14/18 법원직. 13/15/16법무사]

➡ [X] 양도인의 상호를 계속 사용하는 영업양수인이 영업양도를 받은 후 지체 없이 양도인의 채무에 대한 책임이 없음을 등기한 경우에는, 양수인은 양도인의 영업으로 인한 제3자의 채권에 대하여 변제할 책임이 없다. 양도인과 양수인이 지체 없이 제3자에 대하여 책임이 없음을 통지한 경우 통지받은 제3자에게는 양수인이 책임을 부담하지

않는다.

③ 영업양도로 채무가 당연히 승계되는 것이 아니므로 영업양도인이 양도 전에 갖고 있던 영업상의 채무에 대해 제3자가 보증을 한 경우, 양도인의 피보증인으로서의 지위는 양수인에게 이전되지 않고, 따라서 보증인이 양도인의 채무를 대신 변제하더라도 양수인에게 구상권을 행사할 수 없다.　　　　　　　[05법무사]

➡ [O] 상법 제42조 제1항의 상호속용 영업양수인의 책임에 관한 규정에 의하여 영업양수인은 양도인의 영업자금과 관련한 피보증인의 지위까지 승계하는 것으로 볼 수는 없다. 따라서 영업양도인의 영업상 채무에 대하여 제3자가 보증을 한 경우, 보증인이 양도인의 채무를 변제하더라도 양수인에게 구상권을 행사할 수 없다(대판 2020.2.6. 2019다270217).

④ 영업양수인이 상호를 계속 사용하는 경우에 양도인의 영업으로 인한 채권에 대하여 채무자가 선의이며 중대한 과실 없이 양수인에게 변제한 때에는 그 효력이 있다.　　[06/08/12/19법무사]

➡ [O] 양도인의 영업으로 인한 채권에 대하여 채무자가 선의이며 중대한 과실 없이 양도인의 상호를 계속하여 사용하는 양수인에게 변제한 때에는 그 효력이 있다(제43조).

문 6　　　　　　　　　　　　　　　　　　　　　　정답 ①

> **핵심공략** 특별상사유치권, 유치권
>
> 1. 특별상사유치권[운견불소/대위불소견]
>   ① 운송주선인 및 운송인: 견련관계 ○, 채무자 소유물 ×
>   ② 대리상 및 위탁매매인: 채무자 소유물 ×, 견련관계 ×
> 2. 유치권 정리

구분	민사 유치권	운송인 운송 주선인	대리상	위탁 매매인	일반 상사 유치권
채무자 소유	×	×	×	×	○
견련성	○	○	×	×	×

상법상 유치권에 관한 다음 설명 중 가장 옳지 않은 것은?

❶ 상인간의 상행위로 인한 채권이 변제기에 있는 때 채권자는 변제를 받을 때까지 그 채무자를 위하여 점유하는 물건 또는 유가증권을 유치할 수 있다.　　　[07/08/12/15/18법원직. 07/11법무사]

➡ [X] 상인간의 상행위로 인한 채권이 변제기에 있는 때에는 채권자는 변제를 받을 때까지 그 채무자에 대한 상행위로 인하여 자기가 점유하고 있는 채무자 소유의 물건 또는 유가증권을 유치할 수 있다(제58조).

② 대리상은 거래의 대리 또는 중개로 인한 채권이 변제기에 있는 때에는 그 변제를 받을 때까지 본인을 위하여 점유하는 물건 또는 유가증권을 유치할 수 있다.　　[08/12/15/20법원직. 03/19법무사]

➡ [O] 제91조

③ 운송주선인은 운송물에 관하여 받을 보수, 운임, 기타 위탁자를 위한 체당금이나 선대금에 관하여서만 그 운송물을 유치할 수 있다.　　　　　　　　　　　　　　　　　　[11법무사. 15/20법원직]

➡ [O] 운송주선인은 운송물에 관하여 받을 보수, 운임, 기타 위탁자를 위한 체당금이나 선대금에 관하여서만 그 운송물을 유치할 수 있다(제120조). 운송주선인의 특별상사유치권은 일반상사유치권과 달리 견련성을 요하고, 위탁자 소유물일 것을 요하지 않는다. 이는 운송인의 경우에도 마찬가지이다(제147조).

④ 위탁매매인은 거래의 위탁매매로 인한 채권이 변제기에 있는 때에는 그 변제를 받을 때까지 본인을 위하여 점유하는 물건 또는 유가증권을 유치할 수 있다. [11법무사, 15법원직]

➡ [O] 제91조, 제111조

문 7
정답 ④

핵심공략 **매수인의 검사통지의무**

1. 요건
   ① 쌍방 상인
   ② 매매(도급, 임대차 ×, 부대체물 공급계약 ×, 별도 주문 포장지 또는 승강기 ×)
   ③ 매수인의 목적물 현실 수령
   ④ 수량부족 또는 하자(권리하자, 수량초과, 목적물 상이 ×)
   ⑤ 매도인 선의(악의, 중과실 적용 ×)
   ⑥ 배제특약 부존재
2. 효과
   ① 6개월 이후 하자가 발견된 경우, 6개월 내 발견할 수 없었던 하자의 경우에도 담보책임 ×
   ② 불완전이행으로 인한 손해배상책임에는 적용 ×

상법상 매매에 관한 다음 설명 중 가장 옳지 않은 것은?

① 상법 제69조 제1항은 민법상 매도인의 담보책임에 대한 특칙으로서, 채무불이행에 해당하는 이른바 불완전이행으로 인한 손해배상책임을 묻는 청구에는 적용되지 않는다. [16/17/19/21법원직, 16/20법무사]

➡ [O] 대판 2015.6.24. 2013다522

② 매매의 목적물에 상인에게 통상 요구되는 객관적인 주의의무를 다하여도 즉시 발견할 수 없는 하자가 있는 경우, 매수인은 6월 내에 그 하자를 발견하여 지체 없이 이를 통지하지 아니하면 매수인은 과실의 유무를 불문하고 매도인에게 하자담보책임을 물을 수 없다. [04/08/10/13/16법무사, 11/16/17/18법원직]

➡ [O] 대판 1999.1.29. 98다1584

③ 상법 제69조의 하자담보책임을 묻기 위한 전제요건, 즉 매수인이 목적물을 수령한 때에 지체 없이 그 목적물을 검사하여 즉시 매도인에게 그 하자를 통지한 사실, 만약 매매의 목적물에 즉시 발견할 수 없는 하자가 있는 경우에는 6월 내에 이를 발견하여 즉시 통지한 사실 등에 관한 입증책임은 매수인에게 있다. [20법무사, 21법원직]

➡ [O] 매수인은 목적물에 수량부족이나 하자가 존재한다는 사실, 그로 인한 손해, 검사 및 통지의무를 이행했다는 사실을 입증하여야 한다(대판 1990.12.21. 90다카28498,28504(반소)).

❹ 상사매매에 관한 상법 제69조는, 민법의 매매에 관한 규정이 민법 제567조에 의하여 매매 이외의 유상계약에 준용되는 것과

마찬가지로 상인간의 수량을 지정한 건물의 임대차계약에 준용된다. [11/17/21법원직, 13/20법무사]

➡ [×] 상사매매에 관한 상법 제69조는 상인간의 수량을 지정한 건물의 임대차계약에 준용될 수 없다(대판 1995.7.14. 94다38342).

문 8
정답 ③

핵심공략 **익명조합**

1. 의의
   ① 당사자 일방이 영업을 위하여 출자, 상대방은 영업을 인한 이익 분배 약정
   ② 이익여부와 상관없이 익명조합원이 일정 금원 지급 → 익명조합×
2. 요건: 영업자는 상인이어야 하나, 익명조합원은 상인이 아니어도 됨
3. 익명조합원의 출자와 이익배당
   ① 출자목적물: 금전 또는 현물에 한정
   ② 익명조합원이 출자한 금전 기타의 재산은 영업자의 재산(영업자 횡령죄 불성립)
   ③ 익명조합원의 출자가 손실로 감소 → 손실을 전보한 후 이익배당 청구 가능
4. 외부관계
   ① 대외적인 모든 책임은 영업자 부담, 익명조합원은 책임 ×
   ② 익명조합원 성명, 상호 사용허락 → 사용이후의 채무에 대하여 영업자와 연대책임
5. 종료: 영업의 폐지 또는 양도, 영업자의 사망 또는 성년후견개시, 영업자 또는 익명조합원의 파산

상법상 익명조합에 관한 다음 설명 중 가장 옳지 않은 것은?

① 익명조합원이 출자한 금전 기타의 재산은 영업자의 재산으로 본다. [04/15법무사, 11/17/20법원직]

➡ [O] 제79조

② 익명조합원의 출자가 손실로 인하여 감소된 때에는 그 손실을 전보한 후가 아니면 이익배당을 청구하지 못한다. [15법무사, 20법원직]

➡ [O] 제82조 제1항

❸ 익명조합원이 자기의 성명을 영업자의 상호 중에 사용하게 하거나 자기의 상호를 영업자의 상호로 사용할 것을 허락한 때에는 그 사용 전후의 채무에 대하여 영업자와 연대하여 변제할 책임이 있다. [10/20법원직, 15/19법무사]

➡ [×] 익명조합원이 자기의 성명을 영업자의 상호 중에 사용하게 하거나 자기의 상호를 영업자의 상호로 사용할 것을 허락한 때에는 그 사용 이후의 채무에 대하여 영업자와 연대하여 변제할 책임을 부담한다(제81조).

④ 영업자의 사망이나 익명조합원의 파산은 익명조합계약의 종료 사유에 해당한다. [04/15법무사, 08/20법원직]

➡ [O] 익명조합계약은 ① 영업의 폐지 또는 양도, ⓒ 영업자의 사망 또는 성년후견개시, ⓒ 영업자 또는 익명조합원의 파산으로 종료된다(제84조).

문 9

> **핵심공략** 위탁매매업
>
> 1. 의의
>   ① 자기명의로써 타인의 계산으로 물건 또는 유가증권의 매매를 영업으로 하는 자
>   ② 매매계약과 위탁매매계약 판단기준: 실질에 따라 판단. 계약의 명칭 또는 형식적인 문언 × → 준위탁매매 적용
>   ③ 위탁자: 불특정다수인. 상인 ×
> 2. 이행담보책임 소멸시효: 5년
> 3. 위탁매매인의 권리
>   ① 보수청구권
>   ② 거래소의 시세가 있는 물건 또는 유가증권 위탁 → 위탁매매인이 직접 매도인 또는 매수인
>   ③ 개입권 행사 → 매매대가는 위탁매매인이 매매 통지를 발송할 때의 거래소 시세, 위탁자에게 보수 청구 가능
>   ④ 위탁매매 목적물 처분권
>   ⑤ 매수물의 공탁, 경매권: 위탁자가 매수한 물건 수령거부, 수령할 수 없는 경우 → 공탁 또는 최고 후 경매, 위탁자에게 통지
>   ⑥ 특별상사유치권: 견련성 ×, 위탁자 소유물 ×

위탁매매에 관한 다음 설명 중 가장 옳지 않은 것은?

① 위탁매매란 자기의 명의로 타인의 계산에 의하여 물품을 매수 또는 매도하고 보수를 받는 것으로서 명의와 계산의 분리를 본질로 한다. 그리고 어떠한 계약이 일반의 매매계약인지 위탁매매계약인지는 계약의 명칭 또는 형식적인 문언을 떠나 그 실질을 중시하여 판단하여야 한다. 이는 자기 명의로써, 그러나 타인의 계산으로 매매 아닌 행위를 영업으로 하는 이른바 준위탁매매에 있어서도 마찬가지이다. [17/19법원직]

➡ 【O】 대판 2011.7.14. 2011다31645

② 위탁매매인이 위탁자로부터 물건 또는 유가증권을 받은 후 파산한 경우에는 위탁자는 위 물건 또는 유가증권을 환취할 권리가 있다. [11/18법무사. 19법원직]

➡ 【O】 위탁매매인이 위탁자로부터 받은 물건 또는 유가증권이나 위탁매매로 인하여 취득한 물건, 유가증권 또는 채권은 위탁자와 위탁매매인 또는 위탁매매인의 채권자간의 관계에서는 이를 위탁자의 소유 또는 채권으로 보므로(상법 제103조), 위탁매매인이 위탁자로부터 물건 또는 유가증권을 받은 후 파산한 경우에는 위탁자는 구 파산법 제79조에 의하여 위 물건 또는 유가증권을 환취할 권리가 있고, 위탁매매의 반대급부로 위탁매매인이 취득한 물건, 유가증권 또는 채권에 대하여는 구 파산법 제83조 제1항에 의하여 대상적 환취권(대체적 환취권)으로 그 이전을 구할 수 있다(대판 2008.5.29. 2005다6297).

❸ 위탁자의 위탁상품 공급으로 인한 위탁매매인에 대한 이득상환청구권이나 이행담보책임 이행청구권은 민법 제163조 제6호 소정의 '상인이 판매한 상품의 대가'를 유추하여 3년의 단기소멸시효의 대상이다. [18/19법무사. 19법원직]

➡ 【X】 위탁매매는 상법상 전형적 상행위이며 위탁매매인은 당연한 상인이고 위탁자도 통상 상인일 것이므로, 위탁자의 위탁매매인에 대한 매매위탁으로 인한 채권은 다른 특별한 사정이 없는 한 통상 상행위로 인하여 발생한 채권이어서 5년의 상사소멸시효의 대상이 된다(대판 1996.1.23. 95다39854).

④ 위탁매매인이 거래소의 시세가 있는 물건 또는 유가증권의 매매를 위탁받은 경우에는 직접 그 매도인이나 매수인이 될 수 있다. 이 경우의 매매대가는 위탁매매인이 매매의 통지를 발송할 때의 거래소의 시세에 따른다. [07/12/18/19법무사. 08/11/12/16/19법원직]

➡ 【O】 제107조 제1항

문 10

> **핵심공략** 임치기간, 창고업자 의무, 창고업자 책임의 소멸시효
>
> 1. 임치기간
>   ① 임치기간을 정하지 않은 경우: 임치물을 받은 날로부터 6월 경과후 언제든지 반환
>   ② 임치물 반환을 위해서는 2주 전 예고
> 2. 창고업자 의무
>   ① 선관주의의무: 보관료 × → 선관주의의무 ○
>   ② 임치물 검사, 견품적취, 보존처분권: 임치인 또는 창고증권소지인 영업시간 내 언제든지
>   ③ 임치물의 훼손, 하자 통지의무 및 처분의무
>   ④ 손해배상책임: 창고업자 무과실 증명 × → 손해배상책임 부담
> 3. 창고업자 책임의 소멸시효
>   ① 소멸시효: 물건 출고일부터 1년. 악의 → ×
>   ② 물건 전부 멸실: 임치인이 알고 있는 창고증권 소지인에게 멸실 통지를 발송한 날부터 기산
>   ③ 적용범위: 임치인의 청구에만 적용, 임치물이 타인 소유인 경우, 소유권자인 타인의 청구에는 적용 ×

상법상 창고업에 관한 설명 중 가장 옳지 않은 것은?

① 당사자가 임치기간을 정하지 아니한 때에는 창고업자는 임치물을 받은 날로부터 6월을 경과한 후에는 언제든지 이를 반환할 수 있으나, 그 경우 2주간 전에 예고하여야 한다. [11/14법원직]

➡ 【O】 제163조 제1항, 제2항

② 창고업자는 자기 또는 사용인이 임치물의 보관에 관하여 주의를 해태하지 아니하였음을 증명하지 아니하면 임치물의 멸실 또는 훼손에 대하여 손해를 배상할 책임을 면하지 못한다. [03/07법무사. 21법원직]

➡ 【O】 제160조

❸ 임치물의 멸실 또는 훼손으로 인하여 생긴 창고업자의 책임은 그 물건을 출고한 날로부터 1년이 경과하면 소멸시효가 완성하고, 임치물이 전부 멸실한 경우에는 그 물건이 전부 멸실한 날로부터 1년이 경과하면 소멸시효가 완성한다. [07/12법무사. 10/14법원직]

➡ 【X】 임치물의 멸실 또는 훼손으로 인하여 생긴 창고업자의 책임은 물건을 출고한 날로부터 1년이 경과하면 소멸시효가 완성한다. 임치물이 전부 멸실한 경우에는 임치인과 알고 있는 창고증권소지인에게 그 멸실의 통지를 발송한 날로부터 기산한다(제166조 제1항, 제2항).

④ 임치인 또는 창고증권소지인은 영업시간 내에 언제든지 창고업자에 대하여 임치물의 검사 또는 견품의 적취를 요구하거나 그 보존에 필요한 처분을 할 수 있다. [14/18/21법원직]

➡ 【O】 제161조

문 11

핵심공략 법인격 부인

1. 의의
   ① 회사법인격 남용 → 회사가 사원과 독립된 실체 × → 회사의 책임을 사원에게 인정
   ② 외형상 법인의 형식. 실질은 타인의 개인기업 또는 배후자에 대한 책임 회피 수단 → 회사와 배후자에게 책임
2. 요건
   ① 객관적 요건: 자회사가 독자적 존재 ×, 모회사의 완전한 지배력 행사, 개인재산과 회사 재산 혼용
   ② 임원의 겸직, 주주가 회사 주식 전부 소유 → 법인격 남용 ×
   ③ 기존회사 채무면탈 목적으로 실질적으로 동일한 신설회사 설립, 기존의 다른 회사 이용 → 법인격 남용 ○
3. 적용효과
   ① 회사에 대한 판결의 기판력 및 집행력: 주주에게 영향 ×. 주주에 대하여 별도 집행권원 확보
   ② 기존회사 채권자: 기존회사와 신설회사 모두에 대해 이행청구

회사의 법인성에 대한 설명으로 가장 잘못된 것은?

① 기존회사의 채무를 면탈할 목적으로 신설된 회사의 법인격이 부인되더라도 기존회사에 대한 판결의 기판력과 집행력이 신설회사에까지 미치는 것은 아니다. [13/17법원직, 16법무사]
   ➡ **[O]** 甲 회사와 乙 회사가 기업의 형태·내용이 실질적으로 동일하고, 甲 회사는 乙 회사의 채무를 면탈할 목적으로 설립된 것으로서 甲 회사가 乙 회사의 채권자에 대하여 乙 회사와는 별개의 법인격을 가지는 회사라는 주장을 하는 것이 신의성실의 원칙에 반하거나 법인격을 남용하는 것으로 인정되는 경우에도, 권리관계의 공권적인 확정 및 그 신속·확실한 실현을 도모하기 위하여 절차의 명확·안정을 중시하는 소송절차 및 강제집행절차에 있어서는 그 절차의 성격상 乙 회사에 대한 판결의 기판력 및 집행력의 범위를 甲 회사에까지 확장하는 것은 허용되지 아니한다(대판 1995.5.12. 93다44531).

② 기존회사가 채무를 면탈할 목적으로 기업의 형태·내용이 실질적으로 동일한 신설회사를 설립하였다면, 신설회사의 설립은 기존회사의 채무면탈이라는 위법한 목적달성을 위하여 회사제도를 남용한 것이므로, 기존회사의 채권자는 위 두 회사 어느 쪽에 대하여도 채무의 이행을 청구할 수 있다. [09/13법원직, 16법무사]
   ➡ **[O]** 기존회사가 채무를 면탈할 목적으로 기업의 형태·내용이 실질적으로 동일한 신설회사를 설립하였다면, 신설회사의 설립은 기존회사의 채무면탈이라는 위법한 목적달성을 위해 회사제도를 남용한 것이므로, 기존회사의 채권자에 대하여 위 두 회사가 별개의 법인격을 갖고 있음을 주장하는 것은 신의성실의 원칙상 허용될 수 없고, 기존회사의 채권자는 위 두 회사 어느 쪽에 대해서도 채무 이행을 청구할 수 있다(대판 2019.12.13. 2017다271643).

❸ 기존회사가 채무를 면탈할 목적으로 기업의 형태와 내용이 실질적으로 동일한 기존의 다른 회사를 이용한 경우에는 법인격부인론의 적용을 부정한다. [09/13 법원직, 16법무사]
   ➡ **[×]** 법인격 남용의 법리는 어느 회사가 이미 설립되어 있는 다른 회사 가운데 기업의 형태·내용이 실질적으로 동일한 회사를 채무를 면탈할 의도로 이용한 경우에도 적용된다(대판 2019.12.13. 2017다271643).

④ 법인격 남용을 인정하려면 적어도 회사의 법인격이 배후자에 대한 법률적용을 회피하기 위한 수단으로 이용되거나, 채무면탈, 계약상 채무의 회피, 탈법행위 등 위법한 목적달성을 위하여 회사제도를 남용하는 등의 주관적 의도 또는 목적이 인정되어야 한다.
   ➡ **[O]** 대판 2010.2.25. 2007다85980; 대판 2013.2.14. 2012다77969

문 12
정답 ③

핵심공략 회사계속의 의의, 합자회사의 회사계속, 주식회사의 회사계속

1. 회사계속의 의의
   ① 회사가 해산 전의 상태로 복귀하여 해산 전 회사의 동일성을 유지하면서 회사로서 존속
   ② 해산명령 결정 또는 해산판결 확정: 청산절차 ○, 회사계속 ×
2. 합자회사의 회사계속
   ① 정관으로 정한 존립기간의 만료로 인한 해산 → 사원의 전부 또는 일부 동의로 회사계속
   ② 일부 사원의 회사 계속 동의 → 일부 사원들의 동의로 정관변경 폐지 가능
   ③ 일부 사원의 회사계속 동의 & 나머지 사원들의 동의 여부 불분명 → 회사계속 ○
3. 주식회사의 회사계속
   ① 존립기간만료, 정관에 정한 사유, 주총결의에 의한 해산: 주주총회 특별결의로 회사 계속 ○
   ② 해산간주: 해산된 것으로 간주되는 시점으로부터 3년 이내 주총 특별결의로 회사 계속 ○

회사의 계속에 관한 다음 설명 중 가장 옳지 않은 것은?

① 법원의 해산명령에 의해 해산한 경우, 회사의 계속은 인정되지 않는다. [11/16법무사]
   ➡ **[O]** 해산명령의 결정 또는 해산판결의 확정이 있는 때에는 회사는 청산절차를 밟아야 하고, 회사의 계속이 인정되지 아니한다.

② 합자회사가 존속기간 만료로 해산한 경우 일부 사원이 회사계속에 동의하였다면 나머지 사원들의 동의 여부가 불분명하더라도 회사계속의 효과는 발생한다. [18법원직]
   ➡ **[O]** 합자회사의 회사 계속 동의 여부에 대한 사원 전부의 의사가 동시에 분명하게 표시되어야만 회사계속이 가능한 것은 아니므로, 일부 사원이 회사계속에 동의하였다면 나머지 사원들의 동의 여부가 불분명하더라도 회사계속의 효과는 발생한다(대판 2017.8.23. 2015다70341).

❸ 주식회사가 해산간주에 의하여 해산한 경우 언제든지 주주총회 특별결의로 회사를 계속할 수 있다. [17법무사]
   ➡ **[×]** 최후 등기 후 5년을 경과하여 해산이 간주된 휴면회사의 경우, 해산된 것으로 간주되는 시점으로부터 3년 이내에는 주주총회 특별결의에 의하여 회사를 계속할 수 있다(제520조의2 제3항). 따라서 주식회사가 해산 간주에 의하여 해산한 경우, 회사가 계속하기 위해서는 해산된 것으로 간주되는 시점으로부터 3년 이내에 주주총회 특별결의를 거쳐 회사를 계속할 수 있다.

④ 합자회사가 존립기간의 만료로 해산한 경우에도, 사원의 전부 또는 일부의 동의로 회사를 계속할 수 있다. [17법무사, 18법원직]

72 해커스공무원 gosi.Hackers.com

→ **[O]** 합자회사가 정관으로 정한 존립기간의 만료로 해산한 경우에도, 사원의 전부 또는 일부의 동의로 회사를 계속할 수 있다(대판 2017. 8.23. 2015다70341).

문 13
정답 ④

핵심공략 액면주식과 무액면주식, 자본금

1. 액면주식과 무액면주식
   ① 회사는 정관으로 액면주식과 무액면주식 선택. 양자 병행 ×
   ② 액면주식: 액면은 정관기재사항. 액면금액은 100원 이상 균일
   ③ 액면주식을 무액면주식으로 전환 ○, 무액면주식을 액면주식으로 전환 ○
2. 자본금
   ① 액면주식과 무액면주식의 전환으로 자본금 변경 ×
   ② 액면주식: 발행주식의 액면총액
   ③ 무액면주식: 주식발행가액의 2분의 1 이상, 자본금 아닌 금액 → 자본준비금
   ④ 최저자본금제 폐지: 자본금 100원인 주식회사 가능

상법상 주식회사의 주식과 자본금에 관한 다음 설명 중 가장 옳지 않은 것은?

① 회사의 자본금은 액면주식을 무액면주식으로 전환하거나 무액면주식을 액면주식으로 전환함으로써 변경할 수 없다.

[17법무사. 19법원직]

→ **[O]** 제461조 제3항

② 회사는 정관으로 액면주식과 무액면주식을 선택할 수 있지만, 양자를 모두 발행하는 것은 허용되지 않는다.

→ **[O]** 회사는 정관으로 정한 경우에는 주식의 전부를 무액면주식으로 발행할 수 있다. 다만, 무액면주식을 발행하는 경우에는 액면주식을 발행할 수 없다(제329조 제1항).

③ 회사가 무액면주식을 발행하는 경우, 회사의 자본금은 주식 발행가액의 2분의 1 이상의 금액으로서 이사회에서 자본금으로 계상하기로 한 금액의 총액으로 한다.

[21법원직]

→ **[O]** 회사가 무액면주식을 발행하는 경우 회사의 자본금은 주식 발행가액의 2분의 1 이상의 금액으로 이사회 또는 주주총회에서 자본금으로 정한 금액으로 하고, 발행가액 중 자본금으로 계상하지 아니하는 금액은 자본준비금으로 계상하여야 한다(제451조 제2항).

❹ 액면주식 1주의 금액은 100원 이상으로 균일하여야 한다. 다만, 정관으로 종류주식을 발행하는 경우 그러하지 아니하다.

→ **[X]** 액면주식 1주의 금액은 100원 이상으로 균일하여야 한다(제329조 제2항, 제3항).

문 14
정답 ②

핵심공략 주식소각, 주식분할, 주식병합절차

1. 주식소각
   ① 회사의 존속 중 특정 주식을 절대적으로 소멸시키는 회사의 행위

---

② 소각은 원칙적으로 자본금감소 규정에 의하여야 함 → 원칙적으로 채권자보호절차 요구 ○
③ 배당가능이익으로 자기주식을 취득한 후 하는 소각과 같이 자본금 감소가 없는 자기주식소각은 자본금감소 규정에 의하지 않음 → 채권자보호절차 요구 ×

2. 주식분할
   ① 주식을 나누어 발행주식총수를 증가시키는 것 → 발행주식총수 증가 및 액면 감소
   ② 주주총회 특별결의 ○, 자본금 변화 없으므로 채권자보호절차 ×
   ③ 회사가 공고한 주권제출기간 내에 주주가 구주권을 제출하더라도 주권제출기간이 지나야 신주권 발행 및 교부 청구 가능
   ④ 주식분할의 효력은 주권제출기간 만료시 발생
   ⑤ 준용규정: 주식분할의 절차, 주식분할 효력발생, 기타 구주권의 제출 및 신주권의 교부, 단주처리에 관하여는 주식병합에 관한 규정 준용(제329조의2 제3항)

3. 주식병합절차
   ① 회사는 1월 이상 기간을 정하여 그 뜻과 기간 내에 주권을 회사에 제출할 것을 공고하고 주주명부 주주와 질권자에게 통지해야 함
   ② 구주권을 제출할 수 없는 자가 있는 경우 회사는 그 자의 청구에 의하여 3월 이상의 기간을 정하고 이해관계인에게 기간 내에 이의 제출을 공고하고 기간 경과 후 신주권을 청구자에게 교부 가능

주식의 소각·병합·분할에 관한 설명 중 옳은 것은?

① 회사가 보유하는 자기주식을 소각하는 경우 자본금감소에 관한 규정에 따라서만 소각하여야 한다.

→ **[X]** 주식은 자본금감소에 관한 규정에 따라서만 소각할 수 있다. 다만, 이사회의 결의에 의하여 회사가 보유하는 자기주식을 소각하는 경우에는 그러하지 아니하다(제343조 제1항). 따라서 회사가 자기주식 소각을 이사회 결의에 의하는 경우 자본금감소 규정에 의하지 아니할 수 있다.

❷ 주식분할의 경우 구주권을 회사에 제출할 수 없는 자가 있는 때에는 회사는 그 자의 청구에 의하여 3개월 이상의 기간을 정하고 이해관계인에게 그 주권에 대한 이의가 있으면 그 기간 내에 제출할 뜻을 공고하고 그 기간이 경과한 후에 신주권을 청구자에게 교부할 수 있다.

→ **[O]** 주식분할과 관련하여 기타 구주권의 제출 및 신주권의 교부(제442조)에 관하여는 주식병합에 관한 규정을 준용한다(제329조의2 제3항). 주식을 병합하는 경우에 구주권을 회사에 제출할 수 없는 자가 있는 때에는 회사는 그 자의 청구에 의하여 3월 이상의 기간을 정하고 이해관계인에 대하여 그 주권에 대한 이의가 있으면 그 기간 내에 제출할 뜻을 공고하고 그 기간이 경과한 후에 신주권을 청구자에게 교부할 수 있다(제442조). 따라서 주식분할의 경우 구주권을 회사에 제출할 수 없는 자가 있는 때에는 회사는 그 자의 청구에 의하여 3개월 이상의 기간을 정하고 이해관계인에게 그 주권에 대한 이의가 있으면 그 기간 내에 제출할 뜻을 공고하고 그 기간이 경과한 후에 신주권을 청구자에게 교부할 수 있다.

③ 주식의 소각, 병합, 분할 또는 전환이 있는 경우, 종전의 주주가 받을 금전이나 주식에 대하여 종전의 주식을 목적으로 한 질권을 행사할 수 없다.

→ **[X]** 주식의 소각, 병합, 분할 또는 전환이 있는 경우, 종전의 주주가 받을 금전이나 주식에 대하여도 종전의 주식을 목적으로 한 질권을 행사할 수 있다.

④ 주식소각의 효력은 주주가 주권을 회사에 제출한 때에 생기지만, 채권자의 이의절차가 종료하지 아니한 때에는 그 종료한 때에 효력이 생긴다.

➡ [×] 자본금감소에 관한 규정에 따라 주식을 소각하는 경우에는 제440조(주식병합의 절차) 및 제441조(주식병합의 절차)를 준용한다(제343조 제2항). 따라서 주식의 병합은 주권제출기간이 만료한 때에 그 효력이 생긴다. 그러나 채권자보호절차가 종료하지 아니한 때에는 그 종료한 때에 효력이 생긴다(제441조).

문 15 정답 ②

핵심공략 **자기주식취득**

1. 의의
   ① 회사가 자신이 발행한 주식을 취득하여 주주가 되는 것
   ② 배당가능이익의 범위 내에서의 자기주식취득과 특정한 목적에 의한 자기주식취득 인정
   ③ 자기주식처분: 이사회 재량
   ④ 제3자 명의이더라도 취득대금이 회사 자금이고, 손익이 회사에 귀속 → 자기주식취득 해당

2. 배당가능이익으로 하는 자기주식취득
   ① 요건: 회사의 명의와 회사의 계산, 취득가액의 총액은 배당가능이익 범위
   ② 의사결정: 원칙적으로 주주총회 결의, 정관상 이익배당을 이사회결의로 하는 경우 이사회 결의

3. 특정목적에 의한 자기주식취득
   ① 특정목적: 회사의 합병 또는 다른 회사의 영업전부의 양수, 회사의 권리실행, 단주처리, 주주의 주식매수청구
   ② 보유범위제한: 질권의 목적인 경우 발행주식총수의 5% 이내

상법상 '자기주식의 취득'에 관한 설명으로 가장 옳지 않은 것은?

① 상법 등에서 명시적으로 자기주식의 취득을 허용하고 있거나 회사가 무상이나 타인의 계산으로 자기주식을 취득하는 등의 예외적인 경우를 제외하고는 회사가 상법상 자기주식 취득 규제 규정에 위반하여 자기주식을 취득하는 것은 당연히 무효이다.
   [08/17법무사, 09/13/20법원직]

➡ [○] 상법 등에서 명시적으로 자기주식의 취득을 허용하는 경우 외에, 회사가 자기주식을 무상으로 취득하는 경우 또는 타인의 계산으로 자기주식을 취득하는 경우 등과 같이, 회사의 자본적 기초를 위태롭게 하거나 주주 등의 이익을 해한다고 할 수 없는 것이 유형적으로 명백한 경우에도 자기주식의 취득이 예외적으로 허용된다. 그러나 그 밖의 경우에 있어서는, 설령 회사 또는 주주나 회사채권자 등에게 생길지도 모르는 중대한 손해를 회피하기 위하여 부득이한 사정이 있다고 하더라도 자기주식의 취득은 허용되지 아니하는 것이고 위와 같은 금지규정에 위반하여 회사가 자기주식을 취득하는 것은 당연히 무효이다(대판 2003.5.16. 2001다44109).

❷ 다른 회사의 영업의 전부 또는 일부의 양수로 인한 경우에는 회사가 이익배당가능금액을 초과하여 자기주식취득이 허용된다.
   [04/05/08/17/19법무사, 09/15/16법원직]

➡ [×] 회사는 ⊙ 회사의 합병 또는 다른 회사의 영업전부의 양수로 인한 경우, ⓒ 회사의 권리를 실행함에 있어 그 목적을 달성하기 위

하여 필요한 경우, ⓒ 단주의 처리를 위하여 필요한 경우, ⓔ 주주가 주식매수청구권을 행사한 경우에는 배당가능이익이 없음에도 불구하고 자기의 주식을 취득할 수 있다(제341조의2).

③ 회사는 발행주식 총수의 20분의 1을 초과하여 자기의 주식을 질권의 목적으로 받지 못한다. 다만 회사의 권리를 실행함에 있어 그 목적을 달성하기 위하여 필요한 경우에는 그 한도를 초과하여 질권의 목적으로 할 수 있다. [04/19법무사, 16/18법원직]

➡ [○] 회사는 발행주식 총수의 20분의 1을 초과하여 자기의 주식을 질권의 목적으로 받지 못한다. 다만, 합병, 영업전부 양수, 권리실행의 경우 5% 초과 보유가 허용된다(제341조의3).

④ 회사가 제3자의 명의로 주식을 취득하더라도 그 주식의 취득대금이 회사로부터 출연된 것이고, 주식의 보유에 따른 손익이 회사에 귀속되면 이는 자기주식의 취득에 해당한다.

➡ [○] 회사가 제3자의 명의로 주식을 취득하더라도 그 주식의 취득대금이 회사로부터 출연된 것이고, 주식의 보유에 따른 손익이 회사에 귀속되면 회사의 계산으로 주식을 취득한 것에 해당하고, 상법 제341조가 금지하는 자기주식의 취득에 해당한다(대판 2003.5.16. 2001다44109).

문 16 정답 ①

핵심공략 **의결권 불통일행사, 의결권 대리 행사방법**

1. 의결권 불통일행사
   ① 요건: 주주가 2 이상의 의결권 보유, 주주총회일 3일 전에 회사에 서면 또는 전자문서로 통지
   ② 회사거부: 주식신탁 인수 또는 타인을 위하는 주식을 가진 경우 외 거부 가능

2. 의결권 대리 행사방법
   ① 대리인은 대리권을 증명하는 서면 제출, 위임장은 원본, 사본 ×
   ② 대리권 증명하는 서면 제출 × → 주주 또는 대리인이 위임장의 진정성 대니 위임사실 증명 → 대리권 부정 ×
   ③ 주주가 참석장 × → 다른 방법으로 주주 여부 확인 가능 → 의결권 행사 거부 ×

상법상 주주총회에서 주주의 의결권 행사에 관한 다음 설명 중 가장 옳지 않은 것은?

❶ 주주가 2 이상의 의결권을 가지고 있는 때에는 이를 통일하지 아니하고 행사할 수 있다. 이 경우 주주총회일의 3일 전에 회사에 대하여 서면 또는 전자문서로 그 뜻과 이유를 통지하여야 하고, 회사는 주주의 의결권의 불통일행사를 거부할 수 없다.
   [04/06/16/18법무사, 09/10/13/14/19법원직]

➡ [×] 주주가 2 이상의 의결권을 가지고 있는 때에는 이를 통일하지 아니하고 행사할 수 있다. 이 경우 주주총회일의 3일 전에 회사에 대하여 서면 또는 전자문서로 그 뜻과 이유를 통지하여야 한다. 주주가 주식의 신탁을 인수하였거나 기타 타인을 위하여 주식을 가지고 있는 경우 외에는 회사는 주주의 의결권의 불통일행사를 거부할 수 있다(제368조의2 제1항, 제2항).

② 주주는 대리인으로 하여금 그 의결권을 행사하게 할 수 있고, 이 경우 대리인은 대리권을 증명하는 서면을 총회에 제출하여야 하며, 이때 대리권을 증명하는 서면은 원본이어야 하고, 특별한 사

정이 없는 한 사본은 그 서면에 해당하지 않는다.

[04/06/17법무사, 07/13/19법원직]

➡ **[O]** 주주는 대리인으로 하여금 그 의결권을 행사하게 할 수 있다. 이 경우에는 그 대리인은 대리권을 증명하는 서면을 총회에 제출하여야 한다(제368조 제2항). 위임장은 원칙적으로 원본을 제출해야 한다. 대리권을 증명하는 서면은 위조나 변조 여부를 쉽게 식별할 수 있는 원본이어야 하고, 특별한 사정이 없는 한 사본은 그 서면에 해당하지 아니하고, 팩스를 통하여 출력된 팩스본 위임장 역시 성질상 원본으로 볼 수 없다(대판 2004.4.27. 2003다29616).

③ 의결권의 대리행사를 위해 회사가 요구하는 위임장과 함께 인감증명서, 참석장 등을 지참하지 아니하였다 하더라도 주주 또는 대리인이 다른 방법으로 위임장의 진정성 내지 위임의 사실을 증명할 수 있다면 회사는 그 대리권을 부정할 수 없다.

[16법원직, 16/20법무사]

➡ **[O]** 상법 제368조 제3항이 규정하는 '대리권을 증명하는 서면'이라 함은 위임장을 일컫는 것으로서 회사가 위임장과 함께 인감증명서, 참석장 등을 제출하도록 요구하는 것은 대리인의 자격을 보다 확실하게 확인하기 위하여 요구하는 것일 뿐, 이러한 서류 등을 지참하지 아니하였다 하더라도 주주 또는 대리인이 다른 방법으로 위임장의 진정성 내지 위임의 사실을 증명할 수 있다면 회사는 그 대리권을 부정할 수 없다(대판 2009.4.23. 2005다22701,22718).

④ 대리인의 자격을 주주로 한정하는 정관규정이 있더라도 주주인 국가, 지방공공단체 또는 주식회사 소속의 공무원, 직원 또는 피용자 등이 그 주주를 위한 대리인으로서 의결권을 대리행사 하는 것은 유효하다.

➡ **[O]** 대리인의 자격을 주주로 한정하는 정관규정이 있더라도 주주인 국가, 지방공공단체 또는 주식회사 소속의 공무원, 직원 또는 피용자 등이 그 주주를 위한 대리인으로서 의결권을 대리행사 하는 것은 허용되어야 하고 이를 가리켜 정관 규정에 위반한 무효의 의결권 대리행사라고 할 수는 없다(대판 2009.4.23. 2005다22701,22718).

문 17
정답 ②

핵심공략 주주총회 특별결의사항

1. 영업의 양도 및 양수
   ① 영업의 전부 또는 중요한 일부의 양도
   ② 영업 전부의 임대 또는 경영위임,
   ③ 회사의 영업에 중대한 영향을 미치는 다른 회사의 영업 전부 또는 일부의 양수
2. 중요재산의 처분
   ① 영업용 재산의 처분으로 영업의 전부 또는 일부의 양도, 폐지와 같은 결과를 가져오는 경우 ○
   ② 단순한 영업용 재산의 양도 ×
   ③ 중요재산 처분 당시 이미 사실상 영업 중단 상태인 경우 ×

주주총회에 관한 설명 중 가장 옳지 않은 것은?

① 상법은 주식회사가 영업의 전부 또는 중요한 일부의 양도행위를 할 때에는 주주총회의 특별결의를 얻도록 하고 있으므로, 회사의 주주 중 84%의 지분을 가진 주주들이 이 사건 양도계약에 동의하였더라도 회사는 양도계약의 무효를 주장할 수 있다.

➡ **[O]** 상법 제374조 제1항 제1호는 주식회사가 영업의 전부 또는 중요한 일부의 양도행위를 할 때에는 주주총회의 특별결의를 얻도록 하여 그 결정에 주주의 의사를 반영하도록 함으로써 주주의 이익을 보호하려는 강행법규이다. 따라서 주식회사가 영업의 전부 또는 중요한 일부를 양도한 후 주주총회의 특별결의가 없었다는 이유를 들어 스스로 그 약정의 무효를 주장하더라도 주주 전원이 그와 같은 약정에 동의한 것으로 볼 수 있는 등 특별한 사정이 인정되지 않는다면 위와 같은 무효 주장이 신의성실 원칙에 반한다고 할 수는 없다. 회사의 주주 중 84%의 지분을 가진 주주들이 이 사건 양도계약에 동의하였다는 사정만으로는 회사의 무효 주장을 배척할 만한 특별한 사정이 있다고 볼 수 없다(대판 2018.4.26. 2017다288757).

❷ 주주총회의 특별결의가 있어야 하는 영업의 양도에는 단순한 영업용 재산의 양도뿐 아니라 영업용 재산의 처분으로 말미암아 회사 영업의 전부 또는 일부를 양도하거나 폐지하는 것과 같은 결과를 가져오는 경우를 포함한다.

➡ **[×]** 주주총회의 특별결의가 있어야 하는 영업의 양도는 일정한 영업목적을 위하여 조직되고 유기적 일체로 기능하는 재산의 전부 또는 중요한 일부를 총체적으로 양도하는 것을 의미하는 것으로서, ㉠ 단순한 영업용 재산의 양도는 이에 해당하지 않으나, ㉡ 영업용 재산의 처분으로 말미암아 회사 영업의 전부 또는 일부를 양도하거나 폐지하는 것과 같은 결과를 가져오는 경우에는 주주총회의 특별결의가 필요하다(대판 2004.7.8. 2004다13717).

③ 주식회사가 회사 존속의 기초가 되는 중요한 재산을 처분할 당시에 이미 사실상 영업을 중단하고 있었던 상태라면 주주총회의 특별결의가 없었다 하여 그 처분행위가 무효로 되는 것은 아니다.

➡ **[O]** 주식회사가 회사 존속의 기초가 되는 중요한 재산을 처분할 당시에 이미 사실상 영업을 중단하고 있었던 상태라면 그 처분으로 인하여 비로소 영업의 전부 또는 일부가 폐지 또는 중단됨에 이른 것이라고는 할 수 없으므로 주주총회의 특별결의가 없었다 하여 그 처분행위가 무효로 되는 것은 아니다(대판 1988.4.12. 87다카1662).

④ 의결권불통일행사의 통지가 주주총회 회일의 3일 전이라는 시한보다 늦게 도착하였음에도, 회사가 스스로 총회운영에 지장이 없다고 판단하여 이를 받아들이기로 하였다면, 그와 같은 의결권의 불통일행사는 적법하다.

➡ **[O]** 불통일행사의 통지가 주주총회 회일의 3일 전이라는 시한보다 늦게 도착하였다고 하더라도 회사가 스스로 총회운영에 지장이 없다고 판단하여 이를 받아들이기로 하였다면, 그것이 주주평등의 원칙을 위반하거나 의결권 행사의 결과를 조작하기 위하여 자의적으로 이루어진 것이라는 등의 특별한 사정이 없는 한, 그와 같은 의결권의 불통일행사를 위법하다고 볼 수는 없다(대판 2009.4.23. 2005다22701,22718).

문 18
정답 ③

핵심공략 주주총회 결의하자소송

1. 소의 원고
   ① 주주, 이사, 감사
   ② 총회에 참석하여 의결권 행사한 주주: 다른 주주의 소집절차의 하자를 이유로 소 제기 가능
2. 소의 피고: 회사

3. 제소기간
　① 제소기간: 결의취소, 부당결의취소변경 → 결의일로부터 2개월
　② 주주총회에서 여러 개의 안건에 대한 결의가 이루어진 경우 각 안건별로 제소기간 판단

4. 재량기각
　① 결의취소: 결의의 내용, 회사의 현황과 제반사정 고려하여 법원의 재량 기각 가능
　② 결의무효, 부존재확인의 소: 재량기각 허용 ×

주주총회결의의 하자에 관한 다음 설명 중 가장 옳지 않은 것은?

① 총회의 소집절차 또는 결의방법이 법령 또는 정관에 위반하거나 현저하게 불공정한 때 또는 그 결의의 내용이 정관에 위반한 때에는 주주·이사 또는 감사는 결의의 날로부터 2월 내에 결의취소의 소를 제기할 수 있다　　　　　　　　[08법무사, 10/15/20법원직]

➡ **[O]** 제376조 제1항

② 주주총회결의 취소의 소는 법원이 재량으로 그 청구를 기각할 수 있으나, 주주총회결의 부존재 확인의 소에 있어서는 이러한 법원의 재량에 의한 청구기각이 인정되지 않는다.
　　　　　　　[08/15/16/19/20법무사, 10/15/17/20법원직]

➡ **[O]** 결의취소의 소가 제기된 경우에 결의의 내용, 회사의 현황과 제반사정을 참작하여 그 취소가 부적당하다고 인정한 때에는 법원은 그 청구를 기각할 수 있다(제379조). 결의취소의 소 이외에 결의무효 및 부존재확인의 소송에서는 재량기각이 허용되지 않는다.

❸ 주주는 다른 주주에 대한 소집절차의 하자를 이유로는 주주총회결의 취소의 소를 제기할 수 없다.　　　　　　[10법무사, 13법원직]

➡ **[×]** 총회에 참석하여 의결권을 행사한 주주도 다른 주주에 대한 소집절차의 하자를 이유로 취소의 소를 제기할 수 있다(대판 2003.7.11. 2001다45584).

④ 주주총회결의 취소소송은 결의일로부터 2월 내에 제기하여야 하고, 주주총회에서 여러 개의 안건이 상정되어 각기 결의가 행하여진 경우 위 기간의 준수 여부는 각 안건에 대한 결의마다 별도로 판단되어야 한다.　　　　　　　[17법원직]

➡ **[O]** 주주총회결의 취소의 소는 상법 제376조 제1항에 따라 그 결의의 날로부터 2개월 내에 제기하여야 하고, 이 기간이 지난 후에 제기된 소는 부적법하다. 그리고 주주총회에서 여러 개의 안건이 상정되어 각기 결의가 행하여진 경우 위 제소기간의 준수 여부는 각 안건에 대한 결의마다 별도로 판단되어야 한다(대판 2010.3.11. 2007다51505).

문 19　　　　　　　　　　　　　　　　　　정답 ①

핵심공략 이사해임, 퇴임이사, 이사해임청구권

1. 이사해임
　① 이사는 언제든지 주주총회의 특별결의로 해임
　② 이사해임에 정당한 이유는 이사 업무집행에 장해가 될 객관적 상황이 발생한 경우
　③ 주주와 이사 사이의 불화 등 주관적인 신뢰관계 상실 정당한 이유 ×

④ 정당한 이유 없이 이사의 임기만료 전에 해임한 경우 이사는 회사에 손해배상청구 ○, 대표이사 ×
⑤ "이사의 임기는 3년을 초과하지 못한다."는 정관 규정 → 이사 임기 3년으로 해석 ×

2. 퇴임이사
　① 이사의 원수 결한 경우 → 임기만료 또는 사임으로 퇴임한 이사는 새로운 이사 취임 때까지 이사권리의무 ○
　② 퇴임이사 권한: 이사의 권한과 동일
　③ 퇴임등기기간: 후임이사의 취임일부터 기산
　④ 후임이사 취임 전 퇴임이사 퇴임등기 별도 신청 ×

3. 소수주주의 이사해임청구권(제385조 제2항)
　① 사유: 이사 직무상 부정행위, 법령·정관에 위반한 중대한 사실의 존재 및 주주총회 해임 부결
　② 원고: 발행주식총수 3% 이상 주주(상장회사 6개월 보유 0.5% 이상, 대규모상장회사 0.25% 이상)
　③ 제소기간: 총회결의일로부터 1월 내 이사 해임을 법원에 청구 가능

이사의 해임에 관한 다음 설명 중 가장 옳지 않은 것은?

❶ 이사는 주주총회의 특별결의로 해임할 수 있으나, 이사의 임기를 정한 경우에는 정당한 이유 없이 그 임기만료 전에 해임할 수 없다.　　　　　　　　　[16법원직, 20법무사]

➡ **[×]** 이사는 언제든지 제434조의 규정에 의한 주주총회의 결의로 이를 해임할 수 있다. 그러나 이사의 임기를 정한 경우에 정당한 이유 없이 그 임기만료 전에 이를 해임한 때에는 그 이사는 회사에 대하여 해임으로 인한 손해의 배상을 청구할 수 있다(제385조 제1항).

② 이사가 그 직무에 관하여 부정행위 또는 법령이나 정관에 위반한 중대한 사실이 있음에도 불구하고 주주총회에서 그 해임을 부결한 때에는 발행주식의 총수의 100분의 3 이상에 해당하는 주식을 가진 주주는 총회의 결의가 있은 날부터 1월 내에 그 이사의 해임을 법원에 청구할 수 있다.　　　[14법무사, 16법원직]

➡ **[O]** 이사가 그 직무에 관하여 부정행위 또는 법령이나 정관에 위반한 중대한 사실이 있음에도 불구하고 주주총회에서 그 해임을 부결한 때에는 발행주식 총수의 3% 이상에 해당하는 주식을 가진 주주는 총회의 결의가 있은 날부터 1월 내에 그 이사의 해임을 법원에 청구할 수 있다(제385조 제2항).

③ 회사의 정관에서 "이사의 임기는 3년을 초과하지 못한다."고 규정한 것은 이사의 임기를 3년으로 정하는 것으로 해석될 수 없다.

➡ **[O]** 상법 제385조 제1항에서 이사의 임기를 정한 경우라 함은 정관 또는 주주총회의 결의로 임기를 정하고 있는 경우를 말한다. 이사의 임기를 정하지 않은 때에는 이사의 임기의 최장기인 3년을 경과하지 않는 동안에 해임되더라도 그로 인한 손해의 배상을 청구할 수 없다. 회사의 정관에서 상법 제383조 제2항과 동일하게 "이사의 임기는 3년을 초과하지 못한다."고 규정한 것이 이사의 임기를 3년으로 정하는 취지라고 해석할 수는 없다(대판 2001.6.15. 2001다23928; 대판 2002.7.12. 2002다20544).

④ 주주와 이사 사이의 불화로 인한 주관적 신뢰관계가 상실되었음을 이유로 그 이사를 해임한 경우에는 이사의 임기를 정한 경우 그 이사는 회사에 대하여 해임으로 인한 손해의 배상을 청구할 수 있다.　　　　　　　[08법원직]

➡ **[O]** 이사해임에 대한 정당한 이유란 주주와 이사 사이에 불화 등 단순히 주관적인 신뢰관계 상실로는 부족하고, ㉠ 이사가 법령이나 정관에 위배된 행위를 하였거나, ㉡ 정신적·육체적으로 경영자의 직무

를 감당하기 현저하게 곤란한 경우, © 회사의 중요한 사업계획 수립이나 추진에 실패함으로써 경영능력에 대한 근본적인 신뢰관계가 상실된 경우 등 이사가 경영자로서 업무를 집행하는 데 장해가 될 객관적 상황이 발생한 경우를 의미한다(대판 2004.10.15. 2004다25611). 따라서 주주와 이사 사이의 불화로 인한 주관적 신뢰관계가 상실되었음은 이사 해임에 대한 정당한 사유로는 부족하므로, 이사의 임기를 정한 경우, 그 이사는 회사에 대하여 해임으로 인한 손해의 배상을 청구할 수 있다.

문 20   정답 ②

> **핵심공략** **이사의 감시의무, 이사책임 소멸시효, 제3자에 대한 책임범위, 이사의 회사에 대한 책임면제**
>
> 1. 이사의 감시의무
>   ① 이사는 다른 이사의 업무집행 감시, 부적절한 행위가 이루어지지 않도록 조치할 의무 부담
>   ② 업무집행이사: 평이사에 비하여 높은 주의의무 부담
>   ③ 평이사가 감시의무 위반 → 회사의 손해배상책임 부담
>   ④ 이사회 참석 ×, 이사회 결의 사후 추인 → 임무해태
>
> 2. 이사책임 소멸시효
>   ① 회사에 대한 손해배상책임: 채무불이행책임. 소멸시효 10년
>   ② 제3자에 대한 손해배상책임: 소멸시효 10년
>
> 3. 이사의 제3자에 대한 책임 범위
>   ① 회사의 단순한 채무불이행, 이행지체 → 이사의 임무해태 ×
>   ② 회사재산 횡령, 회사재산 감소 → 간접적인 손해 → 손해배상 청구 ×
>   ③ 이사의 분식회계 및 허위공시 → 직접적인 손해 → 손해배상 청구 ○
>
> 4. 이사의 회사에 대한 책임면제: 총주주의 동의, 개별적 동의 또는 묵시적 동의 가능

이사의 책임에 관한 다음 설명 중 가장 옳지 않은 것은?

① 비상근이사라고 하더라도 회사의 이사회에 참석하지도 않고 사후적으로 이사회의 결의를 추인하는 등 실질적으로 이사의 임무를 전혀 수행하지 않았다면 그 자체로서 임무해태가 된다.

[17/18법원직]

➡ 【O】 ⑤ 주식회사의 이사는 이사회의 일원으로서 이사회에 상정된 의안에 대하여 찬부의 의사표시를 하는데 그치지 않고, 담당업무는 물론 다른 업무담당 이사의 업무집행을 전반적으로 감시할 의무가 있고 이러한 의무는 비상근이사라고 하여 면할 수 있는 것은 아니므로 주식회사의 이사가 이사회에 참석하지도 않고 사후적으로 이사회의 결의를 추인하는 등으로 이사의 임무를 전혀 수행하지 않은 이상 그 자체로서 임무해태가 된다고 할 것이다(대판 2008. 12.11. 2005다51471).
⑥ 이사는 이사회의 일원으로서 이사회에 상정된 안건에 관해 찬부의 의사표시를 하는 데 그치지 않고, 이사회 참석 및 이사회에서의 의결권 행사를 통해 대표이사 및 다른 이사들의 업무집행을 감시·감독할 의무가 있다. 이는 사외이사와 비상근이사라 하여 달리 볼 것은 아니다(대판 2019.11.28. 2017다244115).

❷ 이사의 회사에 대한 손해배상책임(상법 제399조)은 채무불이행책임이므로 그 소멸시효기간은 10년이고, 이사의 제3자에 대한 손해배상책임(상법 제401조)은 불법행위책임이므로 그 소멸시효기간은 3년이다. [09/10/17/20법원직, 16법무사]

➡ 【X】 주식회사의 이사 또는 감사의 회사에 대한 임무해태로 인한 손

해배상책임은 일반불법행위책임이 아니라 위임관계로 인한 채무불이행책임이므로 그 소멸시효기간은 일반채무와 같이 10년이다(대판 1985.6.25. 84다카1954). 상법 제401조에 기한 이사의 제3자에 대한 손해배상책임이 제3자를 보호하기 위하여 상법이 인정하는 특수한 책임이라는 점을 감안할 때, 일반 불법행위책임의 단기소멸시효를 규정한 민법 제766조 제1항은 적용될 여지가 없고, 일반채권으로서 소멸시효기간은 10년이다(대판 2006.12.22. 2004다63354).

③ 이사의 회사재산 횡령으로 간접적으로 경제적 이익이 침해된 주주는 이사에 대하여 손해배상청구를 할 수 없으나, 이사의 분식회계 및 허위공시로 정상주가보다 비싸게 주식을 취득한 주주는 이사에 대하여 손해배상청구를 할 수 있다.

[06/11/16/19/20법무사, 17법원직]

➡ 【O】 이사가 회사재산을 횡령하여 회사재산이 감소함으로써 회사가 손해를 입고 결과적으로 주주의 경제적 이익이 침해되는 손해와 같은 간접적인 손해는 상법 제401조 제1항에서 말하는 손해의 개념에 포함되지 아니하므로 위 법조항에 의한 손해배상을 청구할 수 없다(대판 2003.10.24. 2003다29661). 회사의 재산을 횡령한 이사가 악의 또는 중대한 과실로 부실공시를 하여 재무구조의 악화 사실이 증권시장에 알려지지 아니함으로써 회사 발행주식의 주가가 정상주가보다 높게 형성되고, 주식매수인이 그러한 사실을 알지 못한 채 주식을 취득하였다가 그 후 그 사실이 증권시장에 공표되어 주가가 하락한 경우에는, 주주는 이사의 부실공시로 인하여 정상주가 보다 높은 가격에 주식을 매수하였다가 주가가 하락함으로써 직접 손해를 입은 것이므로, 이사에 대하여 상법 제401조 제1항에 의하여 손해배상을 청구할 수 있다(대판 2012.12.13. 2010다77743).

④ 상법 제399조에서 정한 이사의 회사에 대한 손해배상책임은 상법 제400조의 규정에 따라 총주주의 동의로 이를 면제할 수 있는데, 이때 총주주의 동의는 묵시적 의사표시의 방법으로 할 수 있고 반드시 명시적, 적극적으로 이루어질 필요는 없다.

[11/15/20법원직, 13/18법무사]

➡ 【O】 대판 2002.6.14. 2002다11441

문 21   정답 ②

> **핵심공략** **주주대표소송**
>
> 1. 대표소송의 법적 쟁점
>   ① 대표소송의 주주는 법원의 허가를 얻지 아니하고 소 취하, 청구의 포기·인락·화해 ×
>   ② 승소판결을 받은 주주 → 집행채권자
>   ③ 대표소송 제기 이후 원고와 피고 공모 → 회사의 권리 사해할 목적으로 판결 → 재심의 소 제기 가능
>   ④ 파산절차 중 회사에는 인정 ×, 회사가 소를 제기하지 않은 사이 파산선고가 된 경우 동일
>
> 2. 피고
>   ① 이사 또는 이사이었던 자, 회사는 피고 ×
>   ② 퇴임한 이사: 재직 중 책임에 대하여 대표소송의 피고 가능
>   ③ 퇴임한 이사를 상대로 제기한 대표소송의 회사 대표자: 대표이사 ○, 감사 ×

주주의 대표소송에 관한 다음 설명 중 가장 옳지 않은 것은?

① 주주대표소송의 주주와 같이 다른 사람을 위하여 원고가 된 사

람이 받은 확정판결의 집행력은 확정판결의 당사자인 원고가 된 사람과 그 다른 사람 모두에게 미치므로, 주주대표소송의 주주는 집행채권자가 될 수 있다. [17법무사, 18법원직]

➡ [O] 대결 2014.2.19. 2013마2316

❷ 퇴임한 이사들을 상대로 하는 주주대표소송에 회사가 참가하는 경우 회사를 대표하는 자는 대표이사가 아닌 감사이다.
[04/06/17법무사, 07/13/19법원직]

➡ [X] 전 이사들을 상대로 하는 주주대표소송에 회사가 참가하는 경우, 상법 제394조 제1항의 적용이 배제되어 회사를 대표하는 자는 대표이사이다(대판 2002.3.15. 2000다9086).

③ 대표소송을 제기한 주주는 법원의 허가를 받으면 소 취하, 청구의 포기·인낙·화해를 할 수 있다. [07/15법무사, 16/18법원직]

➡ [O] 회사가 주주의 청구에 따라 이사의 책임을 추궁하는 소송을 제기하거나 주주의 대표소송이 제기된 이후에는 당사자는 법원의 허가를 얻지 아니하고는 소의 취하, 청구의 포기, 인낙, 화해를 할 수 없다(제403조 제6항).

④ 파산절차가 진행 중인 회사의 주주가 회사의 이사 또는 감사를 상대로 손해배상책임을 구하는 대표소송을 제기한 경우 법원은 당사자적격이 없는 자에 의하여 제기된 것으로 보아 소 각하 판결을 하여야 한다.

➡ [O] 회사가 이사 또는 감사에 대하여 그들이 선량한 관리자의 주의의무를 다하지 못하였음을 이유로 손해배상책임을 구하는 소는 회사의 재산관계에 관한 소로서 회사에 대한 파산선고가 있으면 파산관재인이 당사자적격을 가지므로(파산법 제152조), 대표소송은 파산절차가 진행 중인 경우에는 그 적용이 없고, 주주가 파산관재인에 대하여 이사 또는 감사에 대한 책임을 추궁할 것을 청구하였는데 파산관재인이 이를 거부하였다고 하더라도 주주가 상법 제403조, 제415조에 근거하여 대표소송을 제기할 수 없으며, 이는 주주가 회사에 대하여 책임추궁의 소의 제기를 청구하였지만 회사가 소를 제기하지 않고 있는 사이에 회사에 대하여 파산선고가 있은 경우에도 마찬가지이다(대판 2002.7.12. 2001다2617). 따라서 파산절차가 진행 중인 회사의 경우 주주에게 대표소송을 제기할 당사자적격이 인정되지 않는다.

문 22   정답 ②

[핵심공략] **추상적 신주인수권, 실권주 처분, 액면미달 발행**

1. 추상적 신주인수권(제418조)
   ① 주주는 보유 주식 수에 따라서 신주배정을 받을 권리 ○
   ② 추상적 신주인수권은 법률상 인정, 주식과 분리 양도 ×
   ③ 회사는 신기술도 입, 재무구조 개선 등 회사경영상 목적달성 위해 필요한 경우에 한하여 정관 규정에 따라 주주 외의 자에게 신주배정 가능

2. 실권주 처분
   ① 주주의 신주인수권 포기 또는 인수 뒤 납입 불이행시 실권주 발생
   ② 실권주는 다시 인수인을 모집하거나 미발행주식수로 남겨둔 후 차후에 발행 가능
   ③ 회사는 이사회결의에 의하여 실권주 제3자 배정 가능, 정관 규정 필요 ×
   ④ 실권주 제3자 배정의 경우 발행조건이 동일해야 ○

3. 액면미달발행: 회사 성립한 날로부터 2년 경과, 주주총회결의 & 법원 인가

주식회사의 신주발행에 관한 다음 설명 중 가장 옳지 않은 것은?

① 주주는 그가 가진 주식 수에 따라서 신주의 배정을 받을 권리가 있다. [15/18법원직, 18법무사]

➡ [O] 제418조 제1항

❷ 주주배정방식으로 신주를 발행함에 있어 기존 주주가 신주인수를 포기함에 따라 발생한 실권주를 제3자에게 배정한 경우, 발행가액이 시가보다 현저하게 낮아 기존 주식의 가치가 희석되었다면 이사는 회사에 대하여 손해를 배상할 책임을 부담한다.

➡ [X] 주주배정방식으로 신주를 발행함에 있어 기존 주주가 신주인수를 포기함에 따라 발생한 실권주를 제3자에게 배정한 경우, 발행가액이 시가보다 현저하게 낮아 기존 주식의 가치가 희석되었더라도 이사가 회사에 대한 관계에서 임무를 위배하여 회사에 손해를 끼친 것으로 볼 수 없다(대판 2012.11.15. 2010다49380).

③ 회사는 이사회결의로 실권된 신주를 자유로이 제3자에게 처분할 수 있고, 이 경우 실권된 신주를 제3자에게 발행하는 것에 관하여 정관에 반드시 근거 규정이 있어야 하는 것은 아니다.
[15/17/20법무사]

➡ [O] 대판 2012.11.15. 2010다49380

④ 회사가 성립한 날로부터 2년을 경과한 후에 주식을 발행하는 경우에는 회사는 주주총회의 특별결의와 법원의 인가를 얻어서 주식을 액면미달의 가액으로 발행할 수 있다. [09/11/15/18법원직]

➡ [O] 제417조 제1항

문 23   정답 ②

[핵심공략] **이익배당 의의, 결정기관, 이익배당금 지급시기, 위법배당**

1. 이익배당 의의
   ① 의의: 회사의 이익을 주주에게 배당 형식으로 지급하는 것
   ② 배당가능이익: 회사가 이익배당을 할 수 있는 이익의 한도
   ③ 대주주가 본인의 배당 받을 몫의 일부를 소액주주에게 나눠주는 행위: 주주평등원칙 위반 ×

2. 결정기관
   ① 주주총회결의 → 주주총회결의로 각 주주에게 구체적 이익배당청구권 발생
   ② 정관으로 재무제표의 승인 이사회가 하도록 정한 경우 → 이익배당 이사회결의

3. 이익배당금 지급시기
   ① 이익배당결의일로부터 1개월, 주주총회 또는 이사회에서 따로 정할 수 있음
   ② 이익배당금 지급청구권 소멸시효: 5년

4. 위법배당
   ① 의의: 법령과 정관을 위반한 이익배당
   ② 예: 배당가능이익을 초과한 배당, 배당가능이익이 없음에도 실시된 배당, 이익배당에 관한 이사회나 주주총회결의 하자, 정관 근거 없이 실시된 중간배당, 주주평등원칙에 반하는 차등배당

주식회사의 이익배당에 관한 다음 설명 중 가장 옳지 않은 것은?

① 주식회사에서 이익배당은 주주총회결의로 정하지만, 재무제표의 승인에 대한 특칙에 따라 재무제표를 이사회가 승인하는 경우에는 이사회 결의로 정한다. [09법무사, 15법원직]

➡ **[O]** 회사의 이익을 주주에게 배당의 형식으로 지급하는 것을 이익배당이라 한다. 이익배당은 주주총회의 결의로 정한다. 다만, 정관으로 재무제표의 승인을 이사회가 하도록 정한 경우에는 이익배당을 이사회결의로 정한다(제462조 제2항). 재무제표의 승인을 이사회가 하기 위해서는 외부감사인의 감사를 받아야 하며, 감사 전원의 동의가 있어야 한다(제449조의2 제1항).

❷ 회사는 주주총회나 이사회에서 이익배당의 결의를 한 날부터 1개월 내에 이익배당을 하여야 한다. 다만, 정관에서 배당금의 지급시기를 따로 정한 경우에는 그러하지 아니하다. [14법원직]

➡ **[X]** 회사는 이익배당 결의일부터 1개월 내에 이익배당금을 지급해야 한다. 다만, 주주총회 또는 이사회에서 지급시기를 따로 정할 수 있다(제464조의2 제1항).

③ 이익배당에 의하여 발생한 배당금 지급청구권은 소멸시효가 5년이다. [15법원직]

➡ **[O]** 이익배당금의 지급청구권은 5년간 이를 행사하지 아니하면 소멸시효가 완성한다(제464조의2 제2항).

④ 주주총회에서 특정 주주를 제외한 나머지 주주들에 대하여만 배당금을 지급하기로 하는 내용으로 이익배당 결의가 이루어졌을 경우, 그와 같은 결의는 주주평등의 원칙에 반하여 무효이다. [18법원직]

➡ **[O]** 위법배당이란 법령과 정관을 위반한 이익배당을 의미한다. 위법배당의 예로는 ㉠ 배당가능이익을 초과한 배당, ㉡ 배당가능이익이 없음에도 실시된 배당, ㉢ 이익배당에 관한 이사회나 주주총회 결의에 하자가 존재하는 경우, ㉣ 정관의 근거 없이 실시된 중간배당, ㉤ 주주평등원칙에 반하는 차등배당 등이 존재한다.

문 24
정답 ③

> **핵심공략** 합병
>
> 1. 합병절차
>   ① 합병계약서 작성 → 주주총회 특별결의 승인
>   ② 합명, 합자, 유한책임회사 총사원 동의, 주주총회 특별결의
> 2. 채권자보호절차
>   ① 합병계약 주주총회 승인결의일로부터 2주 내에 이의가 있는 경우 1월 이상 기간 내에 이의하도록 공고, 알고 있는 채권자에게 따로 최고해야 함
>   ② 이의제출 채권자에 대하여 변제, 상당한 담보 제공 또는 상당한 재산 신탁 의무 ○
>   ③ 간이합병과 소규모합병의 경우 채권자보호절차 요구 ○ → 이사회 승인결의를 주주총회결의로 봄
>   ④ 회사가 알고 있는 채권자에 대표이사 개인이 알고 있는 채권자 포함
> 3. 합병대가
>   ① 존속회사는 소멸회사의 주주에게 합병신주 또는 자기주식 제공
>   ② 존속회사는 소멸회사의 주주에게 합병 대가의 전부를 주식 이외의 금전이나 기타 재산 제공 가능

4. 존속회사 이사, 감사의 퇴임: 합병 후 최초로 도래하는 결산기의 정기총회 종료

상법상 주식회사의 합병에 관한 다음 설명 중 가장 옳지 않은 것은?

① 합병의 경우에는 피합병회사의 권리·의무는 사법상의 관계나 공법상의 관계를 불문하고 성질상 이전을 허용하지 않는 것을 제외하고는 모두 합병으로 인하여 존속한 회사에 승계되는 것으로 보아야 한다.

➡ **[O]** 합병의 경우에는 피합병회사의 권리·의무는 사법상의 관계나 공법상의 관계를 불문하고 성질상 이전을 허용하지 않는 것을 제외하고는 모두 합병으로 인하여 존속한 회사에 승계되는 것으로 보아야 한다(대판 2019.12.12. 2018두63563).

② 회사는 주주총회의 합병승인결의가 있은 날로부터 2주 내에 채권자에 대하여 합병에 이의가 있으면 1개월 이상의 기간 내에 이를 제출할 것을 공고하고, 알고 있는 채권자에 대하여는 따로따로 이를 최고하여야 한다. 개별 최고가 필요한 '회사가 알고 있는 채권자'란 회사의 장부 기타 근거에 의하여 성명과 주소가 회사에 알려져 있는 자뿐 아니라, 회사 대표이사 개인이 알고 있는 채권자도 포함된다. [06법무사, 13/19/21법원직]

➡ **[O]** 회사는 합병계약에 대한 주주총회의 승인결의가 있은 날부터 2주내에 채권자에 대하여 합병에 이의가 있으면 1월 이상의 기간 내에 이를 제출할 것을 공고하고 알고 있는 채권자에 대하여는 따로따로 이를 최고하여야 한다(제527조의5 제1항). 개별 최고가 필요한 '회사가 알고 있는 채권자'란 채권자가 누구이고 채권이 어떠한 내용의 청구권인지가 대체로 회사에게 알려져 있는 채권자로서, 회사의 장부 기타 근거에 의하여 성명과 주소가 회사에 알려져 있는 자는 물론이고 회사 대표이사 개인이 알고 있는 채권자도 포함된다(대판 2011.9.29. 2011다38516).

❸ 존속회사가 발행할 합병신주의 액면총액이 소멸회사의 순자산가액을 초과할 수 없으므로 존속회사의 증가 자본액은 소멸회사의 순자산가액 범위 내로 제한된다.

➡ **[X]** 상법 제523조 제2호가 흡수합병계약서의 절대적 기재사항으로 '존속하는 회사의 증가할 자본'을 규정한 것은 자본충실을 도모하기 위하여 존속회사의 증가할 자본액(즉, 소멸회사의 주주들에게 배정·교부할 합병신주의 액면총액)이 소멸회사의 순자산가액 범위 내로 제한되어야 한다는 취지라고 볼 여지가 있기는 하나, 소멸회사가 주권상장법인이든 주권비상장법인이든 어느 경우나 존속회사가 발행할 합병신주의 액면총액이 소멸회사의 순자산가액을 초과할 수 있으므로 존속회사의 증가 자본액이 반드시 소멸회사의 순자산가액 범위 내로 제한된다고 할 수 없다(대판 2008.1.10. 2007다64136).

④ 합병을 하는 회사의 일방이 합병 후 존속하는 경우에 존속하는 회사의 이사 및 감사로서 합병 전에 취임한 자는 합병계약서에 다른 정함이 있는 경우를 제외하고는 합병 후 최초로 도래하는 결산기의 정기총회가 종료하는 때에 퇴임한다. [14/19법무사, 20법원직]

➡ **[O]** 제527조의4

경우 업무집행사원이 없는 경우에는 사원 전원의 동의를 받아야 한다(제287조의8 제1항). 유한책임사원 지분 양도에 관하여 정관으로 달리 정할 수 있다(제287조의8 제3항).

핵심공략 각 회사 지분양도

1. 합자회사 지분양도
   ① 무한책임사원: 총사원의 동의
   ② 유한책임사원: 무한책임사원 전원 동의

2. 유한책임회사 지분양도
   ① 사원은 다른 사원의 동의 없이 지분양도 ×
   ② 업무 집행하지 않는 사원 : 업무집행사원 전원 동의 ○, 업무집행사원 없는 경우 사원 전원 동의 ○

3. 합명회사 지분양도
   ① 사원은 다른 사원의 동의 없이 지분양도 ×
   ② 원칙적으로 지분 상속 인정 ×
   ③ 사원사망: 상속인에게 상속 ×, 사원 퇴사

4. 유한회사 지분양도
   ① 사원 지분 양도, 상속 가능
   ② 지시식 또는 무기명식 증권 발행 ×
   ③ 정관에 제한이 없는 경우 지분에 질권 설정 가능

회사에 있어 사원의 지분 등에 관한 설명 중 옳지 않은 것은?

① 합명회사의 사원이 사망한 경우 그 지분은 원칙적으로 상속인에게 상속되지 않고 그 사원은 퇴사된다. [16법원직]

➡ [○] 합명회사의 경우 원칙적으로 지분의 상속은 인정되지 않는다. 합명회사 사원의 사망은 퇴사원이므로(제218조 제3호), 상속인이 지분환급청구권을 상속할 뿐이다. 다만, 정관으로 지분을 상속할 수 있다고 정할 수 있다(제219조).

② 유한회사 사원의 지분은 질권의 목적으로 할 수 있다. [11법무사, 14법원직]

➡ [○] 제559조

③ 합자회사의 무한책임사원이 지분의 일부를 타인에게 양도하는 경우에는 다른 사원 전원의 동의가 필요하다. [07/08/10법무사, 15/19법원직]

➡ [○] 합자회사 무한책임사원 지분의 양도는 총사원의 동의를 요하므로 유한책임사원의 동의도 필요하다(제269조, 제197조). 유한책임사원 지분의 양도는 무한책임사원 전원의 동의만 있으면 된다(제276조). 상법 제270조는 합자회사 정관에는 각 사원이 무한책임사원인지 또는 유한책임사원인지를 기재하도록 규정하고 있으므로, 정관에 기재된 합자회사 사원의 책임 변경은 정관변경의 절차에 의하여야 하고, 이를 위해서는 정관에 그 의결정족수 내지 동의정족수 등에 관하여 별도로 정하고 있다는 등의 특별한 사정이 없는 한 상법 제269조에 의하여 준용되는 상법 제204조에 따라 총 사원의 동의가 필요하다. 합자회사의 유한책임사원이 한 지분양도가 합자회사의 정관에서 규정하고 있는 요건을 갖추지 못한 경우에는 그 지분양도는 무효이다(대판 2010.9.30. 2010다21337).

❹ 업무를 집행하는 사원이 있는 유한책임회사에 있어서 업무를 집행하지 아니한 사원의 지분양도에는 사원 전원의 동의를 얻어야 한다. [17법원직]

➡ [×] 유한책임회사의 사원은 다른 사원의 동의를 받지 아니하면 그 지분의 전부 또는 일부를 타인에게 양도하지 못한다(제287조의8 제1항). 다만 업무를 집행하지 아니한 사원은 업무집행사원 전원의 동의가 있으면 지분의 전부 또는 일부를 타인에게 양도할 수 있다. 이

1	2	3	4	5	6	7	8	9
③	①	②	④	①	②	③	③	③
10	11	12	13	14	15	16	17	18
①	②	②	①	③	①	②	①	②
19	20	21	22	23	24	25		
②	②	④	④	①	①	④		

문 1
정답 ③

핵심공략 미성년자의 영업능력

① 미성년자 영업: 법정대리인 허락, 등기 ○
② 미성년자 무한책임사원: 법정대리인 허락 → 사원자격 행위에서는 미성년자도 능력자
③ 법정대리인 영업 가능: 미성년자, 피한정후견인, 피성년후견인 → 등기사항, 등기 × → 선의의 제3자 대항 ×

상인과 상행위에 관한 다음 설명 중 가장 옳지 않은 것은? (다툼이 있는 경우에는 판례에 의함)

① 법정대리인이 미성년자, 피한정후견인 또는 피성년후견인을 위하여 영업을 하는 때에는 등기를 하여야 한다.

➡ [O] 법정대리인이 미성년자, 피한정후견인 또는 피성년후견인을 위하여 영업을 하는 때에는 등기를 하여야 한다(제8조 제1항). 상법에서는 한정치산자와 금치산자를 위하여 법정대리인이 영업을 하는 경우에 대하여 규정하고 있지 않다.

② 영업자금 차입행위는 행위 자체의 성질상 영업의 목적인 상행위를 준비하는 행위로서, 행위자의 주관적 의사가 영업을 위한 준비행위이었고 상대방도 행위자의 설명 등에 의하여 그 행위가 영업을 위한 준비행위라는 점을 인식하였던 경우에는 상행위에 관한 상법의 규정이 적용된다.

➡ [O] 영업자금 차입행위는 행위 자체의 성질로 보아서는 영업의 목적인 상행위를 준비하는 행위라고 할 수 없지만, 행위자의 주관적 의사가 영업을 위한 준비행위이었고 상대방도 행위자의 설명 등에 의하여 그 행위가 영업을 위한 준비행위라는 점을 인식하였던 경우에는 상행위에 관한 상법의 규정이 적용된다.

❸ 농업협동조합은 상행위 이외의 행위를 영리의 목적으로 하는 회사로서 의제상인에 해당한다.

➡ [×] 민사회사란 기본적 상행위 외의 행위를 영업으로 하는 회사를 말하고, 기본적 상행위를 영업으로 하는 회사를 상사회사라고 한다. 농업협동조합은 공법인으로서 판례는 공법인의 상인자격을 부정하고 있다(대판 2000.2.11. 99다53292).

④ 자연인의 상인자격 취득시기는 개업준비행위에 착수한 때이다.

[09/16/17법무사, 17법원직]

➡ [O] 영업의 목적인 기본적 상행위의 개시 전에 영업을 위한 준비행위를 하는 자는 영업으로 상행위를 할 의사를 실현하는 것이므로 준비행위를 한 때 상인자격을 취득하고 개업준비행위는 영업을 위한 행위로서 최초의 보조적 상행위가 된다(대판 1999.1.29. 98다1584).

문 2
정답 ①

핵심공략 상업사용인의 경업금지 및 겸직금지의무

1. 경업금지의무
   ① 영업주의 허락 없이 자기 또는 제3자의 계산으로 영업주의 영업부류에 속한 거래 ×
   ② 개입권: 상업사용인의 계산 → 영업주 계산, 제3자 계산 → 이득 양도 청구
   ③ 개입권 제척기간: 거래를 안 날로부터 2주, 거래가 있는 날로부터 1년
   ④ 개입권, 이득양도청구권 행사 → 계약해지, 손해배상청구 가능
   ⑤ 경업금지의무 위반: 상업사용인과 상대방 사이의 거래 유효

2. 겸직금지의무
   ① 영업주의 허락 없이 회사의 무한책임사원, 이사 또는 다른 상인의 사용인 ×, 동종인지 여부 불문
   ② 익명조합의 조합원, 합자조합의 유한책임조합원, 주식회사 주주, 합자회사의 유한책임사원, 유한회사와 유한책임회사의 사원 ○
   ③ 개입권 ×

상업사용인의 경업금지 및 겸직금지 의무에 관한 설명 중 옳지 않은 것을 모두 고른 것은? (다툼이 있으면 판례에 의함)

ㄱ. 상업사용인은 영업주의 허락 없이는 동종영업을 목적으로 하는 다른 상인의 사용인이 될 수 없다. [03/16 법원직, 14법무사]

➡ [×] 상업사용인은 영업주의 허락이 없이는 동종영업을 목적으로 하는지 여부를 불문하고 다른 상인의 사용인이 될 수 없고, 상업사용인이 겸직금지의무에 위반한 경우 영업주는 상업사용인과의 계약을 해지하거나 손해배상을 청구할 수 있다(제17조 제3항).

ㄴ. 상업사용인이 경업금지의무에 위반하여 거래를 한 경우에 그 거래가 자기의 계산으로 한 것인 때에는 영업주는 이를 영업주의 계산으로 한 것으로 볼 수 있고 제3자의 계산으로 한 것인 때에는 영업주는 제3자에 대하여 이로 인한 이득의 양도를 청구할 수 있다. [03/13/14법무사, 07/09법원직]

➡ [×] 제17조 제2항

ㄷ. 상업사용인이 경업금지의무에 위반하는 경우, 영업주는 거래를 안 날로부터 2주 내, 그 거래가 있은 날로부터 1년 내에 개입권을 행사할 수 있다. 다만 영업주가 개입권을 행사한 영업주는 별도의 손해배상을 청구할 수 없다. [03/16법무사]

➡ [×] 영업주의 개입권은 거래를 안 날로부터 2주 내, 그 거래가 있은 날로부터 1년을 경과하면 소멸한다(제17조 제4항).
상업사용인이 경업금지의무를 위반하여 영업주가 개입권을 행사한

후에도 손해가 있으면 영업주는 그 배상을 청구할 수 있다(제17조 제3항).

ㄹ. 상업사용인이 경업금지의무에 위반하더라도 상업사용인과 해당 거래행위의 상대방과의 사이의 거래는 영업주의 개입권 행사 전후를 불문하고 유효하다.

➡ [O] 상업사용인의 경업금지의무 위반의 경우에도 상업사용인과 상대방 사이의 거래는 유효하다.

문 3   정답 ②

핵심공략 명의대여자책임, 상호의 폐지

1. 명의대여자 책임: 상대방의 악의와 중과실 → 명의대여자 입증책임 부담
2. 효과: 부진정연대책임
   → 변제, 대물변제, 공탁, 상계 절대적 효력 O
   → 이행청구 등 소멸시효중단, 시효이익포기, 항소 확정차단효력 상대적 효력 O
3. 상호의 폐지
   ① 정당한 사유 없이 2년간 상호 사용 × → 폐지
   ② 2주간 내에 변경 또는 폐지 등기 × → 이해관계인 등기말소청구

상호에 관한 다음 설명 중 가장 옳은 것은?

① 상법 제24조의 규정에 의한 명의대여자의 책임을 주장하는 자, 즉 거래 상대방이 명의대여사실을 알았는지 또는 모른 데 중대한 과실이 있었는지 여부에 관하여 그 증명책임을 부담한다.   [14/17/20법원직, 09/13/16/17법무사]

➡ [×] 명의대여자의 책임은 명의자를 영업주로 오인하여 거래한 제3자를 보호하기 위한 것이므로 거래 상대방이 명의대여사실을 알았거나 모른 데 대하여 중대한 과실이 있는 때에는 책임을 지지 않는다. 상대방의 악의와 중과실은 면책을 주장하는 명의대여자들이 입증책임을 부담한다(대판 2001.4.13. 2000다10512).

❷ 상법 제23조(주체를 오인시킬 상호의 사용금지)에 규정된 '부정한 목적'이란 어느 명칭을 자기의 상호로 사용함으로써 일반인으로 하여금 자기의 영업을 명칭에 의하여 표시된 타인의 영업으로 오인하게 하여 부당한 이익을 얻으려거나 타인에게 손해를 가하려고 하는 등의 부정한 의도를 말하고, 부정한 목적이 있는지는 상인의 명성이나 신용, 영업의 종류·규모·방법, 상호 사용의 경위 등 여러 가지 사정을 종합하여 판단하여야 한다.   [15/20법원직]

➡ [O] 대판 2004.3.26. 2001다72081

③ 상법 제24조에 의한 명의대여자와 명의차용자의 책임에 있어 채무자 1인에 대한 이행청구 또는 채무자 1인이 행한 채무의 승인 등 소멸시효의 중단사유나 시효이익의 포기는 다른 채무자에 대하여 효력이 있다.   [13/16/17법무사, 17/20법원직]

➡ [×] 명의차용자에 대한 이행청구 등 소멸시효 중단이나 시효이익의 포기는 명의대여자에게 효력이 없다(대판 2011.4.14. 2010다91886).

④ 상호를 등기한 자가 정당한 사유 없이 1년간 상호를 사용하지 아니하는 때에는 이를 폐지한 것으로 본다.   [06/07/15/16법무사, 10/14/20법원직]

➡ [×] 상호를 등기한 자가 정당한 사유 없이 2년간 상호를 사용하지 않으면 폐지한 것으로 본다(제26조).

문 4   정답 ④

핵심공략 상업등기의 효력

1. 소극적 효력
   ① 등기할 사항 등기 × → 선의 제3자 대항 ×
   ② 등기 후 정당한 사유 있는 제3자 대항 ×
   ③ 지점 소재지에서 등기할 사항 등기 × → 지점의 거래에 관하여 선의 제3자 대항 ×
   ④ 제3자 선의: 등기대상인 사항에 대해 알지 못하는 것, 등기여부를 알지 못하는 것 ×
2. 적극적, 일반적 효력
   ① 등기할 사항 등기 O → 선의 제3자 대항 O
   ② 이사 퇴임등기: 표현대리 성립 ×
   ③ 상업등기 효력: 창설적 효력 → 제3자 선의 악의 불문하고 발생
   ④ 상호의 양도: 등기 × → 악의 제3자 대항 ×
   ⑤ 제3자: 등기사항에 관해 정당한 이해관계를 갖는 모든 자. 국가 ×

상업등기에 관한 다음 설명 중 가장 옳지 않은 것은?

① 상법에 의하여 등기할 사항은 이를 등기하지 아니하면 선의의 제3자에게 대항하지 못하나, 이를 등기한 경우에는 제3자가 등기된 사실을 알지 못한 데에 정당한 사유가 없는 한 선의의 제3자에게도 대항할 수 있다.   [06/07/08/13/16/18법무사, 07/11/19법원직]

➡ [O] 제37조

② ①에서의 '제3자'라 함은 대등한 지위에서 하는 보통의 거래관계의 상대방을 말한다 할 것이고, 여기서의 제3자에는 조세권에 기하여 조세의 부과처분을 하는 경우의 국가는 포함되지 않는다.   [03/11/18법무사, 17법원직]

➡ [O] 등기의 일반적 효력과 관련된 선의의 제3자란 대등한 지위에서 하는 보통의 거래관계의 상대방을 말하므로, 조세권에 기하여 조세의 부과처분을 하는 경우의 국가는 동조 소정의 제3자라 할 수 없다(대판 1978.12.26. 78누167).

③ 지점소재지의 등기 해태에 따른 과태료는 본점소재지가 아닌 지점소재지에 부과된다.   [10/19법원직, 14법무사]

➡ [O] 회사의 등기사항에 변경이 있는 때에는 본점소재지에서는 2주간 내, 지점소재지에서는 3주간 내에 변경등기를 하여야 하는바, 본점소재지와 지점소재지의 관할 등기소가 동일하지 아니한 때에는 그 등기도 각각 신청하여야 하는 것이므로, 그 등기해태에 따른 과태료도 본점소재지와 지점소재지의 등기해태에 따라 각각 부과되는 것이다(대결 2009.4.23. 2009마120).

❹ 대표이사의 퇴임등기가 된 경우에도 민법 제129조가 정하는 '대리권 소멸 후의 표현대리'의 적용이 배제되지 아니한다.   [19법원직]

➡ [×] 주식회사의 이사가 퇴임하여 퇴임등기 및 공고를 한 경우에는 상법 제37조의 해석상 제3자는 악의로 의제되므로 민법 제129조의 표현대리가 성립될 수 없다(서울고등 1977.3.23. 76나2843).

문 5

> **핵심공략** 영업양도 의의 및 방법, 영업자산의 개별적 이전, 영업조직의 이전
>
> 1. 의의 및 방법
>   ① 물건, 권리, 사실관계 등 조직적·기능적 재산으로서의 영업재산 일체를 영업의 동일성을 유지하면서 이전하는 계약
>   ② 영업양도 방법: 명시적 또는 묵시적 계약, 등기 ×, 계약서 작성 ×
> 2. 영업자산의 개별적 이전
>   ① 영업양도: 특정승계, 포괄승계 ×
>   ② 개별적인 이전행위 요구, 등기 또는 인도와 같은 이행행위 ○
> 3. 영업조직의 이전
>   ① 영업양도 판단기준: 종래의 영업조직이 유지되어 조직이 전부 또는 중요한 일부로서 기능할 수 있는가
>   ② 영업재산 일부 유보 → 양도한 부분만으로 종래의 조직 유지 → 영업양도 ○
>   ③ 물적 시설 전부 양도, 종업원 전원 해고: 영업양도 ×

영업양도에 관한 다음 설명 중 가장 옳지 않은 것은?

❶ 영업양도는 포괄승계이므로, 등기나 인도와 같은 개개의 구성부분을 이전하는 이행행위(물권행위)는 요구되지 않는다.

[15/20법원직, 18법원직]

➡ [×] 영업양도는 포괄승계가 아닌 특정승계이다. 영업양도는 채권계약이므로 양도인이 재산이전의무를 이행함에 있어서는 상속이나 회사의 합병과 같이 포괄적 승계가 인정되지 않고, 재산 각각에 대하여 개별적인 이전행위가 이루어져야 하고, 각 영업재산에 대한 개별적인 권리이전 요건을 갖추어야 한다. 영업양도인은 영업재산이 영업양도 전후에 동일성이 유지되도록 포괄적으로 영업양수인에게 이전해야 하는데, 이 경우에는 등기나 인도 등 영업재산을 이루는 개개의 구성부분을 이전하는 이행행위(물권행위)도 함께 행해져야 한다(대판 1991.10.8. 91다22018,22025). 따라서 지문의 경우, 영업재산에 대하여 개개의 이전절차, 즉 등기나 인도행위가 함께 이루어져야 한다.

② 양도인이 영업의 물적 설비 일체를 양도하면서 종업원을 전부 해고한 경우, 양도인은 경업금지의무를 부담하지 않는다.

➡ [○] 양도인이 영업의 물적 설비 일체를 양도하면서 종업원을 전원 해고한 경우, 영업양도가 성립하지 않으므로 양도인은 경업금지의무를 부담하지 않는다(대판 1995.7.14. 94다20198).

③ 상법상의 영업양도는 종래의 영업조직이 유지되어 그 조직이 전부 또는 중요한 일부로서 기능할 수 있는가에 의하여 결정되어야 한다. 따라서 영업재산의 일부를 유보한 채 영업시설을 양도하였더라도 그 양도한 부분만으로도 종래의 조직이 유지되어 있다고 인정된다면 영업의 양도라고 보아야 한다. [18/19/20법무사]

➡ [○] 상법상의 영업양도는 종래의 영업조직이 유지되어 그 조직이 전부 또는 중요한 일부로서 기능할 수 있는가에 의하여 결정되어야 한다. 영업재산의 일부를 유보한 채 영업시설을 양도했어도 그 양도한 부분만으로도 종래의 조직이 유지되어 있다고 사회관념상 인정되면 영업의 양도에 해당한다.

④ 영업양도는 반드시 영업양도 당사자 사이의 명시적 계약에 의하여야 하는 것은 아니며 묵시적 계약에 의하여도 가능하다. 영업양도의 경우 별도의 등기가 필요하지 않을뿐더러, 그 계약서의 작성이나 기재사항도 법정화되어 있지 않다. [20법무사]

➡ [○] 영업양도는 반드시 영업양도 당사자 사이의 명시적 계약에 의하여야 하는 것은 아니며 묵시적 계약에 의하여도 가능하다. 영업양도의 경우 별도의 등기가 필요하지 않을뿐더러, 그 계약서의 작성이나 기재사항도 상법에 규정되어 있지 않다.

문 6

> **핵심공략** 보조적 상행위
>
> 1. 보조적 상행위
>   ① 의의: 상인이 영업을 위하여 하는 행위. 상인의 행위 → 영업을 위하여 하는 것으로 추정
>   ② 상인의 행위가 보조적 상행위가 아니라고 주장하는 자가 증명 책임 부담
> 2. 다른 상인의 영업을 위한 준비행위
>   ① 다른 상인의 영업을 위한 준비행위 → 보조적 상행위 ×
>   ② 회사 설립을 위한 개인의 행위 → 상법 적용 ×
>   ③ 회사 대표이사의 준비자금 차용금 채무 → 상사소멸시효 ×
> 3. 일방적 상행위: 당사자 중 1인의 행위 → 전원에 대하여 상법 적용

상법상 상행위에 관한 다음 설명 중 가장 옳은 것은?

① 상인이 영업을 위하여 하는 행위는 상행위로 보며, 상인의 행위는 영업을 위하여 하는 것으로 간주된다. [15법원직]

➡ [×] 상인이 영업을 위하여 하는 행위는 상행위로 보며, 상인의 행위는 영업을 위하여 하는 것으로 추정한다(제47조 제1항, 제2항).

❷ 다른 상인의 영업을 위한 준비행위를 하는 경우, 그 행위는 행위를 한 자의 보조적 상행위가 될 수 없다. [18법무사, 20법원직]

➡ [○] 영업을 준비하는 행위가 보조적 상행위로서 상법의 적용을 받기 위해서는 행위를 하는 자 스스로 상인자격을 취득하는 것을 당연한 전제로 하므로, 어떠한 자가 다른 상인의 영업을 위한 준비행위를 하는 경우, 그 행위는 행위를 한 자의 보조적 상행위가 될 수 없다(대판 2012.7.26. 2011다43594).

③ 회사 설립을 위하여 개인이 한 행위는 설립 중 회사의 행위로 인정되므로 이러한 개인의 상행위는 상법 규정이 적용된다.

➡ [×] 회사 설립을 위하여 개인이 한 행위는 그것이 설립 중 회사의 행위로 인정되어 장래 설립될 회사에 효력이 미쳐 회사의 보조적 상행위가 될 수 있는지는 별론으로 하고, 장래 설립될 회사가 상인이라는 이유만으로 당연히 개인의 상행위가 되어 상법 규정이 적용된다고 볼 수는 없다(대판 2012.7.26. 2011다43594).

④ 당사자 중 그 1인의 행위가 상행위인 때에는 그 1인에 대하여만 상법이 적용된다. [08/14/16법원직, 15/20법무사]

➡ [×] 당사자 중 그 1인의 행위가 상행위인 때에는 전원에 대하여 본법을 적용한다(제3조). 상법 제3조에 따라 당사자 중 1인의 행위가 상행위인 때에는 전원에 대하여 상법이 적용되므로, 당사자의 일방이 수인인 경우에 그중 1인에게만 상행위가 되더라도 전원에 대하여 상법이 적용된다고 해석된다(대판 2014.4.10. 2013다68207).

문 7

핵심공략 **민법 채권에 대한 특칙**

1. 보증인의 연대채무: 보증인의 보증이 상행위이거나 주채무가 상행위로 인한 경우 보증인 연대책임 부담(제57조 제2항)
2. 다수당사자의 연대책임(제57조 제1항)
   ① 수인이 그 1인 또는 전원에게 상행위가 되는 행위로 채무 부담하는 경우 전원 연대 책임
   → 채무자 전원에게 상행위 요구 ×, 채권자는 상인이 아니어도 됨
   ② 조합채무가 조합원 전원을 위하여 상행위가 되는 행위로 인한 경우 조합원들의 연대 책임
3. 상사임치: 상인이 영업범위 내에서 물건 임치를 받은 경우 무보수인 경우에도 선관주의의무 부담(제62조)
4. 지점 거래의 채무이행장소: 채무이행 장소가 특정되지 않은 경우 특정물 인도외의 채무이행은 그 지점

민법에 대한 특칙으로서 상법에서 규정한 것에 관한 다음 설명 중 가장 옳지 않은 것은?

① 보증인이 있는 경우에 그 보증이 상행위이거나 주채무가 상행위로 인한 것인 때에는 주채무자와 보증인은 연대하여 변제할 책임이 있다. [08/13/16법원직]

➡ **[O]** 보증인의 보증이 상행위이거나 주채무가 상행위로 인한 것인 경우 주채무자와 보증인은 연대하여 변제할 책임이 있다(제57조 제2항).

② 민법상 채무자가 수인인 경우에 특별한 의사표시가 없으면 각 채무자는 균등한 비율로 의무를 부담하고, 상법상 수인이 그 1인 또는 전원에게 상행위가 되는 행위로 인하여 채무를 부담한 때에는 연대하여 변제할 책임이 있다. [03/08/11/14/19법무사, 13법원직]

➡ **[O]** 민법에 의하면 다수당사자의 채무는 분할채무이지만(민법 제408조), 상법에 의하면 수인이 그 1인 또는 전원에게 상행위가 되는 행위로 인하여 채무를 부담한 때에는 연대하여 변제할 책임이 있다(제57조 제1항).

❸ 민법상 보수 없이 임치를 받은 자와 상법상 자신의 영업범위 내에서 보수를 받지 아니하고 임치를 받은 상인은 임치물을 선량한 관리자의 주의로 보관하여야 한다. [07법원직]

➡ **[×]** 보수 없이 임치를 받은 자는 임치물을 자기재산과 동일한 주의로 보관하여야 한다(민법 제695조). 상인이 그 영업범위 내에서 물건의 임치를 받은 경우에는 보수를 받지 않는 경우에도 선량한 관리자의 주의를 하여야 한다(제62조). 상법 제62조는 민법 제695조의 특칙으로서 의미를 가진다. 아울러 상법 제62조와 관련해서는 상인의 영업범위 내에서 임치를 받은 경우에 적용된다는 점을 기억해야 한다.

④ 채권자의 지점에서의 거래로 인한 채무이행의 장소가 그 행위의 성질 또는 당사자의 의사표시에 의하여 특정되지 아니한 경우 특정물 인도 외의 채무이행은 그 지점을 이행장소로 본다. [10/15법무사, 16법원직]

➡ **[O]** 제56조

문 8

핵심공략 **상사매매 의의, 확정기매매, 매도인의 목적물 공탁·경매권, 매수인의 목적물 보관·공탁**

1. 의의: 쌍방이 상인이어야 하고, 쌍방 상행위이어야 함
2. 확정기매매: 확정기매매의 당사자 일방이 이행시기를 경과한 경우 상대방은 즉시 이행을 청구하지 아니하면 계약을 해제한 것으로 봄(제68조)
3. 매도인의 목적물 공탁, 경매권
   ① 매수인의 목적물 수령거부 또는 수령불능의 경우, 매도인은 목적물 공탁 또는 최고 후 경매 가능(제67조 제1항)(법원 허가 ×)
   ② 매수인이 목적물 수령거부 또는 수령불능의 경우, 매도인이 물건을 경매한 경우 경매대금을 매매대금에 충당
4. 매수인의 목적물 보관, 공탁의무
   ① 매수인 계약해제: 매도인의 비용으로 매매의 목적물 보관, 공탁
   ② 매도인이 인도한 물건이 목적물과 다르거나 수량초과: 매도인의 비용으로 보관, 공탁. 멸실 훼손 우려가 있는 경우 법원의 허가를 얻어 경매하여 대가를 보관 또는 공탁

상인간 매매에 대한 상법상 특칙에 관한 다음 설명 중 가장 옳지 않은 것은?

① 상법상 매매에 관한 특칙 규정은 상인간의 매매, 즉 당사자 쌍방에게 모두 상행위가 되는 매매에 적용된다. [19법원직]

➡ **[O]** 당사자 쌍방이 상인이어야 하고, 당사자 쌍방에게 매매계약이 모두 상행위여야 한다.

② 상인간의 매매에서 당사자의 의사표시에 의하여 일정한 기간 내에 이행하지 아니하면 계약의 목적을 달성할 수 없는 경우에 당사자의 일방이 이행시기를 경과한 때에는 상대방은 즉시 그 이행을 청구하지 아니하면 계약을 해제한 것으로 본다. [10/19법무사, 11/16/19/20법원직]

➡ **[O]** 제68조

❸ 상인간의 매매에서 매수인이 목적물의 수령을 거부하는 상황에서 목적물이 멸실 또는 훼손될 염려가 있는 때에는 매도인은 법원의 허가를 받아 경매할 수 있다. [20법원직]

➡ **[×]** 매수인에 대하여 최고를 할 수 없거나 목적물이 멸실 또는 훼손될 염려가 있는 때에는 최고 없이 경매할 수 있다(제67조 제2항).

④ 상인간의 매매에서 매수인은 매매 목적물 수령 후 하자를 이유로 적법하게 계약을 해제하였더라도 매도인에게 반환하기 전까지 매도인의 비용으로 매매 목적물을 보관하여야 한다. [20법원직]

➡ **[O]** 매수인이 계약을 해제한 때에도 매도인의 비용으로 매매의 목적물을 보관 또는 공탁하여야 한다(제70조 제1항).

문 9

핵심공략 합자조합

1. 의의
   업무집행자로서 조합의 채무에 대하여 무한책임을 지는 조합원과 출자가액을 한도로 하여 유한책임을 지는 조합원이 상호 출자하여 공동사업을 경영할 것을 약정

2. 업무집행조합원
   ① 조합계약에 다른 규정이 없으면 각자가 업무 집행, 대리
   ② 둘 이상의 업무집행조합원이 있는 경우, 다른 업무집행조합원의 이의가 있는 경우, 행위 중지하고 업무집행조합원 과반수 결의

3. 지분양도
   ① 업무집행조합원은 지분 양도: 다른 조합원 전원의 동의 ○
   ② 유한책임조합원의 지분 양도: 조합계약에 따라 양도 가능 ○

4. 유한책임조합원의 책임
   ① 변제책임: 출자가액에서 이미 이행한 부분을 뺀 가액 한도
   ② 합자조합에 이익이 없음에도 배당을 받은 금액: 변제책임의 한도액에 더함

상법상 합자조합에 관한 다음 설명 중 가장 옳지 않은 것은? (다툼이 있는 경우에는 판례에 의함)

① 합자조합은 조합의 업무집행자로서 조합의 채무에 대하여 무한책임을 지는 조합원과 출자가액을 한도로 하여 유한책임을 지는 조합원이 상호출자하여 공동사업을 경영할 것을 약정함으로써 그 효력이 생긴다. [14법무사, 14/17법원직]
   ➡ 【O】 제86조의2

② 둘 이상의 업무집행조합원이 있는 경우에 조합계약에 다른 정함이 없으면 그 각 업무집행조합원의 업무집행에 관한 행위에 대하여 다른 업무집행조합원의 이의가 있는 경우에는 그 행위를 중지하고 업무집행조합원 과반수의 결의에 따라야 한다. [14법무사, 14/17법원직]
   ➡ 【O】 제86조의5 제3항

❸ 업무집행조합원은 다른 업무집행조합원 전원의 동의를 받지 아니하면 그 지분의 전부 또는 일부를 타인에게 양도하지 못한다. [14/17법원직, 14/19법무사]
   ➡ 【X】 업무집행조합원은 다른 조합원 전원의 동의를 받지 아니하면 그 지분의 전부 또는 일부를 타인에게 양도하지 못한다(제86조의7 제1항).

④ 유한책임조합원은 조합계약에서 정한 출자가액에서 이미 이행한 부분을 뺀 가액을 한도로 하여 조합채무를 변제할 책임이 있다. [14/17법원직]
   ➡ 【O】 유한책임조합원은 조합계약에서 정한 출자가액에서 이미 이행한 부분을 뺀 가액을 한도로 하여 조합채무를 변제할 책임을 부담한다. 합자조합에 이익이 없음에도 불구하고 배당을 받은 금액은 변제책임을 정할 때에 변제책임의 한도액에 더한다(제86조의6 제1항, 제2항).

문 10

핵심공략 운송주선인

1. 의의
   ① 자기명의로 물건운송의 주선을 영업으로 하는 자
   ② 실제 주선행위를 할 경우, 하주, 운송인의 대리인, 위탁자의 이름으로 운송계약 체결 → 여전히 운송주선인

2. 운송주선인의 손해배상책임
   ① 운송물의 수령, 인도, 보관, 운송인이나 다른 운송주선인의 선택, 기타 운송에 관하여 주의를 해태하지 아니하였음을 증명 × → 운송물의 멸실, 훼손 또는 연착으로 인한 손해배상책임 부담
   ② 소멸시효: 수하인이 운송물을 수령한 날로부터 1년. 악의 → 5년
   ③ 운송물 전부멸실: 운송물을 인도할 날로부터 기산

3. 운송주선인의 권리
   ① 개입권: 다른 약정이 없으면 직접 운송. 운송인과 동일한 권리. 거래소 시세 ×
   ② 보수청구권: 인도한 때 보수청구, 운임액 정한 경우 보수청구 ×
   ③ 특별상사유치권: 견련성 ○, 위탁자 소유물 ×
   ④ 운송물의 공탁·경매권, 비용청구권

운송주선인에 관한 다음 설명 중 가장 옳지 않은 것은?

❶ 운송주선인이 개입권을 행사하기 위해서는 운송물이 거래소의 시세가 있어야 한다. [13법원직]
   ➡ 【X】 운송주선인의 개입권은 위탁매매인의 개입권과 유사하나 운송물이 거래소의 시세가 있을 것을 요하지 않는다.

② 상법 제114조에서 정한 '주선'은 자기의 이름으로 타인의 계산 아래 법률행위를 하는 것을 말하므로, 운송주선인은 자기의 이름으로 주선행위를 하는 것이 원칙이지만, 실제로 주선행위를 하였다면 하주나 운송인의 대리인, 위탁자의 이름으로 운송계약을 체결하는 경우에도 운송주선인으로서의 지위를 상실하지 않는다. [18법무사, 20법원직]
   ➡ 【O】 대판 2007.4.26. 2005다5058

③ 운송주선인은 자기나 그 사용인이 운송물의 수령, 인도, 보관, 운송인이나 다른 운송주선인의 선택, 기타 운송에 관하여 주의를 해태하지 아니하였음을 증명하지 아니하면 운송물의 멸실, 훼손 또는 연착으로 인한 손해를 배상할 책임을 면하지 못한다. [20법원직, 12/18법무사]
   ➡ 【O】 제115조

④ 운송주선계약으로 운임의 액을 정한 경우에는 다른 약정이 없으면 따로 보수를 청구하지 못한다. [20법원직]
   ➡ 【O】 제119조 제2항

문 11

핵심공략 1인 회사

1. 의의
   ① 주식회사, 유한회사, 유한책임회사와 같은 물적 회사에서 사원이 1인인 경우

② 합명회사, 합자회사는 1인 회사 ×. 사원이 1인인 경우 해산사유
2. 1인 회사 주주총회 하자 여부
① 주주총회 절차상 하자 → 주주총회에서 결의를 한 것으로 의사록 작성 → 유효
② 소집절차 위법 → 1인 주주 참석, 개최 동의, 이의 없이 결의 → 결의 위법 ×
③ 1인 주주인 대표이사가 주총 특별결의 없이 회사의 유일한 영업재산 양도 → 유효
④ 발행주식 98%를 소유한 주주에 의하여 주주총회 없이 의결이 있었던 것처럼 의사록 작성 → 주주총회 결의부존재
3. 1인 회사 형사책임
① 1인 주주 회사 자금 임의로 처분 → 횡령죄 구성
② 1인 회사에 있어서도 회사와 주주는 별개. 1인 회사의 재산 → 1인 주주의 소유 ×

1인 회사에 관한 설명으로 가장 옳지 않은 것은?

① 1인 회사에 있어서도 행위의 주체와 본인은 분명히 별개의 인격이고 본인인 주식회사에 재산상 손해가 발생하였을 때 배임죄는 기수가 되는 것이므로, 궁극적으로 그 손해가 주주의 손해가 된다고 하더라도 이미 성립한 죄에는 아무런 영향이 없다.

[09/14법무사, 13/17법원직]

➡ [O] 이른바 1인 회사에 있어서도 행위의 주체와 그 본인은 분명히 별개의 인격이며 그 본인인 주식회사에 재산상 손해가 발생하였을 때 배임죄는 성립하는 것이므로, 궁극적으로 그 손해가 주주의 손해가 된다 하더라도 이미 성립한 죄에는 아무 소장이 없다 할 것인바, 피고인이 다른 주주들의 주식을 모두 취득하려 하였다는 사정만으로 배임죄의 성립에 영향을 미치는 것도 아니다(대판 2006.6.16. 2004도7585).

❷ 주식회사의 주식이 사실상 1인의 주주에 귀속되는 1인 회사의 경우 회사와 주주는 서로 이해관계가 상충되는 바가 없다고 볼 수 있으므로 1인 주주가 회사의 금원을 업무상 보관 중 이를 임의로 처분하더라도 업무상 횡령죄는 구성하지 않는다.

[09/14/19법무사, 17/21법원직]

➡ [×] 주식회사의 주식이 사실상 1인 주주에 귀속하는 1인 회사에 있어서도 회사와 주주는 분명히 별개의 인격이어서 1인 회사의 재산이 곧바로 그 1인 주주의 소유라고 볼 수 없으므로, 사실상 1인 주주라고 하더라도 회사의 자금을 임의로 처분한 행위는 횡령죄를 구성한다(대판 2010.4.29. 2007도6553).

③ 발행주식 98%를 소유한 주주의 의사에 기하여 주주총회 없이 의결이 있었던 것처럼 주주총회 의사록이 작성되었다면, 이는 주주총회 결의부존재 사유에 해당하지 않는다.

➡ [O] 발행주식 98%를 소유한 주주의 의사에 기하여 주주총회 없이 의결이 있었던 것처럼 주주총회 의사록이 작성되었다면, 이는 주주총회 결의부존재 사유에 해당하지 않는다.

④ 1인 주식회사에 있어서 주주총회 소집절차에 흠이 있어도 1인 주주가 참여하여 결의하면 결의 자체는 유효하고, 주주총회를 개최하지 않았어도 1인 주주에 의하여 결의가 있었던 것처럼 주주총회 의사록이 작성되었으면 결의가 있었던 것으로 볼 수 있다.

[13/17/21법원직, 15/19/20법무사]

➡ [O] 주주총회의 소집절차가 위법하더라도 1인 주주회사에서 그 주주가 참석하여 총회개최에 동의하고 아무 이의 없이 결의한 경우 그

결의 자체를 위법한 것이라고 할 수 없다(대판 1966.9.20. 66다1187,1188). 실질적으로 1인 회사인 주식회사의 주주총회는 그 절차상에 하자가 있다 하더라도 그 주주총회에서 어떤 결의를 한 것으로 주주총회 의사록이 작성되어 있으면 특별한 사정이 없는 한 1인 주주에 의하여 그와 같은 결의가 있었던 것이라고 볼 수 있어 유효하다(대판 1992.6.23. 91다19500).

문 12

정답 ②

핵심공략 정관 효력, 발기인, 정관기재사항, 모집설립의 주식인수

1. 정관 효력
   ① 원시정관: 공증인 인증 → 정관 효력 발생
   ② 소규모회사: 각 발기인이 정관에 기명날인 또는 서명 → 정관 효력 발생
   ③ 변경정관: 정관변경에 대한 주주총회 결의 → 정관 효력 발생
2. 발기인
   ① 의의: 정관에 발기인으로 기명날인 또는 서명한 자
   ② 인수: 1인 이상. 인수 제한 ×
3. 정관기재사항
   ① 절대적 기재사항: 목적, 상호, 회사가 발행할 주식의 총수, 액면주식 1주의 금액, 회사설립 시에 발행하는 주식의 총수, 본점 소재지, 공고방법, 발기인의 성명, 주민등록번호 및 주소
   ② 절대적 기재사항 기재 × → 정관 무효 → 회사 설립 무효
4. 모집설립의 주식인수
   ① 방법: 주식청약서 2통에 인수할 주식의 종류 및 수와 주소기재, 기명날인 또는 서명
   ② 변태설립사항이 주식청약서에 기재되지 않은 경우 그러한 청약서에 의한 청약 무효
   ③ 민법 제107조 제1항 단서의 비진의 의사표시 규정 적용 ×

다음 주식회사의 설립에 관한 설명 중 가장 옳지 않은 것은?

① 주식회사의 설립에 있어 정관은 공증인의 인증을 받음으로써 효력이 생기나, 설립 이후 정관의 변경은 인증을 효력요건으로 하지 아니한다. [06/17법무사, 09/10/12/16법원직]

➡ [O] 원시정관은 공증인의 인증을 받음으로써 효력이 생긴다(제292조 본문). 변경정관은 공증 없이 정관변경에 대한 주주총회 결의시에 효력이 발생한다. 주식회사의 원시정관은 공증인의 인증을 받음으로써 효력이 생기는 것이지만 일단 유효하게 작성된 정관을 변경할 경우에는 주주총회의 특별결의가 있으면 그때 유효하게 정관변경이 이루어지고, 서면인 정관이 고쳐지거나 변경 내용이 등기사항인 때의 등기 여부 내지는 공증인의 인증 여부는 정관변경의 효력발생에는 아무 영향이 없다(대판 2007.6.28. 2006다62362).

❷ 창립 정관에 회사가 발행할 주식의 총수, 액면주식 1주의 금액, 회사설립 시에 발행하는 주식의 총수가 기재되지 않은 경우 그러한 창립 정관은 공증인의 인증을 받더라도 무효이다.

➡ [×] ㉠ 목적, ㉡ 상호, ㉢ 회사가 발행할 주식의 총수, ㉣ 액면주식 1주의 금액, ㉤ 회사설립 시에 발행하는 주식의 총수, ㉥ 본점 소재지, ㉦ 공고방법, ㉧ 발기인의 성명, 주민등록번호 및 주소는 절대적 기재사항이다(제289조 제1항).

③ 발기인은 서면에 의하여 주식을 인수하여야 한다.

➡ [O] 제293조

④ 주식인수인이 납입을 하지 아니한 때에는 발기인은 일정한 기일 내에 납입을 하지 아니하면 그 권리를 잃는다는 것을 2주간 전에 통지하여야 하고, 주식인수인이 그 기일 내에 납입을 하지 아니한 때에는 그 권리를 잃는다.

→【○】주식인수인이 제305조의 규정에 의한 납입을 하지 아니한 때에는 발기인은 일정한 기일을 정하여 그 기일 내에 납입을 하지 아니하면 그 권리를 잃는다는 뜻을 기일의 2주간 전에 그 주식인수인에게 통지하여야 한다(제307조 제1항). 전항의 통지를 받은 주식인수인이 그 기일 내에 납입의 이행을 하지 아니한 때에는 그 권리를 잃는다. 이 경우에는 발기인은 다시 그 주식에 대한 주주를 모집할 수 있다(제307조 제2항).

문 13
정답 ①

주주평등의 원칙

1. 의의
   ① 주주의 권리: 주식 단위
   ② 강행규정. 주주평등의 원칙에 반하는 정관규정, 주총 및 이사회 결의 → 무효
   ③ 대주주가 소수주주보다 적은 비율의 이익배당을 받기로 결의 → 주주평등원칙 위반 ×

2. 주주평등원칙 위반
   ① 일부 주주에게 우월한 권리나 이익 부여 → 무효
   ② 회사 직원들을 유상증자 참여시키면서 출자손실금 전액 보전 약정 → 무효. 신주인수계약 유효
   ③ 신주인수한 주주에게 손실보상 약정. 약정이전에 신주인수 별도계약 → 무효

주주평등의 원칙에 관한 다음 설명 중 가장 옳지 않은 것은?

❶ 회사가 직원들을 유상증자에 참여시키면서 퇴직시 출자 손실금을 전액 보전해 주기로 약정하는 것은 원칙적으로 주주평등의 원칙에 위반되어 무효이고, 그에 따른 신주인수계약 또한 무효가 된다. [11/19법원직]

→【×】회사가 직원들을 유상증자에 참여시키면서 퇴직시 출자 손실금을 전액 보전해 주기로 약정한 경우, 그러한 내용의 손실보전합의 및 퇴직금 특례지급기준은 회사가 주주에 대하여 투하자본의 회수를 절대적으로 보장하는 셈이 되고 다른 주주들에게 인정되지 않는 우월한 권리를 부여하는 것으로서 주주평등의 원칙에 위반되어 무효이다. 다만, 손실보전약정이 무효라는 이유로 신주인수계약까지 무효가 되는 것은 아니다(대판 2007.6.28. 2006다38161,38178).

② 회사가 신주를 인수하여 주주의 지위를 갖게 된 주주와 사이에 주주로서의 지위에서 발생하는 손실의 보상을 주된 내용으로 한 약정을 체결하였더라도, 그 약정이 해당 주주의 자격을 취득하기 이전에 신주인수계약과 별도의 계약으로 체결된 경우에도 이러한 약정은 주주평등의 원칙에 위배되어 무효이다. [21법원직]

→【○】대판 2020.8.13. 2018다236241

③ 주주평등의 원칙이란 주주는 회사와의 법률관계에서는 그가 가진 주식의 수에 따라 평등한 취급을 받아야 함을 의미한다. 이를 위반하여 회사가 일부 주주에게만 우월한 권리나 이익을 부여하기로 하는 약정은 특별한 사정이 없는 한 무효이다. [19/21 법원직]

→【○】대판 2018.9.13. 2018다9920,9937

④ 회사가 신주를 인수하여 주주의 지위를 갖게 되는 자와 사이에 상법 제462조 등 법률의 규정에 의한 배당 외에 다른 주주들에게는 지급되지 않는 별도의 수익을 지급하기로 약정한다면, 이는 회사가 해당 주주에 대하여만 투하자본의 회수를 절대적으로 보장함으로써 다른 주주들에게 인정되지 않는 우월한 권리를 부여하는 것으로서 주주평등의 원칙에 위배되어 무효이다. [21법원직]

→【○】甲 주식회사가 제3자 배정 방식의 유상증자를 실시하면서 이에 참여한 乙 등과 그 투자금을 유상증자 청약대금으로 사용하되 투자 원금을 반환하고 소정의 수익금을 지급하기로 하는 내용의 투자계약을 체결하고 이를 이행한 경우, 위 투자계약은 乙 등의 주주 지위에서 발생하는 손실의 보상을 주된 목적으로 하는 것이므로 주주평등의 원칙에 위배되어 무효이고, 甲 회사는 위 투자계약이 주주평등의 원칙에 반하여 무효라고 주장하면서 乙 등을 상대로 그들이 지급받은 수익금 상당의 부당이득반환을 구할 수 있다(대판 2020.8.13. 2018다236241).

문 14
정답 ③

주식의 입질, 등록질, 약식질

1. 주식의 입질
   ① 방법: 주권을 질권자에게 교부. 간이인도, 목적물반환청구권양도 가능
   ② 주권이 질권자에게 교부 → 여전히 질권설정자가 주주

2. 등록질
   ① 물권적 합의, 주권의 교부. 질권자의 성명 주주명부기재 → 입질 효력 발생
   ② 제3자 대항요건: 주권점유

3. 약식질
   ① 물권적 합의, 주권교부, 질권자의 성명 주주명부 기재 ×
   ② 제3자 대항요건: 주권점유
   ③ 물상대위권 행사 요건: 질권설정자가 받을 금전 지급 또는 인도 전 압류

주식 질권에 대한 다음 설명 중 가장 옳지 않은 것은?

① 주식의 질권설정에 필요한 요건인 주권의 점유를 이전하는 방법으로는 현실 인도(교부) 외에 간이인도나 반환청구권 양도도 허용되고, 주권을 제3자에게 보관시킨 경우 주권을 간접점유하고 있는 질권설정자가 반환청구권 양도에 의하여 주권의 점유를 이전하려면 질권자에게 자신의 점유매개자인 제3자에 대한 반환청구권을 양도하여야 하고, 이 경우 대항요건으로서 제3자의 승낙 또는 질권설정자의 제3자에 대한 통지를 갖추어야 한다.

→【○】대판 2012.8.23. 2012다34764

② 주식회사가 자기주식을 질취(質取)한 경우에 의결권 등의 공익권은 질권설정자인 주주가 행사한다. [09법원직]

→【○】주식에 대해 질권이 설정되었다고 하더라도 질권설정계약 등에 따라 질권자가 담보제공자인 주주로부터 의결권을 위임받아 직접 의결권을 행사하기로 약정하는 등의 특별한 약정이 있는 경우를 제외하고 질권설정자인 주주는 여전히 주주로서의 지위를 가지고 의결권

을 행사할 수 있다(대판 2017.8.18. 2015다5569).

❸ 주식의 약식질권자가 물상대위권을 행사하기 위해서는 질권설정자가 금전 기타 물건의 지급 또는 인도 전후에 압류하여야 한다.

➡ [×] 주식의 약식질권자가 주식의 소각대금채권에 물상대위권을 행사하기 위하여는 민법 제342조, 제355조, 구 민사소송법 제733조 제2항, 제3항에 의하여 질권설정자가 지급받을 금전 기타 물건의 지급 또는 인도 전에 압류하여야 한다(대판 2004.4.23. 2003다6781).

④ 주식의 질권자는 계속하여 주권을 점유하지 아니하면 그 질권으로써 제3자에게 대항하지 못한다. [19법무사]

➡ [O] 등록질과 약식질 모두 질권자는 주권을 계속 점유하여야만 제3자에게 대항할 수 있다.

문 15 정답 ①

주식양도승인, 주식양수인의 승인 청구, 주식양도인의 승인 청구, 주식양도제한약정

1. 주식양도 승인
   ① 주식 타인에게 양도 가능
   ② 정관상 양도제한: 이사회 승인
   ③ 이사회 승인 없는 주식양도 → 회사에 무효, 양도인 양수인 사이 채권적 유효
2. 주식양수인의 승인 청구
   ① 주식양수인은 회사에 대하여 서면으로 주식 취득의 승인 청구
   ② 회사거절 → 양수인은 회사에 대하여 주식매수청구 → 주식매수청구권은 형성권. 매매계약 바로 성립
   ③ 양수인이 회사로부터 매매대금을 지급받을 때 주주의 지위 이전
3. 주식양도인의 승인 청구
   ① 주식양도인은 회사에 서면으로 양도승인 청구
   ② 회사는 1월 이내에 승인 여부 통지, 통지 × → 이사회 승인이 있는 것으로 봄
   ③ 양도승인 거부 통지 → 20일 내에 회사에 대하여 상대방의 지정 또는 주식매수 청구
4. 주식양도제한약정
   ① 주주 간 5년 동안 일체 주식양도금지 규정: 무효
   ② 주주들 사이 주식의 양도 일부 제한: 공서양속에 반하지 않는 경우 당사자 사이에서는 유효

주식양도에 관한 다음 설명 중 가장 옳지 않은 것은?

❶ 주식의 양도에 정관상 이사회 승인이 요구됨에도 불구하고 이사회 승인을 얻지 아니한 경우, 주식을 취득하지 못한 양수인이 회사에 대하여 주식매수청구를 하더라도 이는 아무런 효력이 없으나 사후적으로 양수인이 주식 취득 요건을 갖추게 되면 이는 하자가 치유된 것으로 볼 수 있다.

➡ [×] 주식을 취득하지 못한 양수인이 회사에 대하여 주식매수청구를 하더라도 이는 아무런 효력이 없고, 사후적으로 양수인이 주식취득의 요건을 갖추게 되더라도 하자가 치유될 수는 없다(대판 2014.12.24. 2014다221258,221265).

② 주식의 양도에 관하여 이사회의 승인을 얻어야 하는 경우에 주식을 취득한 자는 회사에 대하여 그 주식의 종류와 수를 기재한 서면으로 그 취득의 승인을 청구할 수 있고, 이 경우 주주의 지위

는 주식을 취득한 자가 회사로부터 주식의 매매대금을 지급받은 때에 이전된다.

➡ [O] 주식의 양도에 관하여 이사회의 승인을 얻어야 하는 경우에 주식을 취득한 자는 회사에 대하여 그 주식의 종류와 수를 기재한 서면으로 그 취득의 승인을 청구할 수 있다. 이러한 주식매수청구권은 형성권이어서 그 행사에 따라 회사의 승낙 여부와 관계없이 곧바로 주식에 관한 매매계약이 성립한다, 이 경우 주주의 지위는 주식을 취득한 자가 주식매수청구권을 행사한 때가 아니라 회사로부터 주식의 매매대금을 지급받은 때에 이전된다(대판 2019.7.10. 2018다292975).

③ 주주들 사이에서 회사의 설립일로부터 5년 동안 주식의 전부 또는 일부를 다른 당사자 또는 제3자에게 매각·양도할 수 없다는 내용의 약정을 한 경우, 그 약정은 주주의 투하자본회수의 가능성을 전면적으로 부정하는 것으로서 무효이다.

[09법무사, 10/18/19/20법원직]

➡ [O] 회사의 설립일로부터 5년 동안 주식의 전부 또는 일부를 다른 당사자 또는 제3자에게 매각·양도할 수 없다는 내용은 설립 후 5년간 일체 주식의 양도를 금지하는 것으로 이를 정관으로 규정하였다고 하더라도 주주의 투하자본회수의 가능성을 전면적으로 부정하는 것으로서 무효이므로 회사와 주주들 사이에서 또는 주주들 사이에서 이러한 내용을 약정하였다고 하더라도 무효이다(대판 2000.9.26. 99다48429).

④ 주식의 양도에 관하여 이사회의 승인을 얻어야 하는 경우에 주식을 양도하고자 하는 주주가 양도의 상대방을 지정할 것을 청구하여 상대방이 지정된 경우, 주식에 대한 매매가격은 주주와 지정된 상대방 간의 협의로 결정한다.

➡ [O] 매매가격은 주주와 지정된 자 간의 협의로 결정된다. 만약 주주가 매도청구를 받은 날로부터 30일 이내에 협의가 이루어지지 않는 경우 주주 또는 매도청구인은 법원에 매매가액의 결정을 청구할 수 있고, 법원은 회사의 재산 상태 그 밖의 사정을 참작하여 공정한 가액으로 이를 산정하여야 한다(제335조의5 제1항, 제2항).

문 16 정답 ④

이익공여의 금지

1. 의의
   ① 회사는 누구에게든지 주주의 권리행사와 관련하여 재산상의 이익 공여 ×
   ② 회사가 특정 주주에게 무상 공여, 유상 공여하면서 현저하게 적은 대가 받은 경우 → 공여 추정
2. 이익공여금지 위반
   ① 이익공여자 회사에 반환
   ② 대표소송으로 이익반환 청구 가능
   ③ 이사, 감사가 이익공여금지 규정 위반: 이사, 감사, 이익 수수한 자 형사처벌

상법 제467조의2에 규정된 이익공여금지에 관한 다음 설명 중 가장 옳지 않은 것은?

① 회사는 누구에게든지 주주의 권리행사와 관련하여 재산상의 이익을 공여할 수 없고, 위 이익을 공여받은 자는 이를 회사에 반환하여야 한다. [11법원직, 15법무사]

➡【O】 회사는 누구에게든지 주주의 권리행사와 관련하여 재산상의 이익을 공여할 수 없다. 회사가 이를 위반하여 재산상의 이익을 공여한 때에는 그 이익을 공여받은 자는 이를 회사에 반환하여야 한다. 이 경우 회사에 대하여 대가를 지급한 것이 있는 때에는 그 반환을 받을 수 있다(제467조의2 제1항, 제3항).

② 회사가 이익공여금지 규정에 위반하여 재산상의 이익을 공여한 때에는 그 이익을 받은 자는 이를 회사에 반환하여야 하는데, 주주는 대표소송의 방법으로 이익의 반환을 청구할 수 있다.
[09/11/17법원직, 15법무사]

➡【O】 이익공여금지 규정을 위반하고 재산상의 이익을 공여한 때에는 그 이익을 공여받은 자는 이를 회사에 반환하여야 하며, 회사의 발행주식 총수의 100분의 1 이상을 보유한 주주는 이익의 반환을 청구할 수 있다(제467조의2 제3항, 제4항).

③ 회사의 이사나 감사가 이익공여금지 규정에 위반하여 재산상의 이익을 공여한 경우 그 이사나 감사는 물론 이익을 수수한 자도 형사처벌의 대상이 된다. [17법원직]

➡【O】 제634조의2 제2항

❹ 회사가 무상으로 재산상의 이익을 공여한 경우에는 주주 전부에 대하여 재산상의 이익을 공여한 경우에도 주주의 권리행사와 관련하여 이를 공여한 것으로 추정한다. [17법원직]

➡【X】 회사가 특정의 주주에 대하여 무상으로 재산상의 이익을 공여한 경우에는 주주의 권리행사와 관련하여 이를 공여한 것으로 추정한다(제467조의2 제2항).

문 17
정답 ②

핵심공략 주식매수청구권

1. 주식매수청구권이 인정되는 경우: 주식교환, 주식이전, 영업양도양수, 합병, 분할합병, 간이합병

2. 주식매수청구권이 인정되지 않는 경우
   ① 소규모합병, 소규모분할합병, 소규모주식교환: 존속회사(완전모회사) 주주
   ② 정관변경, 자본금감소, 분할, 해산

3. 청구권자: 주주(의결권이 없거나 제한되는 주주포함)

4. 청구방법
   ① 주주총회 전에 회사에 서면 통지
   ② 총회의 결의일부터 20일 이내에 회사에 주식매수 청구
   ③ 매수가액: 주주와 회사 간 협의, 30일 이내 협의 × → 주주가 법원에 매수가액 결정 청구

상법상 주주총회결의 반대주주의 주식매수청구권에 관한 다음 설명 중 가장 옳지 않은 것은?

① 회사가 주식을 분할하기 위해 주주총회를 열어 이를 결의하는 경우, 주주가 주식 분할에 반대하더라도 주식매수청구권이 인정되지 않는다. [18법무사]

➡【O】 정관변경, 자본금감소, 분할, 해산에 대한 주주총회 결의에 대해서는 반대주주의 주식매수청구권이 인정되지 않는다.

❷ 영업양도에 따른 결의사항에 반대하는 주주(의결권이 없거나 제한되는 주주 제외)는 회사에 대하여 자기가 소유하고 있는 주식

의 매수를 청구할 수 있다. [10/18법무사, 19법원직]

➡【X】 회사의 주식교환, 주식이전, 영업양도·영업양수, 합병, 분할합병에 반대하는 주주(의결권이 없거나 제한되는 주주를 포함한다)는 주주총회 전에 회사에 대하여 서면으로 그 결의에 반대하는 의사를 통지한 경우에는 그 총회의 결의일부터 20일 이내에 주식의 종류와 수를 기재한 서면으로 회사에 대하여 자기가 소유하고 있는 주식의 매수를 청구할 수 있다(제374조의2 제1항).

③ 영업양도 승인을 위한 주주총회의 소집통지서에는 주식매수청구권의 내용 및 행사방법이 명시되어야 한다.

➡【O】 회사는 반대주주의 주식매수청구권이 인정되는 주주총회의 소집의 통지를 하는 때에는 주식매수청구권의 내용 및 행사방법을 명시해야 한다(제374조 제2항).

④ 영업양도 반대주주의 주식 매수가액은 주주와 회사 간의 협의에 의하여 결정함이 원칙이지만, 매수청구기간이 종료하는 날로부터 30일 이내에도 협의가 이루어지지 아니한 경우에는 회사 또는 주식의 매수를 청구한 주주가 법원에 대하여 매수가액의 결정을 청구할 수 있다. [10법무사, 19법원직]

➡【O】 제374조의2 제3항, 제4항

문 18
정답 ②

상법상 이사의 보수에 관한 설명으로 옳지 않은 것은?

① 주주총회결의가 있거나 주주총회 의사록이 작성된 적은 없으나 임원퇴직금 지급규정에 따라 퇴직금이 사실상 1인 회사의 실질적 1인 주주의 결제·승인을 거쳐 관행적으로 지급되었다면 상법 제388조에 정한 보수라고 그 지급을 구할 수 있다. [10법원직]

➡【O】 임원퇴직금 지급규정에 관하여 주주총회결의가 있거나 주주총회 의사록이 작성된 적은 없으나 위 규정에 따른 퇴직금이 사실상 1인 회사의 실질적 1인 주주의 결제·승인을 거쳐 관행적으로 지급되었다면 위 규정에 대하여 주주총회의 결의가 있었던 것으로 볼 수 있다(대판 2004.12.10. 2004다25123).

❷ 법적으로는 이사의 지위를 갖지만 회사와의 명시적 또는 묵시적 약정에 따라 이사로서의 실질적인 직무를 수행하지 않는 이른바 명목상 이사는 직무를 수행한 대가로서의 보수를 청구할 권리가 없다. [17법원직]

➡【X】 명목상 이사·감사도 법인인 회사의 기관으로서 회사가 사회적 실체로서 성립하고 활동하는 데 필요한 기초를 제공함과 아울러 상법이 정한 권한과 의무를 갖고 의무 위반에 따른 책임을 부담하므로 보수청구권을 갖는다(대판 2015.7.23. 2014다236311).

③ 정관에서 이사의 보수 또는 퇴직금에 관하여 주주총회의 결의로 정한다고 되어 있는 경우에 그 금액·지급시기·지급방법 등에 관한 주주총회의 결의가 있었음을 인정할 증거가 없다면 이사는 보수나 퇴직금을 청구할 수 없다. [10법무사, 10/17/20법원직]

➡【O】 대판 2014.5.29. 2012다98720

④ 정관이나 주주총회의 결의로 이사의 퇴직위로금의 액이 결정되었다면 주주총회에서 퇴임한 특정이사에 대하여 그 퇴직위로금을 박탈하거나 이를 감액하는 결의를 하였다 하여도 그 효력이 없다. [17/18법원직]

➡【O】 유한회사에서 정관 또는 사원총회결의로 특정 이사의 보수액을

구체적으로 정했다면, 이사가 보수의 변경에 대하여 명시적으로 동의하였거나, 적어도 직무의 내용에 따라 보수를 달리 지급하거나 무보수로 하는 보수체계에 관한 내부규정이나 관행이 존재함을 알면서 이사직에 취임한 경우와 같이 직무내용의 변동에 따른 보수의 변경을 감수한다는 묵시적 동의가 있었다고 볼 만한 특별한 사정이 없는 한, 유한회사가 이사의 보수를 일방적으로 감액하거나 박탈할 수 없다. 따라서 유한회사의 사원총회에서 임용계약의 내용으로 이미 편입된 이사의 보수를 감액하거나 박탈하는 결의를 하더라도, 이러한 사원총회 결의는 결의 자체의 효력과 관계없이 이사의 보수청구권에 아무런 영향을 미치지 못한다(대판 2017.3.30. 2016다21643).

문 19   정답 ②

> **핵심공략** 이사회 결의요건, 이사회 권한, 특별이해관계인
>
> 1. 이사회 결의요건
>   ① 이사 과반수 출석 및 출석이사 과반수
>   ② 정관으로 비율을 높게 정하는 것 가능
>   ③ 이사회 정족수는 이사회 개최시와 토의 및 의결 전 과정을 통해 유지되어야 함
>   ④ 이사회 결의요건 충족 여부는 이사회 결의 당시를 기준 ○, 결의대상 행위가 실제로 이루어진 날 ×
>
> 2. 이사회 권한
>   ① 중요한 자산의 처분 및 양도, 대규모 재산의 차입, 지배인의 선임 또는 해임과 지점의 설치, 이전 또는 폐지
>   ② 이사는 대표이사에게 중요한 자산 처분에 관한 사항 일임 ×
>   ③ 이사회 규정상 부의사항으로 규정되어 있지 않은 경우 반드시 이사회 결의
>
> 3. 특별이해관계인
>   ① 특별이해관계인 의결권 ×
>   ② 주식양도승인 청구 이사, 자기거래 대상 이사, 경업승인 대상 이사 → 특별이해관계인 ○
>   ③ 대표이사 선임, 해임, 감사위원 해임의 경우 해당 이사 → 특별이해관계인 ×
>   ④ 특별이해관계인은 의사정족수 계산시 분모·분자에 포함 ○, 의결정족수 계산시 분모·분자에 포함 ×

상법상 주식회사의 이사회에 관한 설명 중 옳은 것은?

① 이사회 결의는 이사 과반수의 출석과 출석이사의 과반수로 하여야 한다. 정관으로 그 비율을 높게 정할 수는 없다.

[03/05/15/20법무사, 07/12/17법원직]

➡ [×] 이사회의 결의는 이사 과반수의 출석과 출석이사의 과반수로 하여야 한다(제391조 제1항 본문). 그러나 정관으로 그 비율을 높게 정할 수 있다(제391조 제1항 단서).

❷ 중요한 자산의 처분에 해당하는 경우 이사회가 그에 관하여 직접 결의하지 아니한 채 대표이사에게 그 처분에 관한 사항을 일임할 수 없다.

[08법원직]

➡ [○] 중요한 자산의 처분 및 양도, 대규모 재산의 차입, 지배인의 선임 또는 해임과 지점의 설치·이전 또는 폐지 등 회사의 업무집행은 이사회의 결의로 한다(제393조 제1항). 중요한 자산의 처분에 해당하는 경우에는 이사회가 그에 관하여 직접 결의하지 아니한 채 대표이사에게 그 처분에 관한 사항을 일임할 수 없으므로 이사회규정상 이사회 부의사항으로 정해져 있지 않더라도 반드시 이사회의 결의를

거쳐야 한다(대판 2011.4.28. 2009다47791).

③ 특별이해관계가 있는 이사는 이사회의 의사정족수 산정의 기초가 되는 이사의 수에 포함되지 않는다.

[05법무사]

➡ [×] 결의요건의 계산과 관련하여 특별이해관계인은 의사정족수 계산시에는 분모와 분자에 포함되나, 의결정족수 계산시에는 분모와 분자에 포함되지 않는다. 이해관계 있는 이사는 의사정족수 산정의 기초가 되는 이사의 수에는 포함되고, 다만 결의성립에 필요한 출석이사에는 산입되지 아니한다(대판 1991.5.28. 90다20084).

④ 이사회 결의요건을 충족하는지 여부는 이사회 결의의 대상인 행위가 실제로 이루어진 날을 기준으로 판단하여야 한다.

[08법원직]

➡ [×] 이사회 결의요건을 충족하는지 여부는 이사회결의 당시를 기준으로 판단하여야 하고, 그 결의의 대상인 행위가 실제로 이루어진 날을 기준으로 판단할 것은 아니다(대판 2003.1.24. 2000다20670).

문 20   정답 ②

> **핵심공략** 자기거래 금지의무
>
> 1. 의의
>   ① 이사 또는 주요주주 등이 자기 또는 제3자의 계산으로 회사와 거래를 하기 위하여는 미리 이사회에서 해당 거래에 관한 중요사실을 밝히고 이사회 승인을 얻어야 함
>   ② 이사회 승인은 이사 3분의 2 이상의 수, 거래내용과 절차는 공정 ○
>
> 2. 자기거래유형
>   ① 이사 또는 주요주주
>   ② 이사 또는 주요주주의 배우자, 직계존비속, 배우자의 직계존비속,
>   ③ 제1호부터 제3호까지의 자가 단독·공동으로 의결권 있는 발행주식총수 50% 이상 가진 회사 및 그 자회사
>   ④ 제1호부터 제3호까지의 자가 제4호 회사와 합하여 의결권 있는 발행주식총수 50% 이상을 가진 회사
>
> 3. 자기거래금지 위반 효과
>   ① 회사와 이사 사이 무효
>   ② 회사만 무효 주장 가능 ○, 거래상대방 및 제3자 무효 주장 ×
>
> 4. 자기거래 행위가 아닌 경우
>   ① 기존 회사 채무의 조건을 회사에 유리하게 변경, 회사에 대한 무이자, 무담보대여
>   ② 회사의 부담이 없는 증여, 상계, 채무변제
>   ③ 회사 채무에 대한 이사의 보증, 거래의 성질상 약관에 의하여 정형적으로 체결되는 계약

주식회사의 이사 등과 회사 간의 거래에 관한 다음 설명 중 가장 옳지 않은 것은?

① A주식회사의 이사인 甲이 B주식회사의 의결권 있는 발행주식총수의 50%를 가지고 있는 경우, B회사가 자기의 계산으로 A회사와 거래를 하기 위해서는 A회사 이사회의 승인을 받아야 한다.

➡ [○] 자기거래란 이사 또는 주요주주와 회사 사이의 거래를 의미한다. 이러한 자기거래는 사전에 이사회의 승인을 얻어야 한다. 설문의 경우 A주식회사의 이사인 甲이 B주식회사의 의결권 있는 발행주식총수의 50%를 가지고 있으므로, B주식회사는 상법 제398조 제4호에 해당하여 A주식회사와 B주식회사 사이의 거래는 A주식회사 이사회의 승인을 얻어야 한다.

❷ 주식회사의 이사와 회사 사이의 거래가 상법 제398조를 위반하였음을 이유로 무효를 주장할 수 있는 자는 회사뿐 아니라 거래의 상대방이나 제3자도 무효를 주장할 수 있다. [10/17법원직]

➡ [✕] 이사와 회사 사이의 거래가 상법 제398조를 위반하였음을 이유로 무효임을 주장할 수 있는 자는 회사에 한정되고 특별한 사정이 없는 한 거래의 상대방이나 제3자는 그 무효를 주장할 이익이 없다고 보아야 하므로, 거래의 상대방인 당해 이사 스스로가 위 규정 위반을 내세워 거래의 무효를 주장하는 것은 허용되지 않는다 할 것이다(대판 2012.12.27. 2011다67651).

③ 회사에 대하여 개인적인 채권을 가지고 있는 대표이사가 회사를 위하여 보관하고 있는 회사 소유의 금전으로 자신의 채권의 변제에 충당하는 행위는 원칙적으로 회사와 이사의 이해가 충돌되는 자기거래행위에 해당하지 않는다. [08법무사, 16/17법원직]

➡ [O] 회사에 대하여 개인적인 채권을 가지고 있는 대표이사가 회사를 위하여 보관하고 있는 회사 소유의 금전으로 자신의 채권 변제에 충당하는 행위는 회사와 이사의 이해가 충돌하는 자기거래행위에 해당하지 않는다(대판 2002.7.26. 2001도5459).

④ 주식회사의 대표이사가 회사를 대표하여 회사의 제3자에 대한 채권을 대표이사 자신에게 양도하는 행위는 이사회의 승인을 요하는 이사의 자기거래에 해당하고, 그 채권양도행위에 대하여 이사회의 승인이 있었다는 점은 그 대표이사가 스스로 주장·입증하여야 한다. [17법원직]

➡ [O] 주식회사의 대표이사가 회사를 대표하여 회사의 제3자에 대한 채권을 대표이사 자신에게 양도하는 행위는 상법 제398조 소정의 이사의 자기거래행위에 해당하여 이사회의 결의를 거쳐야 할 것인바, 위 채권양도행위에 대하여 이사회의 결의가 있었다거나 그것이 회사의 기존 채무이행을 위하여 행해진 것으로 이사회의 승인을 요하지 않는다는 점에 대하여는 당해 이사가 스스로 주장·입증하여야 할 것이다(대판 2006.3.9. 2005다65180).

문 21   정답 ④

핵심공략 주주대표소송(제403조)

1. 청구방법
   ① 청구권자: 발행주식 총수 1% 이상 주주
   ② 주주의 청구일로부터 30일 내에 회사가 소를 제기하지 않는 경우 직접 소 제기 가능
   ③ 주주가 회사에 대한 소 제기 청구를 하지 않고 대표소송을 제기한 경우 각하

2. 소송참가
   ① 회사는 주주가 제기한 대표소송에 참가 ○
   ② 대표소송을 제기한 주주는 회사에 대하여 소송고지
   ③ 주주가 제기한 소송에 회사가 참가하는 것 → 공동소송참가

3. 대표소송의 소수주주권
   ① 보유요건: 비상장회사 → 발행주식총수의 1% 이상, 상장회사 → 6개월전부터 계속하여 0.01% 이상
   ② 주식보유비율: 단독 또는 합산, 소제기 이후 1% 미만 감소 → 제소 효력 영향 ×
   ③ 주식 처분 또는 주식교환 등으로 주식을 전혀 보유하지 않은 경우 → 원고적격 상실

주주의 대표소송에 관한 다음 설명 중 가장 옳지 않은 것은?

① 발행주식의 총수의 100분의 1 이상에 해당하는 주식을 가진 주주는 회사에 대하여 이사의 책임을 추궁할 소의 제기를 청구할 수 있다. 이때의 청구는 그 이유를 기재한 서면으로 하여야 하며, 회사가 청구를 받은 날로부터 30일 내에 소를 제기하지 아니한 때에는 청구한 주주가 즉시 소를 제기할 수 있다. [07/15/17법무사, 21법원직]

➡ [O] 발행주식 총수의 1% 이상에 해당하는 주식을 가진 주주는 회사에 대하여 서면으로 이사의 책임을 추궁할 소의 제기를 청구할 수 있으며, 주주의 청구를 받은 날로부터 30일 내에 회사가 소를 제기하지 아니한 때에는 직접 소를 제기할 수 있다.

② 발행주식 총수의 100분의 1 이상에 해당하는 주식을 가진 주주가 회사에 회복할 수 없는 손해가 생길 염려가 없음에도 불구하고 회사에 대하여 이사의 책임을 추궁할 소의 제기를 청구하지 아니한 채 즉시 회사를 위하여 소를 제기하면, 그 소는 부적법한 것으로서 각하되어야 한다. [16법원직]

➡ [O] 주주가 회사에 대한 소 제기 청구를 하지 않고 대표소송을 제기한 경우 제403조 제4항에 해당하지 않는 한 소 제기를 위한 요건의 흠결로 각하된다.

③ 주주의 대표소송에서 주주가 원고로서 제대로 소송수행을 하지 못하거나 혹은 상대방이 된 이사와 결탁함으로써 회사의 권리보호에 미흡하여 회사의 이익이 침해될 염려가 있는 경우에는 회사가 그 소송에 참가할 필요가 생기게 되는데, 이때 회사가 상법 제404조 제1항에 따라 소송에 참가하는 것은 공동소송참가로 보아야 한다. [21법원직]

➡ [O] 회사는 주주가 제기한 대표소송에 참가할 수 있다(제404조 제1항). 주주가 제기한 대표소송에 회사가 참가하는 것은 실질적인 주체가 참가하는 것이므로 공동소송참가에 해당한다.

❹ 대표소송을 제기한 주주의 보유주식이 제소 후 발행주식 총수의 100분의 1 미만으로 감소한 경우(발행주식을 보유하지 아니하게 된 경우를 포함한다)에도 제소의 효력에는 영향이 없다. [07/09/11/14/16/18/21법원직, 15/17법무사]

➡ [✕] 주식 보유비율은 단독으로 또는 다른 주주와 합산하여 제소 당시에만 충족되면 되고, 그 이후에 1% 미만으로 감소되었다고 하더라도 제소의 효력에 영향이 없다(제403조 제5항). ⑤ 대표소송을 제기한 주주 중 일부가 주식을 처분하는 등의 사유로 주식을 전혀 보유하지 아니하게 되어 주주의 지위를 상실하면, 특별한 사정이 없는 한 그 주주는 원고적격을 상실하여 그가 제기한 부분의 소는 부적법하게 된다. ⓒ 이는 함께 대표소송을 제기한 다른 원고들이 주주의 지위를 유지하고 있다고 하여 달리 볼 것은 아니다(대판 2013.9.12. 2011다57869).

문 22   정답 ④

핵심공략 신주발행 무효원인, 신주발행 변경등기, 신주발행무효 판결 효력

1. 신주발행 무효원인
   ① 신주발행의 내용이나 절차가 단순히 법령이나 정관에 위배되는 것 → 무효원인 ×

② 엄격히 제한적으로 인정
③ 발행예정주식 초과 신주발행, 위법한 액면미달발행, 회사계산 및 자기주식 인수 방식 신주발행, 경영상 목적 부존재 제3자 배정 → 무효 ○
④ 대표이사 권한에 기하여 신주발행한 이상 신주발행 유효, 이사회결의 없거나 하자 있더라도 유효

2. 신주발행 변경등기
① 회사의 발행주식총수, 주식의 종류와 수, 자본금 변경 → 변경등기
② 효력: 변경등기 1년 이후 인수의 무효, 사기, 강박 또는 착오를 이유로 인수 취소 ✕

3. 신주발행무효 판결 효력
① 장래효 ○, 소급효 ✕
② 신주발행 이후 무효판결 확정: 의결권행사, 주식양도, 입질, 이익배당 영향 ✕

신주발행에 관한 다음 설명 중 가장 옳지 않은 것은?

① 법령이나 정관의 중대한 위반 또는 현저한 불공정이 있어 그것이 주식회사의 본질이나 회사법의 기본원칙에 반하거나 기존 주주들의 이익과 회사의 경영권 내지 지배권에 중대한 영향을 미치는 경우로서 신주와 관련된 거래의 안전, 주주 기타 이해관계인의 이익 등을 고려하더라도 도저히 묵과할 수 없는 정도라고 평가되는 경우에 한하여 신주의 발행을 무효로 할 수 있다.

[20법무사]

➡ 【O】 신주발행 무효의 소는 사후에 이를 무효로 함으로써 거래의 안전과 법적 안정성을 해칠 위험이 큰 점을 고려할 때, 그 무효원인은 가급적 엄격하게 해석하여야 하고, 따라서 법령이나 정관의 중대한 위반 또는 현저한 불공정이 있어 그것이 주식회사의 본질이나 회사법의 기본원칙에 반하거나 기존 주주들의 이익과 회사의 경영권 내지 지배권에 중대한 영향을 미치는 경우로서 신주와 관련된 거래의 안전, 주주 기타 이해관계인의 이익 등을 고려하더라도 도저히 묵과할 수 없는 정도라고 평가되는 경우에 한하여 신주의 발행을 무효로 할 수 있을 것이다. 신주발행을 결의한 甲 회사의 이사회에 참여한 이사들이 하자 있는 주주총회에서 선임된 이사들이어서, 그 후 이사 선임에 관한 주주총회결의가 확정판결로 취소되었고, 위와 같은 하자를 지적한 신주발행금지가처분이 발령되었음에도 위 이사들을 동원하여 위 이사회를 진행한 측만이 신주를 인수한 경우 위 신주발행은 신주의 발행사항을 이사회결의에 의하도록 한 법령과 정관을 위반하였을 뿐만 아니라 현저하게 불공정하고, 그로 인하여 기존 주주들의 이익과 회사의 경영권 내지 지배권에 중대한 영향을 미쳤다는 등의 이유로 무효이다(대판 2010.4.29. 2008다65860).

② 신주발행의 변경등기를 한 날로부터 1년이 경과하였거나 그 주식에 대하여 주주권을 행사한 때에는 주식인수인은 주식청약서 또는 신주인수권증서의 요건의 흠결을 이유로 하여 그 인수의 무효를 주장하거나 사기·강박·착오를 이유로 하여 그 인수를 취소하지 못한다.

[09/12/16법원직]

➡ 【O】 신주의 발행으로 인한 변경등기를 한 날로부터 1년을 경과한 후에는 신주를 인수한 자는 주식청약서 또는 신주인수권증서의 요건의 흠결을 이유로 하여 그 인수의 무효를 주장하거나 사기, 강박 또는 착오를 이유로 하여 그 인수를 취소하지 못한다. 그 주식에 대하여 주주의 권리를 행사한 때에도 같다(제427조).

③ 신주발행무효의 소 계속 중 그 원고적격의 근거가 되는 주식이 양도된 경우에 그 양수인은 제소기간 등의 요건이 충족된다면 새로운 주주의 지위에서 신소를 제기할 수 있을 뿐만 아니라, 양도인

이 이미 제기한 기존의 위 소송을 적법하게 승계할 수도 있다.

[12법원직, 17법무사]

➡ 【O】 신주발행무효의 소 계속 중 주식이 양도된 경우에 양수인은 제소기간 등의 요건이 충족된다면 새로운 주주의 지위에서 신소를 제기할 수 있을 뿐만 아니라, 양도인이 제기한 기존소송을 승계할 수도 있다(대판 2003.2.26. 2000다42786).

❹ 신주발행무효의 판결이 확정되면 그 확정 이전에 신주발행의 유효를 전제로 이루어진 신수인수인의 주금납입, 그간의 신주에 대한 이익배당 등의 행위는 모두 효력을 잃는다.

[11/15법무사, 12법원직]

➡ 【✕】 신주발행무효의 판결이 확정된 때에는 신주는 장래에 대하여 그 효력을 잃는다(제431조 제1항). 즉, 신주발행무효 판결은 소급효가 없다. 따라서 신주발행 이후 무효판결이 확정될 때까지 이루어진 의결권 행사, 주식양도, 입질, 이익배당 등은 영향을 받지 않는다.

문 23
정답 ①

사채원부, 사채권자집회, 사채관리회사

1. 사채원부
① 기명사채와 관련하여 사채와 사채권자에 관한 사항을 기재하는 장부
② 기명사채 이전: 취득자의 성명과 주소를 사채원부에 기재, 성명 기재하지 ✕ → 제3자에게 대항 ✕

2. 사채권자집회
① 소집권자: 회사 또는 사채관리회사
② 소집청구: 해당 종류의 미상환 사채 총액의 10% 이상 사채권자
③ 의결권: 각 사채권자는 그가 가지는 해당 종류의 미상환 사채금액의 합계액
④ 결의: 법원의 인가를 받아야 효력 발생, 사채권자 전원 동의 → 법원의 인가 ✕
⑤ 효력: 모든 사채권자에게 효력 발생

3. 사채관리회사
① 지정권자: 회사
② 권한: 변제의 수령, 채권의 보전, 그 밖에 사채의 관리 위탁

다음 중 상법상 사채에 관한 설명 중 가장 옳은 것은?

❶ 기명사채의 이전은 취득자의 성명과 주소를 사채원부에 기재하고 그 성명을 채권에 기재하지 아니하면 회사 기타의 제3자에게 대항하지 못한다.

[11법원직]

➡ 【O】 제479조 제1항

② 사채총액의 100분의 3에 해당하는 사채권자는 회의의 목적인 사항과 소집의 이유를 기재한 서면을 사채를 발행한 회사 또는 사채모집의 위탁을 받은 회사에 제출하여 사채권자집회의 소집을 청구할 수 있다.

[11법원직]

➡ 【✕】 사채의 종류별로 해당 종류의 사채 총액(상환받은 액은 제외한다)의 10분의 1 이상에 해당하는 사채를 가진 사채권자는 회의 목적인 사항과 소집 이유를 적은 서면 또는 전자문서를 사채를 발행한 회사 또는 사채관리회사에 제출하여 사채권자집회의 소집을 청구할 수 있다(제491조 제2항).

③ 사채권자집회의 결의는 결의 그 자체만으로 효력이 생긴다.

[03법무사, 16법원직]

➡ 【×】 사채권자집회의 결의는 법원의 인가를 받음으로써 그 효력이 생긴다. 다만, 그 종류의 사채권자 전원이 동의한 결의는 법원의 인가가 필요하지 아니하다(제498조 제1항).

④ 사채권자집회는 사채관리회사를 정하여 변제의 수령, 채권의 보전, 그 밖에 사채의 관리를 위탁할 수 있다. [20법원직]

➡ 【×】 회사는 사채를 발행하는 경우에 사채관리회사를 정하여 변제의 수령, 채권의 보전, 그 밖에 사채의 관리를 위탁할 수 있다(제480조의2). 따라서 사채관리회사를 정할 수 있는 기관은 사채권자집회가 아닌 회사이다.

문 24

정답 ①

> **핵심공략** 주식의 포괄적 교환
>
> 1. 의의
>   ① 완전자회사가 되는 회사의 주주가 가지는 주식 전부를 완전모회사가 되는 회사에 이전, 완전자회사가 되는 회사의 주주는 완전모회사가 되는 회사가 발행하는 신주를 배정받거나 그 회사의 자기주식을 이전받아 그 회사의 주주가 되는 방법으로 완전모자관계를 형성하는 것
>   ② 주주만 변동될 뿐 자산변동 × → 채권자보호절차 ×
>   ③ 반대주주의 주식매수청구권 ○
>   ④ 주식은 주식교환계약서에 규정된 주식을 교환할 날에 이전
>
> 2. 승인결의
>   ① 주주총회 특별결의
>   ② 간이주식교환: 완전자회사가 되는 회사 총주주 동의 또는 그 회사 발행주식총수 100분의 90 이상 완전모회사가 되는 회사가 소유하고 있는 경우 → 완전자회사가 되는 회사 주주총회 승인을 이사회 승인으로 갈음
>   ③ 소규모주식교환: 완전모회사 되는 회사가 주식교환 위해 발행하는 신주 및 이전하는 자기주식총수가 그 회사의 발행주식총수의 100분의 10을 초과하지 않는 경우 → 완전모회사 주주총회 승인을 이사회 승인으로 갈음
>
> 3. 주식교환무효의 소
>   ① 제소권자: 주주, 이사, 감사, 감사위원회의 위원 또는 청산인(채권자 ×)
>   ② 제소기간: 주식교환의 날부터 6월 내

주식의 포괄적 교환(이하 '주식교환'이라 한다)에 관한 설명 중 옳은 것은?

❶ 완전모회사가 되는 회사의 자본금 증가액은 주식교환의 날에 완전자회사가 되는 회사의 자본금에서 완전자회사가 되는 회사의 주주에게 제공할 금전이나 그 밖의 재산의 가액 및 완전자회사가 되는 회사의 주주에게 이전하는 자기주식의 장부가액의 합계액을 뺀 금액을 초과할 수 없다.

➡ 【○】 제360조의7 제1항

② 주식교환은 교환계약서의 주주총회 특별결의와 채권자보호절차가 요구된다. [18법원직]

➡ 【×】 주식교환을 하고자 하는 회사는 주식교환계약서를 작성하여 주주총회의 승인을 얻어야 한다(제360조의3 제1항). 주식의 포괄적 교환의 경우 완전모회사가 되는 회사는 자본금의 변동이 없고, 완전자회사가 되는 회사 또는 주주만 변동될 뿐 회사 자산의 변동이 없어

채권자를 해할 염려가 없으므로, 채권자보호절차가 요구되지 않는다.

③ 완전모회사가 되는 회사가 주식교환을 위하여 발행하는 신주 및 이전하는 자기주식의 총수가 그 회사의 발행주식총수의 100분의 10을 초과하지 아니하는 경우에도 주주총회에서 주식교환계약서의 승인을 얻어야 한다.

➡ 【×】 완전모회사가 되는 회사가 주식교환을 위하여 발행하는 신주 및 이전하는 자기주식의 총수가 그 회사의 발행주식총수의 100분의 10을 초과하지 아니하는 경우에는 그 회사에서의 주주총회의 승인은 이사회의 승인으로 갈음할 수 있다(제360조의10 제1항 본문). 다만, 완전자회사가 되는 회사의 주주에게 제공할 금전이나 그 밖의 재산을 정한 경우에 그 금액 및 그 밖의 재산의 가액이 완전모회사가 되는 회사에 현존하는 순자산액의 100분의 5를 초과하는 때에는 그러하지 아니하다(제360조의10 제1항 단서).

④ 회사의 채권자 또는 회사에 중대한 이해관계가 있는 자는 주식교환의 날부터 6월 내에 소만으로 주식교환의 무효를 주장할 수 있다. [18법원직]

➡ 【×】 주식교환의 무효는 각 회사의 주주·이사·감사·감사위원회의 위원 또는 청산인에 한하여 주식교환의 날부터 6월 내에 소만으로 이를 주장할 수 있다(제360조의14 제1항). 따라서 회사의 채권자 또는 회사에 중대한 이해관계가 있는 자는 주식교환의 무효를 주장할 수 없다.

문 25

정답 ④

> **핵심공략** 합명회사
>
> 1. 업무집행
>   각 사원이 독립하여 업무 집행, 다른 사원의 이의가 있는 경우 총사원 과반수 결의에 의함
>
> 2. 사원의 책임
>   ① 회사채권자에게 직접, 연대, 무한책임
>   ② 회사의 재산으로 채무 완제 × → 각 사원 연대 책임
>   ③ 회사가 회사채권자에게 가지는 항변사유 원용하여 채무이행 거절 가능
>   ④ 변제 부족 또는 강제집행 만족 얻지 못한 경우 보충적으로 사원에게 의무이행 청구 → 입증책임은 회사채권자

> **핵심공략** 합자회사
>
> 1. 업무집행: 무한책임사원 ○, 정관, 내부규정에 의해 유한책임사원 업무집행 가능 but 유한책임사원 대표권 ×
>
> 2. 무한책임사원의 권한상실선고
>   ① 무한책임사원이 1인뿐인 경우 허용 ×
>   ② 무한책임사원 권한상실선고 후 그 무한책임사원이 유일한 무한책임사원 되더라도 업무집행권, 대표권 부활 ×

다음 설명 중 가장 옳지 않은 것은?

① 합명회사의 업무집행기관은 원칙적으로 각 사원이고, 합명회사의 사원은 각자 독립하여 회사의 업무를 집행한다. 각 사원의 업무집행에 관한 행위에 대하여 다른 사원의 이의가 있는 경우, 총사원 과반수의 결의에 의한다.

➡ 【○】 제200조 제2항

정답 및 해설

04회

② 합자회사의 유한책임사원의 업무집행이나 대표행위를 인정하지 않고 있는 상법 제278조에 불구하고 정관 또는 내부규정으로서 유한책임사원에게 업무집행권을 부여할 수는 있다.

➡ [O] 합자회사의 유한책임사원의 업무집행이나 대표행위를 인정하지 않고 있는 상법 제278조에 불구하고 정관 또는 내부규정으로서 유한책임사원에게 업무집행권을 부여할 수는 있는 것이라고 하더라도 유한책임사원에게 대표권까지를 부여할 수는 없다(대판 1977.4. 26. 75다1341).

③ 무한책임사원 1인뿐인 합자회사에서 업무집행사원에 대한 권한상실신고는 허용되지 않는다.

➡ [O] 상법 205조가 규정하고 있는 합자회사의 업무집행 사원의 권한상실선고 제도는 회사의 운영에 있어서 장애사유를 제거하는 데 목적이 있고 회사를 해산 상태로 몰고 가자는 데 목적이 있는 것이 아니므로 무한책임사원 1인뿐인 합자회사에서 업무집행사원에 대한 권한상실신고는 회사의 업무집행사원 및 대표사원이 없는 상태로 돌아가게 되어 권한상실제도의 취지에 어긋나게 되어 회사를 운영할 수 없으므로 이를 할 수 없다(대판 1977.4.26. 75다1341).

❹ 합자회사에서 무한책임사원이 업무집행권한의 상실을 선고하는 판결로 인해 업무집행권 및 대표권을 상실하였더라도 그 후 그 무한책임사원이 합자회사의 유일한 무한책임사원이 되는 경우 해당 무한책임사원의 업무집행권 및 대표권이 부활하게 된다.

➡ [X] ㉠ 합자회사에서 무한책임사원이 업무집행권한의 상실을 선고하는 판결로 인해 업무집행권 및 대표권을 상실하였다면, 그 후 어떠한 사유 등으로 그 무한책임사원이 합자회사의 유일한 무한책임사원이 되었다는 사정만으로는 형성판결인 업무집행권한의 상실을 선고하는 판결의 효력이 당연히 상실되고 해당 무한책임사원의 업무집행권 및 대표권이 부활한다고 볼 수 없다. ㉡ 합자회사에서 업무집행권한의 상실을 선고받은 무한책임사원이 다시 업무집행권이나 대표권을 갖기 위해서는 정관이나 총사원의 동의로 새로 그러한 권한을 부여받아야 한다. ㉢ 합자회사에서 무한책임사원들만으로 업무집행사원이나 대표사원을 선임하도록 정한 정관의 규정은 유효하고, 그 후의 사정으로 무한책임사원이 1인이 된 경우에도 특별한 사정이 없는 한 여전히 유효하다. ㉣ 다만 유한책임사원의 청구에 따른 법원의 판결로 업무집행권한의 상실을 선고받아 업무집행권 및 대표권을 상실한 무한책임사원이 이후 다른 무한책임사원이 사망하여 퇴사하는 등으로 유일한 무한책임사원이 된 경우에는 업무집행권한을 상실한 무한책임사원이 위 정관을 근거로 단독으로 의결권을 행사하여 자신을 업무집행사원이나 대표사원으로 선임할 수는 없다고 봄이 옳다. 이렇게 해석하는 것이 판결에 의한 업무집행권한 상실선고제도의 취지와 유한책임사원의 업무감시권의 보장 및 신의칙 등에 부합한다. 결국 이러한 경우에는 유한책임사원을 포함한 총사원의 동의에 의해서만 해당 무한책임사원이 업무집행사원이나 대표사원으로 선임될 수 있을 뿐이다(대판 2021.7.8. 2018다225289).

모바일 자동 채점 및
성적 분석 서비스

1	2	3	4	5	6	7	8	9
④	①	④	④	④	③	④	②	②
10	11	12	13	14	15	16	17	18
①	①	①	③	②	③	②	②	②
19	20	21	22	23	24	25		
④	①	①	④	③	④	③		

문 1
정답 ④

핵심공략 표현지배인, 지배인 등기, 지배인 권한 제한

1. 표현지배인
   ① 의의: 지배인이 아님에도 본점 또는 지점의 본부장, 지점장 등 지배인으로 인정될 만한 명칭 사용하는 자
   ② 권한: 본점 또는 지점의 지배인과 동일한 권한 ○, 재판상 행위 ×
   ③ 요건: 외관의 존재, 외관의 부여, 외관의 신뢰

2. 지배인 등기
   ① 지배인 선임과 대리권의 소멸: 본점 또는 지점 소재지에 등기
   ② 공동지배인 선임, 변경: 본점 또는 지점 소재지에 등기
   ③ 지배인 등기: 대항요건

3. 지배인 권한 제한
   ① 지배인 권한 제한: 선의의 제3자에게 대항 ×
   ② 제3자의 악의 또는 중대한 과실: 영업주가 입증 책임 부담
   ③ 제3자 범위: 지배인으로부터 어음 취득한 상대방, 배서 양도 받은 제3취득자

지배인 등에 관한 다음 설명 중 가장 옳지 않은 것은?

① 본점 또는 지점의 본부장, 지점장, 그 밖에 지배인으로 인정될 만한 명칭을 사용하는 자는 재판외 행위에 관하여 본점 또는 지점의 지배인과 동일한 권한이 있는 것으로 본다.
   [04/05/08/13/18법무사, 07/09/10/16/18법원직]

   ➡ [O] 본점 또는 지점의 본부장, 지점장, 그 밖에 지배인으로 인정될 만한 명칭을 사용하는 자는 본점 또는 지점의 지배인과 동일한 권한이 있는 것으로 본다. 다만, 재판상 행위에 관하여는 그러하지 아니하다(제14조 제1항).

② 상인은 지배인의 선임과 그 대리권의 소멸에 관하여 그 지배인을 둔 본점 또는 지점소재지에서 등기하여야 한다.   [11/18법원직]
   ➡ [O] 제13조

③ 지배인의 대리권에 대한 제한은 선의의 제3자에게 대항하지 못한다.   [08법무사, 18법원직]
   ➡ [O] 제11조 제3항

❹ 지배인의 선임과 그 대리권의 소멸의 효력은 등기시에 발생한다.
   ➡ [×] 지배인의 선임과 그 대리권의 소멸에 관한 등기는 효력요건이

아니라 대항요건이다(제37조 제1항). 지배인의 선임과 그 대리권의 소멸의 효력은 해당 사유 발생시점에 발생한다.

문 2
정답 ①

핵심공략 표현지배인

1. 의의(제14조 제1항)
   ① 본점 또는 지점의 본부장, 지점장, 그 밖에 지배인으로 인정될 만한 명칭을 사용하는 자(지점차장, 지점장대리, 건설회사 현장소장, 보험회사 영업소장 ×)
   ② 본점 또는 지점의 실체를 가지고 어느 정도 독립적으로 영업활동 할 수 있어야 함

2. 효과
   ① 본점 또는 지점의 지배인과 동일한 권한이 있는 것으로 간주·재판상 행위 ×
   ② 상대방이 악의인 경우 적용 ×
   ③ 표현대리행위 성립: 본인이 전적인 책임, 과실상계 법리 유추적용 ×

표현지배인에 관한 다음 설명 중 가장 옳지 않은 것은?

❶ 상법상 표현지배인에 관한 규정이 적용되기 위하여는 당해 사용인의 근무장소가 반드시 상법상 지점으로서의 실체를 구비하여야 하는 것은 아니다.

   ➡ [×] 표현지배인 조항을 적용하려면 당해 사용인의 근무장소가 상법상의 영업소인 본점 또는 지점의 실체를 가지고 어느 정도 독립적으로 영업활동을 할 수 있어야 한다(대판 1978.12.13. 78다1567).

② 거래행위라고 볼 수 없는 재판상 행위에 대하여는 표현지배인이 인정되지 아니한다.

   ➡ [O] 재판상 행위에는 표현지배인이 성립하지 않는다.

③ 단순히 본·지점의 지휘감독 아래 기계적으로 제한된 보조적 사무만을 처리하는 영업소의 소장을 상법 제14조 제1항 소정의 표현지배인으로 볼 수 없다.

   ➡ [O] 단순히 본·지점의 지휘 감독 아래 기계적으로 제한된 보조적 사무만을 처리하는 것으로밖에 볼 수 없는 경우, 상법상의 영업소인 본점·지점에 준하는 영업장소라고 볼 수 없어 표현지배인이라고 볼 수 없다(대판 1978.12.13. 78다1567).

④ 지배인이 영업주 명의로 한 어음행위는 객관적으로 영업에 관한 행위로서 지배인의 대리권의 범위에 속하는 행위라 할 것이므로 지배인이 개인적 목적을 위하여 어음행위를 한 경우에도 그 행위의 효력은 영업주에게 미친다 할 것이고, 이러한 법리는 표현지배인의 경우에도 동일하다.

   ➡ [O] 대판 1998.8.21. 97다6704

2022 해커스법원직 공태용 상법의 맥 실전동형모의고사

정답 및 해설

05회

문 3
정답 ④

상법상 명의대여자의 책임에 관한 다음 설명 중 가장 옳지 않은 것은? (다툼이 있으면 판례에 의함)

① 영업을 임대함으로써 자신의 상호를 관리하여야 할 의무가 있는 자는 영업의 임차인이 자신의 상호를 그 영업에 사용하고 있는 것을 알면서 묵인한 경우 명의대여자로서 책임을 질 수 있다.

➡ 【O】 대판 1967.10.25. 66다2362

② 명의대여자와 명의차용자의 책임은 동일한 경제적 목적을 가진 채무로서 서로 중첩되는 부분에 관하여 일방의 채무가 변제 등으로 소멸하면 타방의 채무도 소멸하는 이른바 부진정연대의 관계에 있다. [13/16/17법무사, 17/20법원직]

➡ 【O】 명의대여자와 명의차용자의 책임은 일방의 채무가 변제 등으로 소멸하면 타방의 채무도 소멸하는 부진정연대의 관계에 있다(대판 2011.4.14. 2010다91886).

③ 명의대여자의 책임은 명의자를 영업주로 오인하여 거래한 제 3자를 보호하기 위한 규정이다. [13법무사]

➡ 【O】 명의대여자의 책임은 금반언의 법리 및 외관주의의 법리에 따라 선의의 제3자를 보호하기 위한 것이다.

❹ 공법인의 경우에는 비록 타인에게 자기의 성명 또는 상호를 사용하여 영업을 할 것을 허락한 경우에도 상법상 명의대여자의 책임이 성립되지 않는다. [14/17법원직]

➡ 【×】 인천광역시가 사단법인 한국병원관리연구소에게 인천직할시립병원이라는 명칭을 사용하여 병원업을 하는 것을 승낙한 경우, 인천광역시는 상법상 명의대여자에 해당한다(대판 1987.3.24. 85다카2219). 공법인이 타인에게 자기의 성명 또는 상호를 사용하여 영업을 할 것을 허락한 경우에도 상법상 명의대여자의 책임을 부담한다.

문 4
정답 ④

핵심공략 상업장부

1. 상업장부 종류: 회계장부, 대차대조표
2. 작성시기 및 작성방법
   ① 상인: 영업을 개시한 때와 매년 1회 이상
   ② 회사: 성립한 때와 매 결산기
   ③ 작성방법: 작성자가 기명날인 또는 서명
3. 보존기간
   ① 영업에 관한 중요서류: 10년
   ② 전표 또는 이와 유사한 서류: 5년

다음의 설명 중 옳지 않은 것은?

① 상인은 10년간 상업장부와 영업에 관한 중요서류를 보존하여야 한다. 다만, 전표 또는 이와 유사한 서류는 5년간 이를 보존하여야 한다. [07/09/10/12법원직]

➡ 【O】 제33조

② 상인은 영업상의 재산 및 손익의 상황을 명백히 하기 위하여 회계장부 및 대차대조표를 작성하여야 한다. [10법원직]

➡ 【O】 제29조 제1항

③ 상인은 영업을 개시한 때와 매년 1회 이상 일정시기에, 회사는 성립한 때와 매 결산기에 회계장부에 의하여 대차대조표를 작성하고, 작성자가 이에 기명날인 또는 서명하여야 한다. [10법원직]

➡ 【O】 제30조 제2항

❹ 자본금액 1천만 원 미만의 소규모회사의 경우에는 회계장부 및 대차대조표를 작성하지 아니하여도 무방하다.

➡ 【×】 자본금액 1천만 원 미만의 상인으로서 회사가 아닌 자를 소상인이라 한다(제9조, 시행령 제2조). 지배인, 상호, 상업장부와 상업등기에 관한 규정은 소상인에게 적용하지 않는다(제9조).

문 5
정답 ④

핵심공략 영업양수인의 책임에 있어 상호속용과 채무인수광고, 채권자의 선의

1. 상호속용과 채무인수광고
   ① 외관존재: 양도인의 상호 사용, 상호 사용 × → 양도인의 채무인수 광고
   ② 채권자에 대하여 개별 통지 → 채무변제 책임 발생
   ③ 상호양도 또는 사용허락이 무효, 취소 → 상호속용에 포함
   ④ 상호속용에 해당하는 상호의 범위: 상호(주요부분 공통), 옥호, 영업표지
2. 채권자의 선의
   ① 선의의 대상: 채무인수의 부존재
   ② 영업양도 사실 알고, 채무인수 없었다는 사실 모르는 경우: 선의의 제3자 ○
   ③ 채권자의 악의 증명 책임: 영업양수인

상법상 영업양도에 관한 다음 설명 중 가장 옳지 않은 것은? (다툼이 있는 경우 판례에 의함)

① 영업양수인이 영업양도인의 상호 자체가 아닌 그 영업표지를 속용하는 때에도 그것이 영업주체를 나타내는 것으로 사용되는 경우 영업양수인은 특별한 사정이 없는 한 영업양도인의 영업상 채무를 변제할 책임이 있다. [12/19법무사, 15법원직]

➡ 【O】 양수인에 의하여 속용되는 명칭이 상호 자체가 아닌 옥호 또는 영업표지인 때에도 그것이 영업주체를 나타내는 것으로 사용되는 경우에는 영업상의 채권자가 영업주체의 교체나 채무승계 여부 등을 용이하게 알 수 없다는 점에서 일반적인 상호속용의 경우와 다를 바 없으므로, 양수인은 특별한 사정이 없는 한 상법 제42조 제1항의 유추적용에 의하여 그 채무를 부담한다(대판 2010.9.30. 2010다35138).

② 상호속용양수인은 양도인의 영업상 채무를 인수하지 않았음을 증명하더라도 변제책임을 면하지 못한다. [18법원직]

➡ 【O】 양수인의 책임은 양수한 재산으로 제한되지 않고, 양수인은 무한책임을 부담한다. 상호속용양수인은 양도인의 영업상 채무를 인수하지 않았음을 증명하더라도 변제책임을 면하지 못한다.

③ 영업양도인의 상호를 속용하지 아니하는 영업양수인이 양도인의 채무를 인수한다는 취지를 광고에 의하여 표시하지는 않았으나 양도인의 채권자에게 개별적으로 통지를 하는 방식으로 채무인수의 취지를 표시한 경우, 그 채권자에게 위 채무를 변제할 책임이 발생한다. [15법원직]

➡ [O] 양도인의 상호를 계속 사용하지 아니하는 영업양수인에 대해서도 양도인의 영업으로 인한 채무를 인수할 것을 광고한 때에는 그 변제책임을 인정하는 상법 제44조의 법리는, 영업양수인이 양도인의 채무를 받아들이는 취지를 광고에 의하여 표시한 경우에 한하지 않고, 양도인의 채권자에 대하여 개별적으로 통지를 하는 방식으로 그 취지를 표시한 경우에도 적용되어, 그 채권자와의 관계에서는 위 채무변제의 책임이 발생한다(대판 2008.4.11. 2007다89722).

❹ 영업양수인이 양도인의 상호를 계속 사용하는 경우, 제3자가 영업양도가 이루어진 것을 알고 있었다면, 영업양수인은 양도인의 영업으로 인한 제3자의 채권을 변제할 책임이 없다.

[10법무사, 12법원직]

➡ [×] 영업양도 사실을 알았더라도 채무인수가 없었다는 사실을 몰랐다면 선의의 제3자에 해당한다(대판 2009.1.15. 2007다17123,17130).

문 6

정답 ③

상사시효에 관한 다음 설명 중 가장 옳지 않은 것은?

① 은행으로부터 대출받으면서 근저당권설정비용을 부담한 채무자가 약관조항의 무효를 주장하면서 자신이 부담한 비용 등의 반환을 구하는 경우, 이러한 부당이득반환 채권에는 상사소멸시효가 적용된다.

➡ [O] 대판 2014.7.24. 2013다214871

② 새마을금고가 상인인 회원에게 자금을 대출한 경우, 그 대출금 채권은 상사채권으로서 5년의 소멸시효기간이 적용된다.

[08/13/19법원직, 12/19법무사]

➡ [O] 신용협동조합의 대출을 받은 회원이 상인으로서 그 영업을 위하여 대출을 받았다면 그 대출금채권은 상사채권이라고 보아야 한다(대판 2017.5.30. 2016다254658). 새마을금고가 상인인 회원에게 자금을 대출한 경우, 그 대출금 채권은 상사채권으로서 5년의 소멸시효기간이 적용된다.

❸ 단기소멸시효에 해당하는 주채무의 소멸시효기간이 주채무자에 대한 확정판결에 의하여 10년으로 연장된 상태에서 주채무를 보증한 경우, 보증채무 역시 10년의 소멸시효가 적용된다.

➡ [×] 주채무자에 대한 확정판결에 의하여 단기소멸시효에 해당하는 주채무의 소멸시효기간이 10년으로 연장된 상태에서 주채무를 보증한 경우, 특별한 사정이 없는 한 보증채무에 대하여는 단기소멸시효가 적용될 여지가 없고, 성질에 따라 보증인에 대한 채권이 민사채권인 경우에는 10년, 상사채권인 경우에는 5년의 소멸시효기간이 적용된다(대판 2014.6.12. 2011다76105).

④ 은행이 영업행위로서 한 대출금에 대한 변제기 이후의 지연손해금은 민법의 단기소멸시효의 대상인 이자채권에 해당하므로, 상법의 5년의 소멸시효가 적용되지 않는다.

➡ [O] 은행이 그 영업행위로서 한 대출금에 대한 변제기 이후의 지연손해금은 민법 제163조 제1호 소정의 단기소멸시효의 대상인 이자채권이 아니고, 불법행위로 인한 손해배상 채권에 관한 민법 제766조 제1항 소정의 단기소멸시효의 대상도 아니고, 상행위로 인한 채권에 관하여 적용될 5년 간의 소멸시효를 규정한 상법 제64조가 적용되어야 한다(대판 1979.11.13. 79다1453; 대판 2014.7.24. 2013다214871).

문 7

정답 ④

상사매매에 있어서 매수인의 목적물 검사·통지의무를 규정한 상법 제69조에 관한 다음 설명 중 가장 옳지 않은 것은?

① 상사매매에 있어 매수인의 목적물 검사·통지의무 규정은 당사자 간의 특약으로 배제할 수 있다.

[20법원직]

➡ [O] 제69조는 임의규정으로 당사자가 달리 정할 수 있다(대판 2008. 5.15. 2008다3671).

② 상법 제69조가 적용되기 위해서는 매수인은 목적물을 현실적으로 수령해야 한다.

➡ [O] 매수인의 검사통지의무에 있어 '매수인이 목적물을 수령한 때'라 함은 매수인이 목적물을 현실적으로 수령한 경우를 말한다. 따라서 목적물 실물이 아닌 목적물에 관한 운송관례 서류만을 수령하는 경우는 해당하지 않는다. 한편, 매매의 목적물은 특정물과 불특정물 모두를 포함하며, 부동산도 대상이 된다.

③ 수량부족이나 물건의 하자 외에 매매목적물에 담보권이 설정되어 있는 등 권리에 하자가 있는 경우에는 상법 제69조가 적용되지 않는다.

[17법원직]

➡ [O] '권리의 하자 또는 경매'의 경우에는 민법이 적용되고, '목적물의 수량초과'나 '다른 물건이 인도된 경우'에는 상법상 검사·통지의무가 적용되지 않는다.

❹ 상법 제69조는 매도인의 선·악을 불문하고 적용된다.

[16법무사]

➡ [×] 제69조 제1항은 매도인이 악의인 경우에는 적용하지 아니한다(제69조 제2항).

문 8

정답 ②

> **핵심공략** 중개업
>
> 1. 의의: 타인 간의 상행위의 중개를 영업으로 하는 자
>
> 2. 중개인의 권리
>   ① 급여수령대리권: 중개인은 당사자를 위하여 지급 이행 ×
>   ② 보수청구권: 중개인은 결약서 교부의무를 종료하지 아니하면 보수청구 ×, 보수는 쌍방이 균분
>
> 3. 중개인의 의무
>   ① 선관주의의무
>   ② 견품보관의무: 견품을 받은 때에는 완료될 때까지 보관
>   ③ 결약서 교부의무: 중개대상 계약이 성립되면 중개인은 결약서 작성하여 당사자에게 교부
>   ④ 성명, 상호묵비의무: 당사자가 성명 또는 상호를 표시하지 않도록 요구한 경우, 기재 ×
>   ⑤ 개입의무: 당사자의 성명 또는 상호를 표시하지 아니한 경우, 상대방은 중개인에 대하여 이행 청구 ○, 개입의무 발생 이후 → 중개인에 대한 이행청구권 소멸 ×

상법상 중개업에 관한 다음 설명 중 가장 옳지 않은 것은?

① 중개인이란 타인 간의 상행위의 중개를 영업으로 하는 자를 말하며, 중개인의 보수는 당사자 쌍방이 균분하여 부담한다.

[07/13법무사, 15법원직]

➡ [O] 제93조, 제100조 제2항

❷ 중개인은 다른 약정이나 관습이 없는 경우 그 중개한 행위에 관하여 당사자를 위하여 지급 기타의 이행을 받을 수 있다.
[07/13법무사, 13/15법원직]

➡ [X] 중개인은 그 중개한 행위에 관하여 당사자를 위하여 지급 기타의 이행을 받지 못한다. 다른 약정이나 관습이 있으면 지급 기타의 이행을 받을 수 있다(제94조).

③ 중개인이 임의로 또는 당사자의 요청에 따라서 당사자 일방의 성명 또는 상호를 상대방에게 표시하지 아니한 때에는 상대방은 중개인에 대하여 이행을 청구할 수 있다.
[07법무사, 12/15법원직]

➡ [O] 제99조

④ 당사자 간에 계약이 성립된 때에는 중개인은 지체 없이 각 당사자의 성명 또는 상호, 계약 연월일과 그 요령을 기재한 서면을 작성하여 기명날인 또는 서명한 후 각 당사자에게 교부하여야 한다.
[15법원직, 19법무사]

➡ [O] 제96조 제1항

문 9
정답 ②

운송주선인

1. 의의
   ① 자기명의로 물건운송의 주선을 영업으로 하는 자
   ② 실제 주선행위를 한 경우, 하주, 운송인의 대리인, 위탁자의 이름으로 운송계약 체결 → 여전히 운송주선인
2. 운송주선인의 손해배상책임
   ① 운송물의 수령, 인도, 보관, 운송인이나 다른 운송주선인의 선택, 기타 운송에 관하여 주의를 해태하지 아니하였음을 증명 × → 운송물의 멸실, 훼손 또는 연착으로 인한 손해배상 책임 부담
   ② 소멸시효: 수하인이 운송물을 수령한 날로부터 1년. 악의 → 5년
   ③ 운송물 전부멸실: 운송물을 인도할 날로부터 기산
3. 운송주선인의 권리
   ① 개입권: 다른 약정이 없으면 직접 운송. 운송인과 동일한 권리. 거래소 시세 ×
   ② 보수청구권: 인도한 때 보수 청구. 운임액 정한 경우 보수청구 ×
   ③ 특별상사유치권: 견련성 O. 위탁자 소유물 ×
   ④ 운송물의 공탁·경매권, 비용청구권

상법상 화물상환증에 관한 다음 설명 중 가장 옳은 것은?

① 운송인은 수하인의 청구에 의하여 화물상환증을 교부하여야 하며, 이때 화물상환증에는 법정사항을 기재하고 운송인이 기명날인 또는 서명하여야 한다.
[07/12법무사, 19법원직]

➡ [X] 운송인은 송하인의 청구에 의하여 화물상환증을 교부하여야 한다(제128조 제1항). 화물상환증에는 송하인의 성명 또는 상호, 영업소 또는 주소, 운임기타 운송물에 관한 비용과 그 선급 또는 착급의 구별, 화물상환증의 작성자와 작성 연월일을 기재하고 운송인이 기명날인 또는 서명하여야 한다(제128조 제2항).

❷ 화물상환증을 작성한 경우에는 이와 상환하지 아니하면 운송물의 인도를 청구할 수 없으며 운송물에 관한 처분도 화물상환증

으로써 하여야 한다.
[06/12/18법무사, 15/19법원직]

➡ [O] 화물상환증을 작성한 경우에는 운송물에 관한 처분은 화물상환증으로써 하여야 한다(제132조). 화물상환증이 발행된 경우 화물상환증의 정당한 소지인만이 운송물 인도청구권을 가지며, 운송물에 관한 처분은 화물상환증으로써 하여야 한다.

③ 운송인이 고의, 중과실로 운송물을 화물상환증 소지인이 아닌 자에게 인도한 경우, 운송물을 인수한 자가 운송물을 선의취득하여 화물상환증 소지인이 운송물에 대한 소유권을 상실해야만 운송인에게 화물상환증 소지인에 대한 불법행위가 성립한다.

➡ [X] 운송인이 고의, 중과실로 운송물을 화물상환증 소지인이 아닌 자에게 인도한 경우, 화물상환증소지인에 대해 고의 또는 중과실에 의한 불법행위가 성립한다. 이 경우 운송물을 인수한 자가 운송물을 선의취득하는 등 사유로 화물상환증 소지인이 운송물에 대한 소유권을 상실해야만 불법행위가 성립하는 것이 아니라 운송인이 화물상환증 소지인이 아닌 자에게 운송물을 인도함으로써 화물상환증 소지인의 운송물에 대한 권리행사가 어렵게 되면 곧바로 불법행위가 성립한다(대판 2001.4.10. 2000다46795).

④ 화물상환증이 발행된 경우에는 운송인과 수하인 사이에 화물상환증에 적힌 대로 운송계약이 체결되고 운송물을 수령한 것으로 본다.
[19법원직]

➡ [X] 제131조 제1항

문 10
정답 ①

공중접객업자의 책임, 소멸시효

1. 공중접객업자의 책임
   ① 임치받은 물건, 임치받지 않은 물건, 면책고지: 공중접객업자가 자신의 무과실 입증 × → 손해배상책임 부담
   ② 공중접객업자와 고객 사이의 물건 보관에 관한 명시적 또는 묵시적 합의 존재
   ③ 주차장에 차량 출입 통제 시설과 인원 ×, 차량열쇠 보관 × → 공중접객업자 책임 ×
   ④ 고가물에 대한 책임: 고객이 종류와 가액 명시 × → 공중접객업자 책임 ×
   ⑤ 숙박업자: 고객안전 배려의무 위반 → 불완전이행으로 인한 채무불이행책임 부담
2. 공중접객업자의 책임의 소멸시효
   ① 소멸시효: 임치물 반환 후 6개월
   ② 물건 전부 멸실: 고객이 시설에서 퇴거한 날부터 기산
   ③ 공중접객업자나 사용인 악의: 5년의 상사소멸시효

공중접객업자의 책임에 관한 다음 설명 중 가장 옳지 않은 것은?

❶ 주차장 출입과 주차사실을 여관 측에서 통제하거나 확인하지 않은 경우, 여관업자와 투숙객 사이에 임치의 합의가 있다고 볼 수 없고, 투숙객이 여관 측에 주차사실을 고지하거나 차량열쇠를 맡긴 경우에도 임치의 합의가 있다고 볼 수 없다.

➡ [X] 주차장 출입과 주차사실을 여관 측에서 통제하거나 확인하지 않은 경우, 부설주차장 관리자로서의 주의의무 위반 여부는 별론으로 하고 주차장에 주차한 것만으로 여관업자와 투숙객 사이에 임치의 합의가 있은 것으로 볼 수 없고, 투숙객이 여관 측에 주차사실을

고지하거나 차량열쇠를 맡겨 차량의 보관을 위탁한 경우에만 임치의 성립을 인정할 수 있다(대판 1992.2.11. 91다21800).

② 고객의 임치물에 대한 공중접객업자의 책임은 공중접객업자가 임치물을 반환한 후 6개월이 지나면 소멸시효가 완성된다.

[16/20법원직]

➡ [O] 공중접객업자의 책임과 고가물에 대한 책임은 공중접객업자가 임치물을 반환하거나 고객이 휴대물을 가져간 후 6개월이 지나면 소멸시효가 완성된다(제154조 제1항).

③ 숙박업자는 통상의 임대차와 같이 여관의 객실 및 관련시설을 고객이 사용수익하게 할 의무뿐만 아니라 고객의 안전을 배려하여야 할 보호의무를 부담하며 숙박업자가 이를 위반하여 고객의 신체에 손해를 입힌 경우, 숙박업자는 고객에 대하여 불완전이행으로 인한 채무불이행책임을 부담한다.

➡ [O] 공중접객업인 숙박업자가 투숙객과 체결하는 숙박계약은 일시 사용을 위한 임대차계약으로서, 숙박업자는 통상의 임대차와 같이 여관의 객실 및 관련시설을 고객이 사용수익하게 할 의무뿐만 아니라 고객의 안전을 배려하여야 할 보호의무를 부담하며 이러한 의무는 숙박계약의 특수성을 고려하여 신의칙상 인정되는 부수적인 의무로서 숙박업자가 이를 위반하여 고객의 생명, 신체를 침해하여 손해를 입힌 경우 불완전이행으로 인한 채무불이행책임을 부담한다(대판 1994.1.28. 93다43590).

④ 화폐, 유가증권, 그 밖의 고가물에 대하여는 고객이 그 종류와 가액을 명시하여 임치하지 아니하면 공중접객업자는 그 물건의 멸실 또는 훼손으로 인한 손해를 배상할 책임이 없다.

[04/06/19법무사, 20법원직]

➡ [O] 제153조

문 11

정답 ①

핵심공략 해산명령, 해산판결

1. 해산명령
   ① 사유: 회사의 설립목적이 불법, 정당한 사유 없이 설립 후 1년 내에 영업을 개시하지 않거나 1년 이상 영업 휴지, 이사 또는 회사의 업무를 집행하는 사원이 법령 또는 정관에 위반하여 회사의 존속을 허용할 수 없는 행위를 한 때
   ② 법원은 신청권자(이해관계인, 검사)의 청구 또는 직권으로 해산 명령
   ③ 법원은 사원, 이해관계인, 검사의 청구 또는 직권으로 청산인 선임
   ④ 회사의 청구가 있는 경우 담보제공 명령 가능

2. 해산판결
   ① 사유: 회사의 업무가 정돈 상태를 계속하여 회복할 수 없는 손해가 생기거나 생길 염려가 있는 경우, 회사재산 관리 또는 처분의 현저한 실당으로 회사의 존립을 위태롭게 한 경우
   ② 청구권자: 인적회사 각 주주. 물적회사 발행주식총수의 10% 이상 주식을 보유한 주주

해산명령과 해산판결에 관한 다음 설명 중 가장 옳지 않은 것은?

❶ 법원은 이해관계인이나 검사의 청구에 의해서만 회사의 해산을 명할 수 있다.

[04/08법무사, 15법원직]

➡ [X] ⊙ 회사의 설립목적이 불법인 때, ⓒ 정당한 사유 없이 설립 후

1년 내에 영업을 개시하지 않거나 1년 이상 영업을 휴지하는 때, ⓒ 이사 또는 회사의 업무를 집행하는 사원이 법령 또는 정관에 위반하여 회사의 존속을 허용할 수 없는 행위를 한 때, 법원은 이해관계인이나 검사의 청구에 의하여 또는 직권으로 회사의 해산을 명할 수 있다. 따라서 법원은 이해관계인이나 검사의 청구 외에 직권으로 회사의 해산을 명할 수 있다(제176조 제1항).

② 이해관계인이 회사의 해산명령을 신청한 경우, 법원은 회사의 청구가 있는 경우 담보제공을 명할 수 있다. [04/17법무사]

➡ [O] 제176조 제3항

③ 상법 제520조 제1항 제1호의 '회사의 업무가 현저한 정돈 상태를 계속하여 회복할 수 없는 손해가 생긴 때 또는 생길 염려가 있는 때'란 회사의 업무가 정체되어 회사를 정상적으로 운영하는 것이 현저히 곤란한 상태가 계속됨으로 말미암아 회사에 회복할 수 없는 손해가 생기거나 생길 염려가 있는 경우를 말한다.

[16법원직]

➡ [O] 주식회사에 대한 해산청구에 관하여 "다음의 경우에 부득이한 사유가 있는 때에는 발행주식의 총수의 100분의 10 이상에 해당하는 주식을 가진 주주는 회사의 해산을 법원에 청구할 수 있다."라고 하면서, 제1호로 '회사의 업무가 현저한 정돈(정돈) 상태를 계속하여 회복할 수 없는 손해가 생긴 때 또는 생길 염려가 있는 때'를 규정하고 있다. 여기서 '회사의 업무가 현저한 정돈 상태를 계속하여 회복할 수 없는 손해가 생긴 때 또는 생길 염려가 있는 때'란 이사 간, 주주 간의 대립으로 회사의 목적 사업이 교착상태에 빠지는 등 회사의 업무가 정체되어 회사를 정상적으로 운영하는 것이 현저히 곤란한 상태가 계속됨으로 말미암아 회사에 회복할 수 없는 손해가 생기거나 생길 염려가 있는 경우를 말하고, '부득이한 사유가 있는 때'란 회사를 해산하는 것 외에는 달리 주주의 이익을 보호할 방법이 없는 경우를 말한다(대판 2015.10.29. 2013다53175).

④ 발행주식의 총수의 100분의 10 이상에 해당하는 주식을 가진 주주가 상법 제520조에 따라 회사의 해산을 법원에 청구할 수 있다.

[04법무사, 11/16법원직]

➡ [O] 주식회사 발행주식 총수의 10% 이상 주식을 가진 주주는 아래의 경우 부득이한 사유가 있는 때에는 회사의 해산을 법원에 청구할 수 있다(제520조). 유한회사의 경우에도 같다(제613조 제1항).

⊙ 회사의 업무가 현저한 정돈 상태(회사의 업무가 정체된 상태)를 계속하여 회복할 수 없는 손해가 생긴 때 또는 생길 염려가 있는 때

ⓒ 회사재산 관리 또는 처분의 현저한 실당(현저한 부당)으로 회사의 존립을 위태롭게 한 때

문 12

정답 ①

핵심공략 발기인의 주식인수납입, 모집설립, 이사·감사의 조사보고, 창립총회

1. 발기인의 주식인수납입
   ① 주식인수: 서면에 의하여 주식인수. 서면에 의하지 않은 주식인수 → 무효
   ② 납입: 발기인이 회사의 설립시에 발행하는 주식의 총수 인수 → 인수가액 전액납입

2. 모집설립: 발기인이 회사의 설립시 발행하는 주식의 총수 인수 × → 주주 모집

3. 이사·감사의 조사 보고
   ① 이사와 감사는 취임 후 회사설립에 관한 모든 사항에 대하여 조사하여 발기인에게 보고
   ② 발기인이었던 자, 현물출자자 또는 양수할 재산 계약당사자인 이사 또는 감사 제외
   ③ 변태설립사항 조사: 법원에 검사인 선임 청구
4. 창립총회
   ① 주식인수대금의 납입과 현물출자의 이행 완료시 발기인은 지체없이 창립총회 소집
   ② 결의: 출석한 주식인수인의 의결권의 3분의 2와 인수된 주식 총수의 과반수

주식회사의 설립에 관한 다음 설명 중 가장 옳지 않은 것은?

❶ 발기설립과 모집설립의 경우 법원에 의하여 선임된 검사인은 현물출자의 이행 등을 조사하여 법원에 보고하여야 한다.
   ➡ [×] 발기설립의 경우 검사인은 법원에 보고하여야 하나(제299조 제1항), 모집설립의 경우 검사인은 창립총회에 보고서를 제출하여야 한다(제310조 제2항).

② 창립총회에서는 정관의 변경 또는 설립의 폐지를 결의할 수 있다.
   ➡ [O] 제316조 제1항

③ 발기설립의 경우 이사와 감사는 취임 후 지체 없이 회사의 설립에 관한 모든 사항이 법령 또는 정관의 규정에 위반되지 아니하는지의 여부를 조사하여 발기인에게 보고하여야 한다. 이때, 이사와 감사 중 발기인이었던 자·현물출자자 또는 회사성립 후 양수할 재산의 계약당사자인 자는 위 조사·보고에 참가하지 못한다. [07/09법무사, 18법원직]
   ➡ [O] 제298조 제1항, 제2항

④ 창립총회의 결의는 출석한 주식인수인의 의결권의 3분의 2 이상이며 인수된 주식의 총수의 과반수에 해당하는 다수로 하여야 한다. [05/09/10/11/17법무사, 12/18법원직]
   ➡ [O] 창립총회는 주주총회의 규정을 준용하나 결의는 출석한 주식인수인 의결권 3분의 2와 인수된 주식 총수의 과반수로 하여야 한다(제309조).

문 13
정답 ③

핵심공략 설립 중의 회사 의의 및 성립시기, 가장납입과 신주발행 형사책임

1. 의의
   발기인이 회사의 설립을 위하여 필요한 행위로 인하여 취득하게 된 권리의무가 회사의 설립과 동시에 그 설립된 회사에 귀속되는 관계를 설명하기 위한 강학상의 개념

2. 성립시기
   ① 정관 작성. 발기인이 적어도 1주 이상의 주식 인수하였을 때
   ② 회사로서의 실체가 갖추어지기 이전에 발기인이 취득한 권리의무 → 발기인 개인 또는 발기인 조합에 귀속
   ③ 회사에 귀속시키기 위해서는 양수나 채무인수 등 특별한 이전행위 필요

3. 가장납입과 신주발행 형사책임
   ① 가장납입 → 납입가장죄 성립 O, 업무상횡령죄 성립 ×
   ② 신주발행 부존재 → 납입가장죄 성립 ×

설립 중의 주식회사에 관한 설명으로 가장 옳지 않은 것은?

① 설립 중의 회사라 함은 주식회사의 설립과정에 있어서 발기인이 회사의 설립을 위하여 필요한 행위로 인하여 취득 또는 부담하였던 권리의무가 회사의 설립과 동시에 그 설립된 회사에 귀속되는 관계를 설명하기 위한 강학상의 개념이다. [12/19법원직]
   ➡ [O] 대판 1970.8.31. 70다1357

② 설립 중의 주식회사의 성립시기는 정관이 작성되고 발기인이 적어도 1주 이상의 주식을 인수한 때이다. [07/12/15/19법원직, 11법무사]
   ➡ [O] 대판 1994.1.28. 93다50215

❸ 설립 중의 주식회사로서의 실체가 갖추어지기 이전에 발기인이 취득한 권리의무를 설립 후의 회사에게 귀속시키기 위하여 별도의 이전행위를 할 필요는 없다. [07/12/15/19법원직, 08/13법무사]
   ➡ [×] 설립 중의 회사로서의 실체가 갖추어지기 이전에 발기인이 취득한 권리의무는 구체적 사정에 따라 발기인 개인 또는 발기인조합에 귀속되고 이들에게 귀속된 권리의무를 설립 후의 회사에 귀속시키기 위해서는 양수나 채무인수 등의 특별한 이전행위가 있어야 한다(대판 1994.1.28. 93다50215).

④ 신주발행의 절차적, 실체적 하자가 극히 중대하여 신주발행의 실체가 존재한다고 할 수 없는 경우에는 신주인수인들의 주금납입의무가 발생하지 않았다고 볼 수 있으므로 납입가장죄가 성립하지 아니한다. [08법원직]
   ➡ [O] 신주발행의 실체가 존재한다고 할 수 없고 신주발행 변경등기만이 있는 경우와 같이 신주발행의 외관만 존재하는 신주발행 부존재의 경우에는 처음부터 신주발행의 효력이 없고 신주인수인들의 주금납입의무도 발생하지 않으며 증자로 인한 자본 충실의 문제도 생기지 않으므로 그 주금의 납입을 가장하였더라도 상법상의 납입가장죄가 성립하지 아니한다(대판 2006.6.2. 2006도48).

문 14
정답 ②

핵심공략 회사설립의 무효, 취소

1. 설립무효의 소
   ① 원고: 주주(1주 이상)·이사·감사
   ② 제소기간: 2년 내에 소만으로 주장 가능
   ③ 원인(객관적 사유): 정관 절대적 기재사항 흠결, 발행주식의 인수납입 미달, 주식발행사항에 발기인 전원 동의 없는 경우, 창립총회 소집이 없거나 조사보고가 이루어지지 않은 경우, 설립등기 무효인 경우
   ④ 무권대리, 제한능력, 의사표시의 무효·취소 → 무효사유 ×

2. 설립취소의 소 확정 → 해산에 준하여 청산

3. 회사별 설립무효와 취소
   ① 주식회사 설립무효 O, 설립취소 ×
   ② 주식회사 제외한 다른 회사 설립무효 O, 설립취소 O

회사의 설립에 관한 설명 중 옳은 것은?

① 주식회사에 설립무효사유가 있는 경우 채권자 등 이해관계인은 설립무효의 소를 제기할 수 있다.

[04/05/06/12/14/19법무사, 11/20/21법원직]

➡ [X] 주식회사 설립의 무효의 소를 제기할 수 있는 원고는 주주, 이사 또는 감사에 한한다. 따라서 채권자 등 이해관계인은 설립무효의 소를 제기할 수 없다(제328조 제1항).

❷ 설립무효의 판결 또는 설립취소의 판결이 확정된 때에는 해산의 경우에 준하여 청산하여야 한다.

➡ [O] 회사설립취소의 소가 확정되면 회사는 해산의 경우에 준하여 청산하여야 하며, 이때 법원은 이해관계인의 청구에 의하여 청산인을 선임할 수 있다(제193조).

③ 주식회사의 설립과 관련된 주주 개인의 의사무능력이나 의사표시의 하자는 회사설립무효의 사유에 해당한다.

➡ [X] 설립무효의 원인은 ㉠ 정관 절대적 기재사항의 흠결, ㉡ 발행주식의 인수납입이 현저히 미달되어 발기인의 인수납입담보책임으로 치유될 수 없는 경우, ㉢ 주식발행사항에 발기인 전원의 동의가 없었던 경우, ㉣ 창립총회의 소집이 없거나 조사보고가 이루어지지 않은 경우, ㉤ 설립등기가 무효인 경우와 같은 객관적 사유로 한정된다. 따라서 발기인이나 주식인수인의 주관적 사유(무권대리, 제한능력, 의사표시의 무효·취소 등)만으로는 무효사유에 해당하지 않는다.

④ 주관적 하자를 원인으로 하는 설립취소의 소는 합명회사와 합자회사에만 인정되고, 객관적 하자를 원인으로 하는 설립무효의 소는 주식회사에만 인정된다.

[21법원직]

➡ [X] 합자회사는 합명회사의 규정을 준용하므로 합명회사 설립무효취소에 관한 제184조가 합자회사에도 적용된다. 합명회사 설립무효취소에 관한 제184조는 유한책임회사에도 준용된다(제287조의6). 유한회사 또한 설립무효와 취소에 관하여 규정하고 있다(제552조 제1항). 따라서 주식회사를 제외한 모든 회사에 설립취소가 인정된다. 설립무효의 소는 모든 회사에 인정된다.

문 15   정답 ③

핵심공략 주주권 확인 및 명의개서[회사 상대 확인 이익 ×, 이행청구 ○ / 제3자 상대 확인 이익 ○]

① 주식을 취득한 자는 자신의 주식취득사실을 증명하여 회사에 단독으로 명의개서 청구 가능
② 주주명부상 주주는 자기 주식에 대한 소유권 주장하는 제3자 상대로 소유권확인의 이익 ○
③ 무효계약에 따라 명의개서가 된 매도인은 단독으로 계약무효 증명하여 회사에 명의개서청구 가능
④ 위조에 의해 타인 앞으로 명의개서가 된 주주는 회사 상대로 주주권확인의 이익 × (이행청구 ○)
⑤ 실질주주가 주주명부상 주주 상대로 주주권확인 구할 이익 ○
⑥ 주주명부를 작성할 권한 있는 자가 형식적 심사 마침 → 명의개서 적법

명의개서에 관한 다음 설명 중 가장 옳지 않은 것은?

① 주권이 발행되어 있는 주식을 양수한 자는 주권을 제시하여 양수사실을 증명함으로써 회사에 대해 단독으로 명의개서를 청구할 수 있다.

[12법무사]

➡ [O] 주식을 취득한 자는 특별한 사정이 없는 한 점유하고 있는 주권의 제시 등의 방법으로 자신이 주식을 취득한 사실을 증명함으로써 회사에 대하여 단독으로 그 명의개서를 청구할 수 있다(대판 2019. 5.16. 2016다240338).

② 무효인 주식 매매계약에 따라 매수인에게 명의개서절차가 이행되었더라도, 매도인은 특별한 사정이 없는 한 매수인의 협력을 받을 필요 없이 단독으로 그 매매계약이 무효임을 증명함으로써 회사에 대해 명의개서를 청구할 수 있다.

➡ [O] 무효인 매매계약에 따라 매수인에게 명의개서절차가 이행되었더라도, 매도인은 특별한 사정이 없는 한 매수인의 협력을 받을 필요 없이 단독으로 매매계약이 무효임을 증명함으로써 회사에 대해 명의개서를 청구할 수 있다. 주권이 발행되지 않은 주식에 관하여 체결된 매매계약이 구 상법 제341조에서 금지한 자기주식 취득에 해당하여 무효인 경우에도 마찬가지이다(대판 2018.10.25. 2016다42800, 42817,42824,42831).

❸ 주주가 자신이 주주명부상 주식의 소유자인데 위조된 주식매매계약서에 의해 타인 앞으로 명의개서가 되었다고 주장하면서, 주식회사를 상대로 주주권 확인을 구하는 것은 주주의 권리 또는 법률상 지위에 현존하는 불안·위험을 제거하는 유효·적절한 수단이고 분쟁의 종국적 해결방법이므로 확인의 이익이 인정된다.

➡ [X] 위조된 주식매매계약서에 의해 타인 앞으로 명의개서가 된 주주 甲이 회사를 상대로 자신의 주주권의 확인을 구하는 것은 甲이 회사를 상대로 직접 자신이 주주임을 증명하여 명의개서절차의 이행을 구할 수 있으므로, 甲이 회사를 상대로 주주권 확인을 구하는 것은 甲의 권리 또는 법률상 지위에 현존하는 불안·위험을 제거하는 유효·적절한 수단이 아니거나 분쟁의 종국적 해결방법이 아니어서 확인의 이익이 없다(대판 2019.5.16. 2016다240338).

④ 주권이 발행되어 있는 주식을 취득한 자가 주권을 제시하는 등 그 취득사실을 증명하는 방법으로 명의개서를 신청하고, 그 신청에 관하여 주주명부를 작성할 권한 있는 자가 형식적 심사의 무를 다하였으며, 그에 따라 명의개서가 이루어졌다면, 특별한 사정이 없는 한 그 명의개서는 적법한 것으로 보아야 한다.

[20법원직]

➡ [O] 대판 2019.8.14. 2017다231980

문 16   정답 ②

핵심공략 주주의결권 의의, 의결권 행사 주주 간 계약, 서면투표·전자투표

1. 의의
   ① 1주당 1의결권(제369조 제1항)은 강행규정, 이에 반하는 정관, 주주총회 결의 무효 ○
   ② 당사자 사이 특약, 주주권 포기에 의한 주주권 상실 ×, 주주 간 의결권 포기약정 무효 ○

2. 의결권 행사 주주 간 계약
   ① 의결권 행사에 관한 주주간 계약: 채권적 효력, 계약에 반하는 내용으로 의결권 행사 → 주주총회 결의 하자 ×
   ② 주식 질권: 질권설정자 주주 지위를 가지고 의결권 행사

3. 서면투표, 전자투표
   ① 서면투표: 주주가 정관 규정에 따라 총회 출석 없이 서면으로 의결권 행사(제368조의3 제1항)

② 전자투표: 이사회 결의로 총회 출석 없이 전자투표 규정 가능

상법상 주주총회에서 주주의 의결권 행사에 관한 다음 설명 중 가장 옳지 않은 것은?

① 주식에 대하여 질권이 설정된 경우 특별한 약정이 없는 한 의결권을 행사할 수 있는 자는 질권설정자이다. [20법무사]

➡ [O] 주식에 대해 질권이 설정되었다고 하더라도 질권설정계약 등에 따라 질권자가 담보제공자인 주주로부터 의결권을 위임받아 직접 의결권을 행사하기로 약정하는 등의 특별한 약정이 있는 경우를 제외하고 질권설정자인 주주는 여전히 주주로서의 지위를 가지고 의결권을 행사할 수 있다(대판 2017.8.18. 2015다5569).

❷ 상법 제369조 제1항에 따라 주식회사의 주주는 원칙적으로 1주마다 1개의 의결권을 갖지만, 정관의 규정이나 주주총회의 결의에 의하여 의결권의 구체적인 내용을 달리 정할 수 있다. [10/16/19법원직, 17법무사]

➡ [X] 상법 제369조 제1항에서 주식회사의 주주는 1주마다 1개의 의결권을 가진다고 하는 1주 1의결권의 원칙을 규정하고 있는바, 이 규정은 강행규정이다. 따라서 법률에서 위 원칙에 대한 예외를 인정하는 경우를 제외하고, 정관의 규정이나 주주총회의 결의 등으로 위 원칙에 반하여 의결권을 제한하더라도 효력이 없다(대판 2009.11.26. 2009다51820).

③ 주주가 일정기간 주주권을 포기하고 타인에게 주주로서의 의결권 행사권한을 위임하기로 약정하였다고 하더라도 그 주주는 주주로서의 의결권을 직접 행사할 수 있다. [06법무사, 12법원직]

➡ [O] 주주권은 주식의 양도나 소각 등 법률에 정하여진 사유에 의하여서만 상실되고 단순히 당사자 사이의 특약이나 주주권 포기의 의사표시만으로 상실되지 아니하며 다른 특별한 사정이 없는 한 그 행사가 제한되지도 아니한다. 주주가 7년간 주주권 및 경영권을 포기하고 주식의 매매와 양도 등을 하지 아니하며 타인에게 정관에 따라 주주로서의 의결권 행사권한을 위임하기로 약정하였다는 이유로, 그 주주가 의결권을 직접 행사할 수 없게 되었다고 볼 수 없다(대판 2002.12.24. 2002다54691).

④ 회사는 이사회의 결의로 주주가 총회에 출석하지 아니하고 전자적 방법으로 의결권을 행사할 수 있음을 정할 수 있다. [08/11/13/14법원직, 15법무사]

➡ [O] 서면투표는 주주가 정관이 정한 바에 따라 총회에 출석하지 아니하고 서면에 의하여 의결권을 행사하는 것을 의미한다(제368조의 3 제1항). 회사는 이사회의 결의로 주주가 총회에 출석하지 아니하고 전자적 방법으로 의결권을 행사할 수 있음을 정할 수 있다(제368조의4 제1항). 서면투표와 전자투표 모두 주주총회는 개최하여야 한다. 서면투표는 정관에 규정이 있어야 하고, 전자투표는 정관에 규정이 없더라도 이사회결의로 가능하다. 상법상 명문 규정은 없으나 주주총회의 사전투표는 허용된다(대결 2014.7.11. 2013마2397).

문 17 정답 ②

주주총회 보통결의, 주주총회 특별결의, 발행주식총수 또는 의결권에 산입하지 아니하는 경우

1. 주주총회 보통결의
   ① 요건: 출석한 주주 의결권의 과반수와 발행주식 총수의 4분의 1 이상
   ② 정관으로 보통결의 요건 가중 허용
   ③ 주주총회 성립 → 의사정족수 정하지 ×, 정관에 의하여 의사정족수 규정 ○, 집중투표 → 의사정족수 충족

2. 주주총회 특별결의
   ① 요건: 출석한 주주의 의결권의 3분의 2 이상과 발행주식총수의 3분의 1 이상
   ② 특별결의사항: 영업의 전부 또는 중요한 일부의 양도, 회사의 영업에 중대한 영향을 미치는 다른 회사의 영업 전부 또는 일부의 양수, 영업 임대 또는 경영위임, 손익공유계약 행위

3. 발행주식총수 산입하지 아니하는 경우(제371조 제1항)
   ① 의결권 종류주식, 의결권 제한 종류주식(제344조의3 제1항)
   ② 자기주식(제369조 제2항)
   ③ 상호주(제369조 제3항)
   ④ 감사 등 선임시 3% 초과 주식(判例)

4. 의결권의 수에 산입하지 아니하는 경우(제371조 제2항)
   ① 특별이해관계인
   ② 감사선임의 결의에서 의결권 없는 주식 제외 발행주식총수 100분의 3을 초과 주식
   ③ 감사위원회 선임·해임 결의에서 상장회사 의결권 없는 주식 제외 발행주식총수 100분의 3 초과 주식

비상장주식회사의 주주총회에 관한 설명 중 옳지 않은 것은?

① 주주총회의 보통결의는 출석한 주주의 의결권의 과반수와 발행주식총수의 4분의 1 이상의 수로써 하여야 한다. 이때 보통결의 요건은 예외적으로 정관의 규정에 의하여 출석정족수를 둘 수 있고, 특별결의요건의 한도 내에서 의결정족수를 가중할 수 있다. [16법원직]

➡ [O] ㉠ 상법은 주주총회의 성립에 관한 의사정족수를 따로 정하고 있지는 않지만, 보통결의요건을 정관에서 달리 정할 수 있음을 허용하고 있으므로, 정관에 의하여 의사정족수를 규정하는 것은 가능하다. ㉡ 정관에서 이사의 선임을 발행주식총수의 과반수에 해당하는 주식을 가진 주주의 출석과 출석주주 의결권의 과반수에 의한다고 규정하는 경우, 집중투표에 관한 상법 조항이 정관에 규정된 의사정족수 규정을 배제한다고 볼 것은 아니므로, 이사선임을 집중투표의 방법으로 하는 경우에도 정관에 규정한 의사정족수는 충족되어야 한다(대판 2017.1.12. 2016다217741).

❷ 회사가 영업의 전부 또는 중요한 일부의 양도에 해당하는 행위를 할 때에는 출석한 주주의 의결권의 과반수와 발행주식총수의 3분의 1 이상의 수에 의한 주주총회 결의에 의하여야 한다. [12/18 법원직, 15법무사]

➡ [X] 회사가 ㉠ 영업의 전부 또는 중요한 일부의 양도, ㉡ 영업 전부의 임대 또는 경영위임, 타인과 영업의 손익 전부를 같이 하는 계약, 그 밖에 이에 준하는 계약의 체결·변경 또는 해약, ㉢ 회사의 영업에 중대한 영향을 미치는 다른 회사의 영업 전부 또는 일부의 양수의 경우 주주총회의 특별결의를 거쳐야 한다(제374조 제1항). 주주총회 특별결의는 출석한 주주의 의결권의 3분의 2 이상의 수와 발행주식 총수의 3분의 1 이상의 수로써 하는 결의를 말한다(제434조).

③ 총회의 결의에 관하여는 의결권 없는 주식의 수는 발행주식총수에 산입하지 아니하고, 특별한 이해관계가 있어 의결권을 행사할 수 없는 주식의 의결권 수는 출석한 주주의 의결권의 수에 산입하지 아니한다. [05/06/14법무사. 10/12/14/17법원직]

➡ 【O】 총회의 결의에 관하여 특별한 이해관계가 있는 자는 의결권을 행사하지 못한다. 특별이해관계가 있는 주주의 의결권의 수는 발행주식총수에는 산입되나, 출석한 주주의 의결권의 수에는 산입되지 아니한다(제371조 제1항, 제2항).

④ 회사가 발행한 의결권이 없는 종류주식은 발행주식총수에 산입하지 않는다.

➡ 【O】 회사가 발행한 의결권이 없는 종류주식은 상법 제371조 제1항에 따라 발행주식총수에 산입하지 아니한다(재371조 제1항).

문 18
정답 ②

판결효력, 추인, 소의 성질, 소송절차

1. 판결효력
   ① 원고승소판결: 대세효, 소급효
   ② 원고패소판결: 대세효 × → 다른 제소권자 별도의 소 제기 가능
2. 추인: 무효행위 추인 → 새로운 법률행위, 무효결의 사후 추인 → 새로운 법률행위
3. 소의 성질: 형성의 소
   ① 결의 취소 전까지 결의가 유효하지 않다는 점을 다른 소송의 공격방어방법으로 주장 ×
   ② 주총결의 효력이 제3자 사이의 소송에 있어 선결문제로 된 경우: 소송에서 무효, 부존재 주장 가능, 반드시 회사를 상대로 먼저 제소 ×
4. 소송절차
   ① 모든 주주총회결의 하자 소송 동일
   ② 관할법원: 회사 본점 소재지 지방법원
   ③ 수개의 소 제기: 병합
   ④ 화해, 청구인낙, 조정 → 불가능, 소의 취하는 법원허가 없이 가능

다음 중 상법상 주주총회결의의 하자에 관한 설명으로 가장 옳지 않은 것은?

① 주주총회결의 무효확인의 소에서 원고가 승소한 판결의 효력은 대세적 효력이 있고, 소급효가 있다. [08/11/12/15/16/19/20법무사]

➡ 【O】 원고승소판결은 제190조 본문에 따라 대세효가 인정되고, 제190조 단서가 준용되지 않으므로 소급효를 가진다.

❷ 주주총회결의의 존부에 관하여 다툼이 있는 경우, 주주총회결의 자체가 있었다는 점에 관해서는 주주가 증명책임을 부담하고, 그 결의에 이를 부존재로 볼 만한 중대한 하자가 있다는 점에 관해서는 회사가 증명책임을 부담한다.

➡ 【×】 주주총회결의 자체가 있었는지 및 그 결의에 이를 부존재로 볼 만한 중대한 하자가 있는지 등 주주총회결의의 존부에 관하여 다툼이 있는 경우, 주주총회결의 자체가 있었다는 점에 관해서는 회사가 증명책임을 부담하고, 그 결의에 이를 부존재로 볼 만한 중대한 하자가 있다는 점에 관해서는 주주가 증명책임을 부담한다(대판 2010.7.22. 2008다37193).

③ 정관 변경과 관련하여 종류주주총회결의가 요구되는 경우 종류

주주총회의 결의가 이루어지지 않았더라도 정관변경을 결의한 주주총회결의는 유효하다.

➡ 【O】 종류주주총회의결의는 정관변경이라는 법률효과가 발생하기 위한 하나의 특별요건이므로 정관변경에 관하여 종류주주총회의결의가 이루어지지 않았다면 정관변경의 효력이 발생하지 않는 데에 그칠 뿐이고 정관변경을 결의한 주주총회결의 자체의 효력에는 아무런 하자가 없다(대판 2006.1.27. 2004다44575,44582).

④ 결의무효확인의 소는 본점 소재지 지방법원의 관할에 전속한다. [13법원직]

➡ 【O】 소송절차는 모든 주주총회결의 하자소송에서 동일하다. 관할법원은 회사 본점 소재지 지방법원이다(제376조 제2항, 제186조).

문 19
정답 ④

주식매수선택권

① 부여절차: 정관규정 및 주주총회 특별결의
② 대상자: 회사의 이사, 집행임원 감사 또는 피용자
③ 재직기간: 주주총회 결의일부터 2년 이상 재임 또는 재직해야 행사가능
④ 상장회사: 사망, 본인책임 아닌 사유로 인한 퇴임·퇴직 → 2년 미만 재임하더라도 행사 가능, 정년퇴직의 경우 행사 ×
⑤ 비상장회사: 본인책임 아닌 사유로 인한 퇴임·퇴직 → 2년 이상 재임하지 않으면 행사 ×
⑥ 회사는 주주총회결의와 개별 계약을 통해서 주식매수선택권의 행사기간을 자유롭게 정할 수 있음

상법상 비상장주식회사의 주식매수선택권에 관한 설명 중 옳지 않은 것은?

① 회사는 정관으로 정하는 바에 따라 주주총회의 특별결의로 회사의 설립·경영 및 기술혁신 등에 기여하거나 기여할 수 있는 회사의 이사, 집행임원, 감사 또는 피용자에게 미리 정한 가액으로 신주를 인수하거나 자기의 주식을 매수할 수 있는 주식매수선택권을 부여할 수 있다. [10법원직, 19법무사]

➡ 【O】 주식매수선택권이란 제3자가 회사의 주식을 일정한 행사가격에 매수할 수 있는 권리를 말한다. 회사는 정관으로 정하는 바에 따라 주주총회의 특별결의로 회사의 설립·경영 및 기술혁신 등에 기여하거나 기여할 수 있는 회사의 이사, 집행임원, 감사 또는 피용자에게 행사가액으로 신주를 인수하거나 자기의 주식을 매수할 수 있는 권리를 부여할 수 있다(제340조의2 제1항).

② 특정인에 부여되는 주식매수선택권의 구체적인 내용은 일반적으로 회사와 체결하는 계약을 통해 정해지므로 주식매수선택권을 부여받은 자는 계약에서 주어진 조건에 따라 계약에서 정한 기간 내에 선택권을 행사할 수 있다.

➡ 【O】 회사는 주주총회결의에 의하여 주식매수선택권을 부여받은 자와 계약을 체결하고 상당한 기간 내에 그에 관한 계약서를 작성하여야 한다(제340조의3 제3항). 주식매수선택권 부여에 관한 주주총회 결의는 회사의 의사결정절차에 지나지 않고, 특정인에 대한 주식매수선택권의 구체적 내용은 일반적으로 회사가 체결하는 계약을 통해서 정해진다. 주식매수선택권을 부여받은 자는 계약에서 주어진 조건에 따라 계약에서 정한 기간 내에 선택권을 행사할 수 있다(대판 2018.7.26. 2016다237714).

③ 주식매수선택권은 이를 부여하기로 하는 주주총회결의일부터 2년 이상 재임 또는 재직하여야 행사할 수 있다. [09법무사]

➡ [O] 주식매수선택권은 주식매수선택권을 부여하기로 결의한 주주총회 결의일부터 2년 이상 재임 또는 재직하여야 이를 행사할 수 있다(제340조의4 제1항). 상장회사는 사망 또는 본인의 책임이 아닌 사유로 퇴임하거나 퇴직한 경우에는 2년 이상 재임하지 않더라도 주식매수선택권을 행사할 수 있으나 정년퇴직으로 2년 이상 재임하지 못한 경우에는 주식매수선택권을 행사할 수 없다(제542조의3 제4항, 시행령 제30조 제5항). 비상장회사는 상장회사와 같은 규정이 없으므로 본인의 책임이 아닌 사유로 퇴임하거나 퇴직한 경우에도 2년 이상 재임하지 않으면 주식매수선택권을 행사할 수 없다.

❹ 본인의 귀책사유가 아닌 사유로 퇴임 또는 퇴직하게 된 경우에는 비록 형식적으로는 상법 제340조의4 제1항의 '2년 이상 재임 또는 재직' 요건을 충족하지 못하더라도 주식매수선택권을 행사할 수 있다. [19법원직, 19법무사]

➡ [×] 상법 제340조의4 제1항에서 정하는 주식매수선택권에 상법 제542조의3 제4항을 적용할 수 없고, 정관이나 주주총회의 특별결의를 통해서도 상법 제340조의4 제1항의 요건을 완화할 수는 없다. 따라서 본인의 귀책사유가 아닌 사유로 퇴임 또는 퇴직하더라도 퇴임 또는 퇴직일까지 '2년 이상 재임 또는 재직' 요건을 충족하지 못하면 상법 제340조의4 제1항의 주식매수선택권을 행사할 수 없다(대판 2011.3.24. 2010다85027).

문 20
정답 ①

핵심공략 표현대표이사

1. 요건
   ① 외관의 존재: 표현적 명칭 사용(경리담당이사 ×), 이사자격 요구 ×. 다른 대표이사 명칭 사용 적용 ○
   ② 외관의 부여: 회사의 명시적 묵시적 허락 ○, 회사 승인 없이 임의로 명칭을 참칭한 자에 대한 책임 ×
   ③ 외관의 신뢰: 제3자의 믿음에 중대한 과실 있는 경우 회사 책임 ×

2. 효과
   ① 표현대표이사 성립 → 진정한 대표이사가 행위를 한 것처럼 제3자에 대하여 권리취득, 의무부담
   ② 표현대표이사 행위 인정 → 이사회 결의가 필요한 거래에서 상대방이 이사회 결의가 없었음을 알았거나 알 수 있었을 경우 → 회사 책임 ×

주식회사의 표현대표이사에 관한 다음 설명 중 가장 옳지 않은 것은?

❶ 표현대표이사의 행위로 인한 회사의 책임이 성립하기 위하여는 적어도 행위자가 이사자격만큼은 갖추어야 하므로, 이사의 자격이 없는 사람이 임의로 표현대표이사의 명칭을 사용하고 있는 것을 회사가 알면서도 아무런 조치를 취하지 아니한 채 그대로 방치하여 소극적으로 묵인한 경우에는 상법상 표현대표이사에 관한 규정이 유추적용될 수 없다. [12/17법원직]

➡ [×] 제395조는 이사가 표현적 명칭을 사용한 자가 이사일 것이 요구되는 것처럼 규정하고 있다. 그러나 통설은 표현대표이사의 성립에 이사의 자격을 요구하지 않는다. 회사가 이사의 자격이 없는 자에게 표현대표이사의 명칭을 사용하게 허용한 경우는 물론 이사의 자격도 없는 사람이 임의로 표현대표이사의 명칭을 사용하고 있는 것

을 회사가 알면서도 아무런 조치를 취하지 아니한 채 그대로 방치하여 소극적으로 묵인한 경우에도 상법 제395조 규정이 유추적용 된다(대판 1992.7.28. 91다35816).

② 표현대표자의 행위에 대하여 회사가 책임을 지는 것은 회사가 표현대표자의 명칭 사용을 명시적으로나 묵시적으로 승인할 경우에 한하는 것이고 회사의 명칭 사용 승인 없이 임의로 명칭을 참칭한 자의 행위에 대하여는 비록 그 명칭 사용을 알지 못하고 제지하지 못한 점에 있어 회사에게 단순한 과실이 있다고 할지라도 그 회사의 책임으로 돌려 선의의 제3자에 대하여 책임을 지게 할 수 없다. [08/12법원직, 13/16법무사]

➡ [O] 대판 1995.11.21. 94다50908

③ 제3자가 회사의 대표이사가 아닌 이사에게 그 거래행위를 함에 있어 회사를 대표할 권한이 있다고 믿었다 할지라도 그와 같이 믿음에 있어서 중대한 과실이 있는 경우에는 회사는 그 제3자에 대하여 책임을 지지 아니한다. [08/12/17법원직 16/17법무사]

➡ [O] 표현대표이사의 행위로 인한 주식회사의 책임이 성립하기 위하여 제3자의 선의 이외에 무과실까지도 필요로 하는 것은 아니지만, 제3자의 신뢰는 보호할 만한 가치가 있는 정당한 것이어야 할 것이므로 설령 제3자가 회사의 대표이사가 아닌 이사가 그 거래행위를 함에 있어서 회사를 대표할 권한이 있다고 믿었다 할지라도 그와 같이 믿음에 있어서 중대한 과실이 있는 경우에는 회사는 그 제3자에 대하여는 책임을 지지 아니한다(대판 1999.11.12. 99다19797).

④ 상법 제395조는 표현대표이사가 자기의 명칭을 사용하여 법률행위를 한 경우뿐 아니라 자기의 명칭을 사용하지 아니하고 다른 대표이사의 명칭을 사용하여 행위를 한 경우에도 적용된다.

➡ [O] 대판 1998.3.27. 97다34709

문 21
정답 ①

핵심공략 감사위원회

1. 의의
   ① 감사위원회: 이사회의 위원회로 감사를 대체하는 감사기관
   ② 정관이 정한 바에 따라 감사에 갈음하여 감사위원회 설치
   ③ 감사위원회를 설치한 경우 감사 ×

2. 감사위원의 선임과 해임
   ① 비상장회사: 감사위원회는 3인 이상, 선임 → 이사회결의, 해임 → 이사 총수의 3분의 2 이상
   ② 자산총액 2조권 이상 상장회사: 선임 및 해임 → 주주총회

3. 분리선임
   ① 감사위원회위원 중 1명은 주주총회 결의로 다른 이사들과 분리하여 감사위원회위원이 되는 이사로 선임
   ② 분리선임하는 감사위원회위원이 되는 이사의 수는 정관으로 2명 이상으로 정할 수 있으며, 정관으로 다르게 정할 수 있음

4. 회사대표권
   ① 감사위원회가 설치되어 있는 경우 감사위원회가 회사 대표
   ② 감사위원회 위원이 소의 당사자인 경우: 감사위원회 또는 이사는 법원에 회사 대표자할 자 선임 신청

5. 감사위원회 의무와 책임: 감사의 의무와 책임 규정 준용

감사위원회에 대한 다음 설명 중 옳지 않은 것은?

❶ 자산총액 2조원 이상인 상장회사의 경우, 감사위원회를 구성할 때 정관에 다른 정함이 없으면, 감사위원회위원 모두를 주주총회 결의로 다른 이사들과 분리하여 감사위원회위원이 되는 이사로 선임하여야 한다.

➡ [×] 최근 사업연도 말 현재의 자산총액이 2조원 이상인 상장회사의 감사위원회위원을 선임하거나 해임하는 권한은 주주총회에 있다(제542조의12 제1항). 위 상장회사는 주주총회에서 이사를 선임한 후 선임된 이사 중에서 감사위원회위원을 선임하여야 한다. 다만, 감사위원회위원 중 1명은 주주총회결의로 다른 이사들과 분리하여 감사위원회위원이 되는 이사로 선임하여야 한다. 분리선임되는 감사위원의 수는 정관에서 2명 이상으로 정할 수 있다(제542조의12 제2항). 따라서 감사위원회 구성에 대하여 정관에 다른 정함이 없으므로, 감사위원회위원 1명은 주주총회 결의로 다른 이사들과 분리하여 감사위원회위원이 되는 이사로 선임하여야 한다.

❷ 감사위원회의 위원이 고의·과실로 선량한 관리자의 주의의무를 위반하여 그 임무를 해태한 때에는 그로 인하여 회사가 입은 손해를 배상할 책임이 있다. [19법원직]

➡ [O] 상법은 감사의 의무와 책임에 관한 조항을 감사위원회에 준용하고 있다(제415조의2 제7항). 감사위원회의 위원이 고의·과실로 선량한 관리자의 주의의무를 위반하여 그 임무를 해태한 때에는 그로 인하여 회사가 입은 손해를 배상할 책임이 있다.

❸ 회사는 감사에 갈음하여 이사회 내 위원회로서 감사위원회를 설치할 수 있고, 감사위원회를 설치한 경우에는 감사를 둘 수 없다.

➡ [O] 제415조의2 제1항

❹ 회사가 감사위원에게 소를 제기하는 경우 감사위원회 또는 이사는 법원에 회사를 대표할 자를 선임하여 줄 것을 신청하여야 한다.

➡ [O] 감사위원회가 설치되어 있는 경우에는 회사가 이사에 대하여 또는 이사가 회사에 대하여 소를 제기하는 경우 감사위원회가 회사를 대표한다(제415조의2 제7항, 제394조 제1항). 감사위원회의 위원이 소의 당사자인 경우에는 감사위원회 또는 이사는 법원에 회사를 대표할 자를 선임하여 줄 것을 신청하여야 한다(제394조 제2항). 감사위원회와 집행임원이 설치된 회사의 경우, 소송상대방이 사임한 또는 퇴임한 이사일 때 소송상 회사의 대표는 대표집행임원이 하며, 소송상대방이 감사위원회의 위원이 아닌 이사인 경우 소송상 회사의 대표는 감사위원회위원이 한다.

문 22
정답 ④

핵심공략 신주발행무효의 소 원고, 제소기간, 신주발행유지청구권, 불공정한 가액으로 주식인수한 자 책임

1. 원고: 주주, 이사, 감사

2. 제소기간
   ① 신주발행일부터 6월 내, 제소기간 경과 후 새로운 사유 주장 ×
   ② 신주발행무효의 소 계속 중 주식 양도된 경우 양수인은 제소기간 요건 충족시 신소 제기 가능, 양도인 제기 기존 소송 승계 가능
   ③ 승계참가의 경우 제소기간 준수 여부는 원래 소 제기시 기준 O, 승계 참가시 ×

3. 신주발행유지청구권
   ① 사유: 법령 또는 정관에 위반하거나 현저하게 불공정한 방법에 의하

여 주식발행. 주주 불이익 받을 염려 ○
   ② 단독주주권, 위법행위유지청구권은 소수주주권
   ③ 상대방: 회사, 위법행위유지청구권의 상대방은 이사

4. 불공정한 가액으로 주식인수한 자의 책임: 이사와 통모하여 현저하게 불공정한 가액으로 주식인수한 자 → 공정한 발행가액과의 차액 상당한 금액 회사에 지급

신주발행에 대한 상법상 구제수단에 관한 다음 설명 중 가장 옳지 않은 것은?

① 신주발행 무효의 소는 주주·이사 또는 감사만이 제기할 수 있다. [20법원직]

➡ [O] 신주발행의 무효는 주주·이사 또는 감사에 한하여 신주를 발행한 날로부터 6월 내에 소만으로 이를 주장할 수 있다(제429조).

② 신주발행무효의 소의 경우 그 출소기간이 경과한 후에는 새로운 무효사유를 추가하여 주장할 수 없다. [09법원직. 17/20법무사]

➡ [O] 신주발행무효의 소에서 신주를 발행한 날부터 6월의 출소기간이 경과한 후에는 새로운 무효사유를 추가하여 주장할 수 없다(대판 2012.11.15. 2010다49380).

③ 신주발행으로 인해 불이익을 받을 염려가 있는 주주는 보유주식 수에 관계없이 회사에 대하여 그 발행을 유지할 것을 청구 할 수 있다. [18법무사. 20법원직]

➡ [O] 회사가 법령 또는 정관에 위반하거나 현저하게 불공정한 방법에 의하여 주식을 발행함으로써 주주가 불이익을 받을 염려가 있는 경우에는 그 주주는 회사에 대하여 그 발행을 유지할 것을 청구할 수 있다(제424조).

❹ 현저하게 불공정한 발행가액으로 주식을 인수한 자는 그러한 사정을 몰랐더라도 회사에 대하여 공정한 발행가격과의 차액에 상당한 금액을 지급할 의무가 있다. [20법원직]

➡ [×] 이사와 통모하여 현저하게 불공정한 발행가액으로 주식을 인수한 자는 공정한 발행가액과의 차액에 상당하는 금액을 회사에 지급하여야 한다(제424조의2 제1항). 지문의 경우는 현저하게 불공정한 발행가액으로 주식을 인수한 사실을 몰랐기 때문에 발행가액과 그 차액에 상당한 금액을 회사에 지급할 의무가 없다.

문 23
정답 ③

핵심공략 신주인수권부사채 의의, 발행가액 총액, 사채효력, 신주인수권부사채무효

1. 의의
   ① 발행회사의 주식을 인수할 수 있는 권리가 부여된 사채
   ② 신주인수권 행사로 발행되는 신주의 인수대금 별도 납입
   ③ 신주인수권부사채는 신주인수권을 분리 발행 가능 → 분리 양도 가능

2. 발행가액총액
   ① 신주인수권부사채: 사채발행총액이 신주인수권부사채 총액 초과 ×
   ② 전환사채: 사채발행총액이 신주의 발행가액총액과 동일

3. 사채 효력
   ① 전환사채: 형성권. 사채권자가 전환 청구한 때 효력 발생
   ② 신주인수권부사채: 형성권. 신주의 발행가액을 납입할 때 효력 발생

4. 신주인수권부사채무효: 신주발행무효의 소에 관한 상법 제429조 및 무효사유 법리 적용

주식회사의 신주인수권부사채에 관한 다음 설명 중 옳지 않은 것은?

① 신주인수권부사채는 신주인수권증권이 발행된 경우 신주인수권만을 분리하여 양도할 수 있다. [10법원직]

➡ [O] 회사는 정관의 규정 또는 이사회 결의로 신주인수권만을 양도할 수 있는 것으로 정할 수 있다(제516조의2 제2항 제4호). 신주인수권이란 회사가 사채와 함께 발행하는 신주인수권을 표창하는 증권을 의미한다. 따라서 신주인수권증권이 발행된 경우 신주인수권만을 분리하여 양도할 수 있다.

② 각 신주인수권부사채에 부여된 신주인수권의 행사로 인하여 발행할 주식의 발행가액의 합계액은 각 신주인수권부사채의 금액을 초과할 수 없다. [09/12/16법무사, 10/21법원직]

➡ [O] 신주인수권부사채의 경우, 신주의 발행가액총액은 신주인수권부사채의 총액을 초과할 수 없다(제516조의2 제3항).

❸ 신주인수권부사채의 경우, 사채권자가 신주인수권을 행사한 때 신주의 효력이 발생한다. [05/16법무사]

➡ [×] 신주인수권을 행사한 자는 신주의 발행가액을 납입한 때에 주주가 된다(제516조의10). 신주인수권은 형성권이므로 회사의 승낙 여부와 무관하게 효력이 발생한다.

④ 신주인수권부사채에는 신주발행무효의 소에 관하여 6개월의 출소기간을 정한 상법 제429조가 유추적용된다. [21법원직]

➡ [O] 신주인수권부사채의 발행은 주식회사의 물적 기초와 기존 주주들의 이해관계에 영향을 미친다는 점에서 신주를 발행하는 것과 유사하므로, 신주인수권부사채 발행의 경우에 신주발행무효의 소에 관한 상법 제429조가 유추적용되고 신주발행의 무효원인에 관한 법리 또한 마찬가지로 적용된다(대판 2015.12.10. 2015다202919).

문 24 정답 ④

핵심공략 주식배당, 중간배당, 이익배당청구권

1. 주식배당
   ① 의의: 금전 대신 회사가 발행하는 주식으로 하는 이익배당
   ② 새로이 발행하는 주식 ○, 이미 가지고 있는 자기주식 ×
   ③ 이익배당총액의 2분의 1 초과 ×
   ④ 결의: 주주총회 보통결의
   ⑤ 주주 지위: 주식배당결의가 있는 주주총회 종결한 때

2. 중간배당
   ① 의의: 영업년도의 중간에 실시하는 배당
   ② 요건: 연 1회 결산기, 정관규정, 이사회결의, 연 1회
   ③ 배당가능이익 판단: 직전결산기의 대차대조표

3. 이익배당청구권
   ① 이익배당청구권은 재무제표승인의 결의에 의하여 구체적 권리 → 양도 가능
   ② 추상적 이익배당청구권: 회사에 대하여 이익배당금 지급청구 ×

회사의 배당에 관한 다음 설명 중 옳은 것은?

① 주식배당이란 주식회사가 주주에게 배당할 수 있는 이익의 일부를 새로이 발행하는 주식 또는 자기주식으로 배당하는 것을 말한다. [04/07법무사, 10/18 법원직]

➡ [×] 주식배당이란 금전 대신 회사가 발행하는 주식으로 하는 이익배당을 말한다. 주식배당은 회사가 이미 가지고 있는 자기주식으로써는 할 수 없고, 신주를 발행해서만 할 수 있다(제462조의2 제1항).

② 주식으로 배당을 받은 주주는 주식배당결의가 있는 주주총회결의시부터 신주의 주주가 된다. [09법무사, 14법원직]

➡ [×] 주식으로 배당을 받은 주주는 주식배당 결의가 있는 주주총회가 종결한 때부터 신주의 주주가 된다(제462조의2 제4항).

③ 연 1회의 결산기를 정한 회사는 영업년도 중 1회 이상 이사회의 결의로 일정한 날을 정하여 그 날의 주주에 대하여 이익을 배당할 수 있음을 정관으로 정할 수 있다. [07/11법무사, 09/14/15법원직]

➡ [×] 연 1회의 결산기를 정한 회사는 영업년도 중 1회에 한하여 이사회의 결의로 일정한 날을 정하여 그 날의 주주에 대하여 이익을 배당할 수 있음을 정관으로 정할 수 있다(제462조의3 제1항).

❹ 이익잉여금처분계산서가 주주총회에서 승인됨으로써 이익배당이 확정되기 전에는 주주에게 구체적이고 확정적인 배당금지급청구권이 인정되지 않는다. [18법원직]

➡ [O] 주주의 이익배당청구권은 재무제표승인의 결의에 의하여 구체적 권리로 변하기 때문에 구체적 이익배당청구권으로 변하기 전 상태인 추상적 이익배당청구권만을 가지고서는 이익이 발생하였다는 이유로 회사에 대하여 이익배당금의 지급을 청구할 수 없다(서울고등 1976.6.11. 75나1555).

문 25 정답 ③

핵심공략 회사분할효과, 회사분할과 연대책임

1. 회사분할효과: 단순분할신설회사, 분할승계회사, 분할합병신설회사 → 분할계약서에 정하는 바에 따라 승계

2. 회사분할과 연대책임 및 채권자보호절차
   ① 단순분할 신설회사는 분할 전 분할회사의 채무 연대책임 부담, 채권자보호절차 요구 ×
   ② 분할이전 분할회사의 채무와 동일, 소멸시효나 기산점도 본래 채무 기준
   ③ 단순분할 신설회사가 분할회사 채무 중 분할계획서상 승계채무만 부담 가능 ○, 이 경우 존속회사는 단순분할 신설회사가 부담하지 않는 채무만 부담 ○, 이 경우 채권자보호절차 요구 ○
   ④ 개별적 최고절차 누락 → 신설회사와 분할회사 연대책임

주식회사의 '회사의 분할'에 관한 상법 규정의 내용으로 옳지 않은 것은?

① 분할로 인하여 설립되는 회사 또는 존속하는 회사는 분할하는 회사의 권리와 의무를 분할계획서가 정하는 바에 따라서 승계한다. [04법무사, 09/10법원직]

➡ [O] 단순분할 신설회사, 분할승계회사 또는 분할합병 신설회사는 분할회사의 권리와 의무를 분할계획서 또는 분할합병계약서에서 정하는 바에 따라 승계한다(제530조의10).

② 주식회사의 분할로 인하여 설립되는 회사와 존속하는 회사가 회사채권자에게 연대하여 변제할 책임이 있는 분할 전 회사채무에는, 회사 분할의 효력발생 전에 발생하였으나 분할 당시 아직 그 변제기가 도래하지 아니한 채무도 포함한다. [10법원직]

➡ [O] 회사의 분할 또는 분할합병으로 인하여 설립되는 회사와 존속하는 회사가 회사 채권자에게 연대하여 변제할 책임이 있는 분할 또는 분할합병 전의 회사 채무에는 분할 또는 분할합병의 효력발생 전에 발생하였으나 분할 또는 분할합병 당시에는 아직 그 변제기가 도래하지 아니한 채무도 포함된다(대판 2008.2.14. 2007다73321).

❸ 분할 또는 분할합병으로 인하여 설립되는 회사 또는 존속하는 회사는 분할 또는 분할합병 전의 회사채무에 관하여 연대하여 변제할 책임이 있다. 따라서 분할되는 회사가 주주총회의 승인결의로 분할에 의하여 회사를 설립하는 경우에는 설립되는 회사가 분할되는 회사의 채무 중에서 출자한 재산에 관한 채무만을 부담할 것을 정할 수는 없다. [09/11/18법원직]

➡ [×] 분할회사, 단순분할 신설회사, 분할승계회사 또는 분할합병 신설회사는 분할 또는 분할합병 전의 분할회사 채무에 관하여 연대하여 변제할 책임이 있다(제530조의9 제1항). 그럼에도 불구하고 분할회사가 제530조의3 제2항에 따른 결의로 분할에 의하여 회사를 설립하는 경우에는 단순분할 신설회사는 분할회사의 채무 중에서 분할계획서에 승계하기로 정한 채무에 대한 책임만을 부담하는 것으로 정할 수 있다. 이 경우 분할회사가 분할 후에 존속하는 경우에는 단순분할 신설회사가 부담하지 아니하는 채무에 대한 책임만을 부담한다(제530조의9 제2항).

④ 분할되는 회사가 알고 있는 채권자에게 개별적인 최고를 누락한 경우, 그 채권자에 대하여 신설회사와 분할되는 회사가 연대하여 변제할 책임을 진다. [08법원직]

➡ [O] 분할되는 회사와 신설회사의 채무관계가 분할채무관계로 바뀌는 것은 분할되는 회사가 자신이 알고 있는 채권자에게 개별적인 최고절차를 제대로 거쳤을 것을 요건으로 하는 것이라고 보아야 하며, 만약 그러한 개별적인 최고를 누락한 경우에는 그 채권자에 대하여 분할채무관계의 효력이 발생할 수 없고 원칙으로 돌아가 신설회사와 분할되는 회사가 연대하여 변제할 책임을 지게 된다(대판 2004.8. 30. 2003다25973).

정답 및 해설

05회

2022 해커스법원직 공태용 상법의 맥 실전동형모의고사

2022 최신판

해커스법원직
공태용
상법의 맥

실전동형모의고사

초판 1쇄 발행 2022년 4월 25일

지은이	공태용
펴낸곳	해커스패스
펴낸이	해커스공무원 출판팀

주소	서울특별시 강남구 강남대로 428 해커스공무원
고객센터	1588-4055
교재 관련 문의	gosi@hackerspass.com
	해커스공무원 사이트(gosi.Hackers.com) 교재 Q&A 게시판
	카카오톡 플러스 친구 [해커스공무원강남역], [해커스공무원노량진]
학원 강의 및 동영상강의	gosi.Hackers.com

ISBN	979-11-6880-258-2 (13360)
Serial Number	01-01-01

최단기 합격 공무원학원 1위,
해커스공무원 gosi.Hackers.com

ᴛʜᴇ 해커스공무원

· 해커스 스타강사의 공무원 **상법 무료 동영상강의**
· **해커스공무원 학원 및 인강**(교재 내 인강 할인쿠폰 수록)
· 내 점수와 석차를 확인하는 **모바일 자동 채점 및 성적 분석 서비스**

헤럴드미디어 2018 대학생 선호 브랜드 대상 '대학생이 선정한 최단기 합격 공무원학원' 부문 1위